코로나가
시장을
바꾼다

코로나가 시장을 바꾼다

넥스트 노멀 시대
소비 트렌드7

이준영 지음

21세기북스

급변하는 시장의 흐름을 읽는 법

앨리스 채프다리안, 92세, 미시건, 사랑스럽고 호의적이며 모험
심 강한 영혼의 소유자.

카이라 스월츠, 33세, 뉴욕, 반려동물 구조 단체에서 열심히 자원
봉사를 했던 사람.

마르쿠스 에드워드 쿠퍼, 83세, 루이지애나, 아내를 사랑했으며
항상 '나의 친애하는'이라는 표현을 썼던 사람.

애덤 슐레징어, 52세, 포킵시, 영화와 연극을 쓰고 록 음악을 작곡
하던 사람.

2020년 5월 24일 《뉴욕타임스The New York Times》 1면에 코로나19
로 사망한 사람들 1000명의 명단이 위와 같이 기재되었다. 이렇게

코로나19는 평범하게 살던 수많은 사람을 희생시키고 있다. 2020년 7월 현재 전 세계의 코로나19 누적 확진자는 1000만여 명, 전체 사망자는 50만여 명을 넘어서고 있다. MIT 연구진의 분석에 따르면 해결책 없이 이런 추세로 가면 2021년 봄까지 확진자가 6억 명까지 증가할 수 있다고 한다. 그야말로 들불같이 번지는 전염병 위기 상황이다.

위기 상황이 계속되면서 우리의 일상에도 수많은 변화가 나타났다. 마스크가 생활 필수품이 되어버렸고, 즐겨 가던 영화관도 헬스장도 이제 선뜻 가기가 어려워졌다. 친구들과 즐거운 모임을 갖는 것도 어느새 서로 부담스러워졌다. 낯모르는 사람에 대한 경계심도 커졌다.

코로나19는 우리 사회의 많은 영역을 바꾸어놓고 있다. 모든 이슈가 코로나19의 블랙홀 속으로 점점 빨려 들어가고 있다. 기존의 행동 양식이나 관행이 중단되거나 동결되고, 예상이 뒤집히는 반전이 일어나는 등, 특정 영역에서는 이전의 속도와는 비교할 수 없을 정도로 빠르고 큰 폭의 변화로 나타나고 있다.

대격변의 시기 한복판을 지나며, 많은 영역에서 본격적인 '시프트Shift' 현상이 나타나고 있다. 대표적으로 '패러다임 시프트Paradigm Shift'라는 관용구가 있다. 이것은 천동설에서 지동설로 바뀌는 것과 같은 인식의 대전환을 말할 때 사용되는 표현이다. 지금은 BCBefore Corona, 코로나 이전와 ACAfter Corona, 코로나 이후로 나뉘는 대전환의 시기로, 코로나 이전으로는 절대 돌아갈 수 없다는 말까지 나오고 있다.

물리적 방역Quarantine에서 시작된 변화 이후에 사회·문화 등에 걸쳐 새롭게 나타난 특징들이 표준이 되는 넥스트 노멀Next Normal 시대로 빠르게 접어들고 있다. 물리적인 접촉 공포가 만들어낸 새로운 기준들이 사람의 마음과 행동에 큰 영향을 끼치고 있는 것이다.

지금과 같은 엄중한 위기 상황에서는 무엇보다 신속하고 기민한 대처가 필요하다. 시프트는 야구에서 공격수인 타자의 특성에 맞춰 수비 위치를 빠르게 전환하는 것을 의미하기도 한다. 예를 들어, 우측 방향의 타구를 많이 만들어내는 타자가 들어서면 외야와 내야의 수비수들은 일제히 오른쪽으로 수비 위치를 빠르게 바꾼다. 최선의 방어를 위해 대비 태세를 신속히 전환하는 것이다. 코로나19라는 강력한 복병에 대적하는 우리도 신속히 태세를 전환해 생존을 위한 효율적인 전략을 짜야 한다. 특히 비즈니스 영역에서는 재빠른 시프트 전략이 필수적이다.

이 책에서는 코로나19 이후 일과 노동, 개인과 심리, 디지털과 언택트 등 다양한 영역에서 일어나는 소비 트렌드 변화를 분석했다. 이를 통해 팬데믹 이후 크게 바뀌는 시장의 양상을 다각도로 분석하여 미래 비즈니스를 준비하는 데 도움이 되고자 한다.

특히 단순히 현상들의 변화 사실에만 초점을 맞추는 것이 아니라 사회·경제·문화의 구조적 변동에 따른 심층적 의미를 분석하고자 했다. 관찰된 변화의 구체적인 원인과 배경에 대해서도 심리·사회적 구조 차원의 분석을 통해 구체적으로 알아보았다. 즉 전염병의 대대적인 확산으로 인한 사람들의 심리적 변화를 구체적으로 살펴보면서 이것이 소비 트렌드에 직·간접적으로 어떠한 영향을 미치는지 분석했다.

코로나19 이후에는 고객의 니즈와 시장의 기회 영역이 크게 변화할 것이다. 이 책은 이러한 변화 양상을 분석하여 미래 시장에 대비할 수 있는 비즈니스 통찰을 제시한다. 기업을 경영하는 사업가부터 새로운 사업 아이템을 고민하는 지역 소상공인들에게도 전체적인 시장 변화의 흐름을 읽을 수 있는 통찰을 제공하고자 했다. 다가오는 넥스트 노멀 시장에서 무엇을 준비해야 할지 유용한 아이디어를 얻을 수 있기를 바란다.

현재의 위기는 전염병의 심리적인 공포와 실제적인 위협이 만들어낸 결과다. 무엇보다 전염병의 확산에 따른 사람들의 심리 변화를 정확하게 읽어야 현재의 위기에 대처하고 미래를 지혜롭게 준비할 수 있다. 이는 기업을 경영하는 사람뿐만 아니라 정책을 수립하고 집행하는 이들도 필수적으로 이해해야 하는 영역이다. 이 책에서는 위기와 재난에 처한 사람들의 심리 변화를 분석한 학술 연구들을 통해 현재 상황을 다각도로 분석했다. 이를 통해 현 상황의 심층적인 사회심리 구조의 변화를 이해하여 미래에 대비하는 차별화된 선견력Foresight을 가질 수 있을 것이다.

코로나19는 특히 디지털 분야의 변화를 가속화하고 있다. 이에 따라 언택트Untact, 비대면 기술의 적용과 활용이 빠르게 확대되고 있다. 가정과 직장은 물론 가까운 유통 매장에 이르기까지 대대적인 디지털 전환이 관찰되고 있다. 이 책에서는 소비자들의 변화가 만들어내는 언택트 기술의 수용과 확산의 특징을 분석하고 유망한 디지털 비즈니스를 전망했다. 기술 예측의 영역에서는 소비자의 문화·심리적 원인과 배경을 심층적으로 분석하여 소비자 경험Customer Experience, CX을 극대화하는 디지털 기획이 무엇일지 생각해보았다. 디지털 기술을 받아들이는 소비자 심리를 분석함으로써, 제품 중심이 아닌 고객 중심의 디지털 트랜스포메이션 전략을 고찰하고자 했다.

니콜로 마키아벨리Niccolo Machiavelli는 《군주론》에서 성공과 승리를 위한 두 가지 요소를 강조했다. 하나는 '포르투나Fortuna', 운명의 여신이요. 다른 하나는 '비르투Virtu', 즉 의지로서 노력과 분투, 전략을 의미한다. 마키아벨리는 포르투나와 비르투에 대해 이렇게 말한다.

"나는 운명의 여신Fortuna을 사나운 강에 비유합니다. 이 강은 노하면 광야를 덮치고, 나무나 집을 파괴하며, 이쪽 땅을 들어 저쪽으로 옮겨놓기도 합니다. 모든 사람이 그 격류 앞에서 도망가며, 어떤 방법으로도 제지하지 못하고 굴복하고 맙니다. (중략) 운명도 이와 마찬가지입니다. 운명은 자신에게 대항할 역량이 갖추어져 있지 않은 곳에서 그 위력을 떨치며, 자신을 제지하기 위한 제방이나 둑이 마련되어 있지 않은 곳을 덮칩니다."(《군주론》, 니콜로 마키아벨리 지음, 강정인·김경희 옮김, 제4판 개역판, 까치, 2015.)

자연의 사나운 강은 '포르투나'이다. 그러나 그 강을 인간의 의지와 분투로 바꿔나가는 순간, 거기에는 '비르투'가 개입되는 것이다. 마키아벨리는 포르투나가 대단히 가변적이라고 강조했다. 그래서 급변하는 시대와 상황에 맞춰 자신을 유연하게 변화시켜야 한다고 말했다. 자신의 처신 방법이 운명과 조화를 이루면 승리하지만, 그렇지 못하면 패배한다고 결론짓는다. 코로나19는 가혹한 운명처럼 우리에게 다가왔다. 노력과 분투, 지혜와 전략 없이는 운명에 굴복할 수밖에 없다. 사나운 운명의 강물을 자신의 방향으로 돌리기 위한 노력이 그 어느 때보다 필요한 시기다.

코로나19로 인해 많은 것이 바뀌고 있다. 특히 비즈니스를 하는 이들은 빠르게 변화하는 시장 환경에 보다 과감하고 유연하게 대처해야 한다. 이를 위해서는 변화의 방향성을 정확히 읽어내는 것이 무엇보다 중요하다. 이 책은 미래를 자신의 것으로 만들 수 있는 전략을 수립하는 데 유용한 통찰력을 제공할 것이다. 이 글을 읽는 독자들 모두 사나운 강물 같은 코로나 전쟁을 이겨내고 스스로 기회를 만들어내는 대담한 미래의 주인공이 되기를 기원한다.

1 코로나19가 가져온 변화

넥스트 노멀, 무엇이 새로운 표준이 될 것인가 | 전염병의 공포로
생겨난 안티 바이러스 문화 | 언택트 시대, 오프라인의 미래

1

코로나19가
가져온 변화

넥스트 노멀 시대의 도래

———

강력한 전염병 이후 새로운 특징들이 표준이 되는 넥스트 노멀
Next Normal 시대가 도래하고 있다. 감염병에 대한 인간의 대응 행동
으로 생겨난 새로운 표준이 사회, 문화, 경제 전반에 새롭게 자리 잡
게 된 것이다. 코로나19에 대응하여 백신 개발이 진행 중이지만 바
이러스의 완벽한 제거 및 예방이 쉽지 않을 것이라는 전망이 많다.
WHO에서도 이번 코로나19 사태가 팬데믹Pandemic, 세계적 대유행을
넘어서 엔데믹Endemic, 주기적 발병이 될 수도 있다고 경고하고 있다.
엔데믹은 에이즈 바이러스나, 말라리아, 뎅기열처럼 완전히 없어지

지 않고 지역사회에서 주기적으로 발생하는 감염병을 의미한다. 혹시 모를 감염병의 장기적인 유행에도 미리 대비해야 하는 상황이다.

바이러스에 대응하는 다양한 백신이 개발 중에 있지만 출시까지 상당한 시간이 걸릴 것으로 예상된다. WHO에서도 당장 2020년 가을에 2차 대유행을 우려하고 있다. 무엇보다 전염병의 장기화가 걱정되는 상황이다. 여기에 더해 바이러스 감염병의 유행 주기가 점점 빨라지며 '바이러스 X**Virus X**(알려지지 않은 정체불명의 바이러스)' 시대가 도래할지도 모른다는 우려가 커지고 있다. 2003년 사스, 2009년에는 신종 인플루엔자, 2015년의 메르스까지 6년 주기로 바이러스의 공격이 계속되어왔는데, 메르스 사태가 터진 지 5년도 안 돼서 코로나19가 발생했다. 미래의 바이러스 X의 발병 주기는 앞으로 더욱 빨라질 가능성이 높다.

이러한 상황에서 기존의 문화, 관습, 행동 양식 등에 대한 변화가 요구될 수밖에 없다. 넥스트 노멀 시대가 도래하는 것이다. 대표적인 변화가 인사예절에서 나타나고 있다. 이제 인류 보편의 인사방법이었던 악수예절도 사라지고 있다. 접촉을 전제로 한 인사예법이 사라지고 있는 것이다. 중국에서는 두 손을 앞으로 모으고 고개를 숙이는 중국의 전통 인사법인 '공수법'을 제안하기도 했고, 영국에서는 찰스 왕세자가 자신의 양 손바닥을 마주치는 인도식 '나마스테 인사법'을 선보이기도 했다. 전염병의 위험으로부터 스스로를 보호하기 위한 기준으로 행동 양식이 바뀌고 있다. 모든 것이 전염병을 막는 방역에 초점이 맞춰지고 있다.

쿼런틴의 유래

'쿼런틴Quarantine'은 방역을 의미하는 영어 단어이다. 이 단어는 지중해의 이탈리아 항구도시에서 유래했다. 중세 유럽에서 흑사병이 발생했을 당시, 지중해 연안의 항구도시 라구사Ragusa에서는 도시의 성곽 밖에 환자와 외지인들을 격리하는 시설을 마련하고 그들을 돌보게 했다. 라구사 시의회는 극단적인 격리 조치로서 트렌티노Trentino 법령을 포고했다. 이는 전염병 유행지역을 방문한 사람들의 장기간의 격리 의무사항을 규정하고 있다.

한편, 과거 페스트가 유행했을 때 이탈리아 항구도시에서는 외국에서 들어온 배가 항구에 정박하려면 선상에서 검역 당국의 사전 조치를 통과해야만 했다. 만일 통과하지 못하면 40일간 항구 밖에 머물면서 환자가 생기지 않아야 안전한 것으로 간주했다. 결국 이탈리아어로 40을 의미하는 콰란타Quaranta와 트렌티노Trentino가 합쳐져서 쿼런틴Quarantine이라는 단어가 생겼다. 일정 시간 격리 기간을 갖는 현대의 전염병 대응 체계와 거의 유사한 맥락을 담고 있다.[1]

쿼런틴은 이제 우리 사회와 문화, 비즈니스와 경제의 매우 중요한 표준으로 자리 잡고 있다. 인류의 많은 영역이 전염병의 위험에 대한 대응 체계를 발전시키는 방향으로 전환되고 있다.

넥스트 노멀, 무엇이 새로운 표준이 될 것인가

종교의 넥스트 노멀

종교계는 코로나19 이후 매우 큰 변화의 시기를 맞고 있다. 종교 활동의 본질상 모임을 전제로 한 활동이 많기 때문이다. 타인과 교제와 접촉이 어려워지면서 종교계 전반에 다양한 변화의 움직임이 나타나고 있다.

미국에서는 사회적 거리두기를 지키면서 축복을 내린 성직자가 화제를 모으기도 했다. 디트로이트에 위치한 성 앰브로즈 성당의 티머시 펠크 신부는 부활절 주간에 얼굴 가리개, 마스크, 비닐장갑을 착용하고 성당 입구에서 기다렸다가, 신자들이 자동차를 타고 들어오면 그들이 들고온 바구니에 성수가 든 물총을 쏘며 축복해주었다.

성 앰브로즈 성당의 티머시 펠크 신부가 성수가 든 물총을 들고 있다.
(출처: 성 앰브로즈 성당 페이스북)

가톨릭에서는 부활절에 신도들이 꽃, 빵 등이 담긴 바구니를 들고 성당을 방문하면 성수로 축복을 해주는 전통이 있는데 이번에는 드라이브 스루Drive Through로 성도의 축복을 기원한 것이다.[2]

이슬람 최대의 종교 행사인 라마단의 풍경도 크게 바뀌었다. 대규모 기도회나 성지 순례, 만찬 행사 등이 모두 취소되었다. 라마단 기간 동안 금식을 하고 일몰 후에 가정이나 마을 단위로 만찬을 즐기는 행사인 '이프타르'도 대부분의 이슬람 국가에서 금지되었다. 사우디아라비아도 라마단 기간 중에 성지 순례객들을 전혀 받지 않고 '메카와 메디나 사원'을 폐쇄했다. 각국 정부도 모두 신도에게 재택 기도를 권유했다. 모임을 전제로 한 종교 활동은 코로나19로 인해 개인적 종교 생활로 바뀌는 모습이다.

기독교에서도 온라인 예배가 일상화되고 신도 간에 만남이 크게 줄어들면서 종교적 활동에 큰 변화가 나타나고 있다. 한 교회는 대형 주차장에 차량들을 주차해놓은 상태에서 마치 자동차 극장처럼 '드라이브인Drive-in' 예배를 실시하기도 했다. 사회적 거리두기가 일반화되면서 벌어진 종교계의 새로운 풍경이다.[3]

식문화의 넥스트 노멀

식문화도 '바이러스 X' 시대에 맞춰 빠르게 변화하고 있다. 아시아에서는 반찬을 공유하는 식사 문화가 바뀌고 있다. 중국에서는 둥근 테이블을 돌려가며 식사를 하는 음식 공유 문화가 사라지고 있다. 모두 감염 위험 때문이다. 전염병 때문에 사람들이 식당을 찾는 것을 꺼리자, 급기야 네덜란드 암스테르담에서는 사람 사이를 유리벽으로 차단해주는 방역 레스토랑이 등장했다.

전통을 자랑하는 유명 레스토랑도 코로나19로 판매 부진이 이어지자 본격적인 배달 서비스에 나서고 있다. 뉴욕 3대 스테이크 맛집으로 꼽히는 '피터 루거Peter Luger'는 할리우드 배우들도 즐겨 찾던 유명한 식당이었지만, 코로나19 사태로 매출이 크게 줄어들어 133년 역사상 최초로 배달 서비스를 시작했다. 10만 원이 넘는 가격의 스테이크를 빠른 시간 안에 집으로 배달받을 수 있게 된 것이다.[4]

뉴욕의 많은 유명 레스토랑은 배달뿐만 아니라 테이크아웃 서비스에도 나서고 있다. 이탈리안 레스토랑 '라오Rao's'는 적은 테이블 수와 높은 인기 때문에 예약이 힘들기로 유명한 곳이었으나, 코로나19 이후 테이크아웃 서비스를 시작했다.

뉴욕 맨해튼에 다수의 체인을 둔 중국식 레스토랑 '마라 프로젝트Málà Project'에서는 오래 두고 먹을 수 있는 '격리 메뉴'를 출시했다. 이처럼 메뉴 자체를 배달이나 테이크아웃이 쉬운 음식이나 장기간 보관이 가능한 종류로 바꾸는 음식점들도 많아지고 있다.[5]

판매 부진의 늪에 빠진 외식 업계는 배달과 테이크아웃 이외에도 다양한 대책을 모색하고 있다. 매출에 타격을 입은 외식 업체들이 밀키트Meal Kit 제품을 제작해 판매하기 시작했다. 밀키트는 손질된 식재료와 소스, 조리법 등을 세트로 만들어 집에서 간편하게 조리해서 먹을 수 있는 제품이다. 미국의 패밀리 레스토랑, 패스트푸드 체인 등은 코로나19 이후 밀키트 사업을 본격적으로 시작했다. 전염병

코로나로 인해 다양한 외식 업종에서 배달 서비스를 시작하고 있다.
(출처: 게티이미지뱅크)

위험 때문에 외식을 줄이고 집에서 요리를 해먹는 사람들이 증가하는 상황에서 간편 조리 식품에 대한 수요가 크게 올라가고 있기 때문이다. 시장조사 기관 닐슨Nielson에 따르면 2020년 4월 11일 기준, 한 달 동안의 밀키트 매출액은 1억 달러로 전년 대비 400퍼센트나 증가했다. 전염병이 종식되고 경제활동이 정상적으로 재개되면 밀키트 판매가 현재와 같지는 않겠지만, 향후에도 1인 가구가 증가하고 가정에 체류하는 시간이 길어지면 밀키트의 인기는 지속될 가능성이 크다.[6]

패션계의 넥스트 노멀

코로나19로 가장 큰 타격을 받은 업종은 패션, 의류 분야이다. 사람들의 외출이 줄어들고 경기가 위축되면서 의류 구매가 크게 줄어들었다. 패션계는 지금의 위기를 극복하기 위해 다양한 아이디어를 고안하고 있다.

팬데믹 이후 마스크는 없어서는 안 될 생활필수품이 되었다. 이제 마스크는 트렌디한 패션 아이템으로 진화하고 있다. 일명 마스크 패션의 등장이다.

서양에서는 마스크를 강도나 도둑 같은 부정적인 이미지로 인식하기 때문에 대부분의 사람들이 마스크 착용을 꺼렸고, 이 때문에 초기 전염병 확산 방지에 애로 사항이 있었다. 그런데 이제 서양인들에게도 마스크가 패션 아이템으로 새롭게 인식되기 시작했다. 거리 곳곳에 그래피티 벽화를 그리는 것으로 유명한 '얼굴 없는 작가' 뱅크시Banksy의 그림에도 센스 넘치는 마스크 패션이 반영되었다. 〈피어싱을 한 소녀The Girl with a Pierced Eardrum〉 벽화에 마스크가 추가되어 업데이트된 것이다.

유명 브랜드들도 마스크 제품을 만들어 판매하기 시작했다. 패션 브랜드 리포메이션Reformation은 다양한 색상과 무늬의 마스크를 개당 10달러(약 1만 2천 원)에 판매하고 있다. 스포츠 브랜드 아디다스Adidas는 로고가 새겨진 마스크 세 개 한 묶음을 16달러에 판매했는데, 금세 매진 기록을 세웠다. 미국 풋볼리그도 각 팀의 문양을 프린팅한 마스크를 판매해서 인기를 끌고 있다. 명품 브랜드 지방시Givenchy는 모자와 마스크를 묶어서 한 세트당 590달러, 약 71만 원에 내놓았는데 곧바로 품절되었다. 프랑스 브랜드 마린세르Marine Serre가 출

패션이 된 마스크(출처: 게티이미지뱅크)

시한 개당 260유로(약 35만 원)의 값비싼 마스크도 연일 매진되고 있다. 이처럼 마스크가 단순한 패션 아이템을 넘어 명품 시장에서 중요한 아이템으로 자리 잡고 있다.

패션제품 플랫폼인 리스트Lyst는 2020년 마스크 검색 건수가 510퍼센트나 된다며 마스크가 이제 고급 스니커즈나 핸드백처럼 유행을 앞서가는 상품의 반열에 올랐다고 강조했다. 마스크 패션을 통해 기분을 전환하고, 눈에 확 띄는 예쁜 마스크를 착용함으로써 더 멋지게 보이고 싶은 심리가 반영된 것이다. 이제 마스크도 상황과 복장에 따라 다르게 쓰는 사람들이 생겨났다. 정장에 어울리는 마스크, 야외 활동할 때 쓰는 마스크, 백화점 갈 때 쓰는 마스크 등 다양한 상황에 맞춘 디자인의 마스크가 나오기도 한다. "패션의 완성은 마스크"라는 말이 나올 정도다.[7, 8]

마스크 패션은 동양보다 서양에서 더 인기를 끈다. 이것은 동양과 서양의 문화적 차이에서 기인한다. 동양 사람들은 입을 가리는 마스크를 쓰는 데 큰 거부감이 없다. 그러나 서양 사람들은 마스크로 입을 가리는 것을 매우 싫어한다. 이 때문에 서양에서는 여전히 전염병 확산 방지에 큰 어려움을 겪고 있다. 이것은 마스크를 쓴 사람이 강도나 도둑 같은 부정적인 이미지를 연상시키기 때문이기도 하지만, 서양인은 얼굴에서 입을 통한 감정 표현을 더욱 중요하게 생각하기 때문이라는 해석도 있다. 그래서 마스크를 쓰는 것을 더욱 꺼리고 착용하더라도 더 멋진 모습을 연출하기 위해 패션 마스크를 쓴다.

일반적으로 서양에서 영웅으로 묘사되는 배트맨이나 조로 등은 입이 아닌 눈을 가리고 있다. 입을 가리는 행동은 강도나 악당이나 하는 짓이기 때문에 영웅 캐릭터는 눈을 가린다. 이러한 이유로 서양인에게 '헬로 키티' 같은 캐릭터는 매력적으로 느껴지지 않는다. 입을 통해 표정을 읽을 수 없는 게 그들에게는 너무 어색하게 느껴지기 때문이다. 반면 우리나라 사람들은 '스마일 심볼'을 어색하다고 느끼는 경우가 많다. 입만 웃고 눈을 동그랗게 뜨고 있는 스마일 심볼은 왠지 가식적으로 느껴지기 때문이다. 문자 이모티콘을 보낼 때 우리나라 사람들은 'ㅆㅆ'를 보내지만, 서양인들은 ':)'를 전송한다. 전자는 눈웃음이 강조되었고, 후자는 입으로 웃는 웃음이 표현되어 있다. 그래서일까? 최근 미국에서는 인디고고Indiegogo라는 크라우드 펀딩 사이트에 투명 마스크 상품이 올라와서 큰 주목을 받았다. 펀딩 액수가 한화로 45억 가까이 모아질 정도로 크게 인기를 끌고 있다. 이 마스크는 여과용 헤파 필터가 달린 기본형 제품부터, 센서가 달려 있어 환기와 살균을 자동으로 해주는 첨단 기능 제품까지 다양하게 출시되었다. 무엇보다 입을 가리지 않으니 표정을 읽을 수 없는 문

투명 마스크 '리프Leaf'(출처: Leaf Healthcare 홈페이지)

제가 해결될 수 있다. 하지만 우리나라 사람들은 이 투명 마스크를 오히려 더 어색하고 불편하게 느끼지 않을까?[9]

전염병의 공포로 생겨난 안티 바이러스 문화

안티 바이러스 산업

전염병의 공포는 안티 바이러스Anti Virus 산업을 성장시키고 있다. 이제 바이러스를 제거하는 비즈니스가 주목받게 될 것이다. 과거에는 살균에 전혀 신경 쓰지 않았던 분야에서도 이제는 바이러스 박멸을 강조하고 있다. 전염병 때문에 건강과 위생에 관심을 가지는 소비자들이 많아지면서 각종 살균·제균 기술이 나오고 있다.

자동차 업계도 차량 내부의 위생 기준을 크게 높이며, 차량 내의 각종 바이러스나 세균을 없애는 기술 개발에 나서고 있다. 전염병으로 인해 소비자의 눈높이가 크게 올라가면서 위생과 청결에 굉장히 예민해졌기 때문이다. 현재 많은 차량에 도입되어 있는 미세먼지 감지 센서와 에어필터의 공기정화 기능에 더하여 바이러스 살균·제균 기술이 도입되고 있다.

대표적으로 자외선 램프를 이용한 살균 장치를 들 수 있다. 현재 자외선 기술은 병원 안의 승강기나 지하철역의 에스컬레이터에 시범적으로 적용되고 있다. 차량 자외선 기술은 천장의 실내등이나 차량 내 다양한 조명 장치를 활용하여 자외선 살균을 하는 방식이 연구되고 있다. 광촉매 등을 활용해서 바이러스를 파괴하는 기술 또한 연구 중이다.

미국의 포드Ford 자동차는 차량 내부의 온도를 높여서 살균하는 기능을 추가하겠다고 발표했다. 차량의 환기 시스템을 개조해서 스위치를 켜면 차량에 사람이 없을 때 환기 온도를 50도 이상으로 올려서 살균하는 방식이다. 살균이 끝나면 더운 공기를 외부로 내보내 다시 정상 온도로 복귀하게 된다.

중국에서도 자동차 제조에 엄격한 방역 기준이 적용되고 있다. 코로나19 영향으로 대중교통을 피하고 자가용으로 출퇴근하는 사람들이 크게 늘어나고 있다. 이에 따라 방역 마스크에 준하는 필터를 자동차에 장착하는 것에 대한 사람들의 관심이 커지고 있다. 실제로 중국 지리자동차吉利汽车에서는 방역 마스크 수준의 차량 에어컨 필터 제작에 성공했다고 발표했다. 이것은 158대의 방역용 자동차에 우선 사용되었다. 이후 전국의 지리자동차 소유주들을 대상으로 차량 에어컨 필터 교체 신청 서비스를 진행했다. 다른 자동차 업계에서도 여과 살균 일체형 자동차 필터 제작에 성공하기도 했다. 결국 자동차 산업에서도 친환경과 승객의 건강에 대한 수요가 증가할 전망이다. 앞으로 소비자들은 차량 내부 필터 제품을 선택할 때 미세먼지 제거 효율과 더불어 안티 바이러스Anti Virus 기능까지 구비한 새로운 제품을 더욱 선호할 전망이다.[10, 11]

살균에 대한 관심이 커지면서 스팀을 활용한 가전제품에 대한 관심도 커지고 있다. 원래 스타일러 같은 의류 관리 제품에 적용되던 스팀 살균 기능이 식기세척기에도 적용되어 나왔다. 기업들은 코로나19로 스마트폰 판매 실적이 악화되는 상황에서 가전제품의 살균 기능을 강조하여 소비자들의 관심을 모으기 위해 노력하고 있다.[12]

여기에 더해 중국에서는 공기청정기 가전을 넘어서 공기소독기 시장이 부상하고 있다. 기존의 공기청정기와 달리 공기 중 세균이나 바이러스 박멸 기능을 강화하여 병원, 사무실, 가정, 요양 기관 등 위생이 필요한 모든 장소에서 사용할 수 있다. 공기청정기 시장 이후 바이러스 제거에 특화된 공기소독기의 시장 잠재력에 주목할 필요가 있다.

이미 공기청정기를 보유하고 있는 가정에서도 보다 전문적인 기능의 공기소독기에 대한 관심이 증대될 수 있다. 공기소독기는 공기청정기의 대체재, 보완재로서의 성격을 가지고 있기 때문에 시장 잠

재력도 높은 편이다.[13]

안티 바이러스 기술은 주택에도 적용되고 있다. 감염병 공포가 커지면서 건설 업계에서도 안티 바이러스 시스템이 도입되고 있다. 예를 들어, 차량이 들어오는 아파트 입구에 열화상 카메라를 설치하고 신발 소독용 매트, 신발장 살균기 등을 통해서 오염 물질을 1차 제거한다. 엘리베이터에도 공기 정화와 살균 기능을 확대한다. 여기에 더해 아파트 환기 장치 등에 제균 기능을 추가한 시스템을 개발했다. 이 시스템은 초미세먼지를 걸러주는 기능뿐만 아니라 자외선을 통한 바이러스 살균 기능을 갖췄다.[14]

건강을 생각하는 소비자들이 더욱 많아지면서 식물성 재료를 이용한 손소독제 제품이 미국 내에서 인기를 끌고 있다. 미국에서 출시된 터치랜드Touchland는 식물성 재료로 만들어져서 타제품에 비해 상대적으로 비싸지만 바이러스가 확산되면서 25만 개 이상 판매될 정도로 인기를 끌었다. 클린웰Clean Well이라는 브랜드도 식물 추출물을 원료로 제조된 손 소독제, 손 세정제, 표면 세척제를 출시했는데 코로나19 이후 제품 매출이 400퍼센트 이상 상승했다. 피페트Pipette라는 브랜드도 유아와 산모를 위한 식물성·무독성 성분의 제품으로 인기를 끌었다. 손 소독을 하더라도 유아에게 안전한 제품을 쓰고 싶은 것이 아이를 키우는 부모의 마음이기 때문이다.

앞으로 소독 제품의 종류도 매우 다양해질 것으로 예상된다. 제품의 재료, 유형, 용도, 상황에 따라 다양한 소독용품이 생겨날 것이다. 런던 스튜디오 봄파스 앤 파르Bompas&Parr는 팬데믹 이후의 디자인과 라이프스타일 트렌드를 전망했는데, 그 중 살균 제품 시장에 주목했다. 앞으로 소비자들의 살균용품에 대한 관심이 커지면서 향후에는 살균 제품들을 비교·분석해서 장단점을 알려주는 온라인 전문가인 일명 '살균용품 소믈리에Sanitiser Sommelier'가 등장하게 될 것으로 전망했다.[15]

내 건강은 내가 지킨다. 셀프 메디케이션

지진 등의 자연재해와 정부의 미숙한 대응으로 인한 사고가 끊이지 않았던 2016년에는 '내 목숨은 내가 지킨다'는 자발적인 경각심이 매우 높았다. 이런 분위기 속에서 국민들은 긴급 재난 문자보다 개인이 만든 실시간 지진 알림앱을 더 신뢰하는 분위기였다. 심지어 재난에 대비해 '생존 배낭'을 준비하는 사람들도 나타났다. 그들은 마치 인류 최후의 날을 준비하는 사람들인 '둠스데이 프레퍼스Doomsday Preppers'처럼 행동한다. 이 생존 배낭에는 지진과 화재 등 각종 비상 상황에 대처할 수 있는 다양한 물품이 담겨 있다.

역병의 두려움과 불안감은 소비자들을 각자도생의 길로 들어서게 만들고 있다. 코로나19와 같은 비상 상황에서 셀프 방역의 중요성은 매우 커졌다. 일반 가정집에서도 세균을 박멸하기 위해 '셀프 방역'을 벌이고, 스스로 방역용품을 만드는 사람들이 생겨나기 시작했다. 압축 분무기와 소독용 에탄올을 구매해 집 안 구석구석 뿌리면서 한 시간 이상 소독하는 이들도 나타났다. 이렇게 집 안을 스스로 방역하려는 사람들이 늘어나면서 온라인에서는 '코로나19 셀프 방역 세트'가 판매되기도 했다. 우리나라 지자체에서는 감염병 확산 초기에 소규모 시설이나 가정에 셀프 방역 물품을 보내주기도 했다. 우리나라는 공적 마스크처럼 개인 방역 물품이 비교적 안정적으로 공급되었지만 해외에서는 이런 물품을 구하기가 매우 어려운 상황이 이어졌다.

코로나19 확산은 무엇보다 면역력에 대한 관심을 크게 불러일으켰다. 자신의 건강을 스스로 관리하는 '셀프 메디케이션Self Medication' 트렌드가 더욱 확산되었다. 특히 주목해야 할 점은 과거에는 건강을 챙기는 사람들이 주로 중장년층에 집중되었지만, 코로나19 이후 2030 청년 세대 또한 건강 관리에 대해 매우 큰 관심을 가지게 되었다는 것이다. 실제 잡코리아가 코로나19 확산 후 20~40대 직장인 2,400명을 대상으로 실시한 설문조사에서 92.7퍼센트의 응답자가 '코로나 이후 건강에 대한 태도가 바뀌었다'고 응답하기도 했다.

방역, 여행의 넥스트 노멀이 되다

코로나19 이후의 여행 산업은 어떻게 될까? 코로나19로 인해 현재 여행·관광 산업은 극도로 위축된 상태이다. 특히 세계로 통하는 모든 하늘길이 닫히면서 해외여행 업계는 매우 가혹한 시기를 보내고 있다. 전염병의 확산으로 인한 심리적 충격으로 향후 몇 년간 여행 수요의 침체는 불가피하다. 향후 전개될 여행 트렌드는 코로나19 이전과는 확연히 다르게 전개될 것이다.

무엇보다 여행 상품을 결정할 때 '방역'이 가장 중요한 키워드가 될 것이다. 최근 항공사들은 방역 활동에 관한 정보를 공개하고 있고, 유명 호텔들도 위생과 청결을 강조한 숙박 상품을 내놓고 있다. 메리어트 호텔은 전염병에 대한 대책으로서 '글로벌 청결위원회'를 개설하기도 했다. 부킹닷컴에서는 하우스키핑 플랫폼인 프로퍼리 Properly와 공유 숙박 공간에 대한 청소 서비스를 제공하거나 청결 점수를 매기는 서비스를 시범 운영 중에 있다. 여행 상품 플랫폼인 '여기 어때'에서도 세스코의 관리를 받는 청결 숙소에 인증 마크를 부여한다. 쉐라톤 디큐브시티 호텔도 사전 방역 체계를 적용한 청정존 시스템을 도입했다. 공유 숙박 기업 에어비앤비Airbnb도 청결과 위생을 위한 강화 기준을 정한 '청결 강화 프로그램'을 강조하고 있다.

　중국의 호텔에서도 전염 위험이 없는 로봇이 사람을 대신해 다양한 서비스를 제공하고 있다. 중국에서 호텔 체인을 운영하는 후아주华住, 스마오世茂, 하얏트HYATT, 애스콧雅诗阁 그룹 등의 호텔 현장에 로봇이 도입되었다. 이들 호텔은 중국 윈지테크놀로지云迹科技의 스마트 호텔 서비스 로봇, 룬润을 도입했다. 룬 로봇은 물품 배송, 셀프 엘리베이터 탑승, 정보 알림, 셀프 충전, 자동 전화 발신 등의 기능을 하며 24시간 서비스를 제공한다. 룬 로봇이 호텔 내 물품 배송에 활용되면서 접촉 감염 위험이 줄어 고객과 직원의 건강을 보호하는 효과를 거두고 있다. 이 로봇은 중국의 100여 개 호텔 지점에 설치되어 있다.[16]

　우리나라 호텔에서도 방역을 가장 우선시하는 서비스를 도입하고 있다. 셀프 체크인과 체크아웃을 할 수 있는 무인기기를 이용하는 고객이 70~80퍼센트에 달할 정도로, 비대면 서비스를 이용하는 소비자들이 많아지고 있다. 여기에 더해 호텔들이 전화로 주문받은 메뉴를 호텔 정문에서 차를 탄 고객들에게 전달해주는 드라이브 스루 서비스를 시작했다. 인공지능Artificial Intelligence, AI 로봇이 객실 음식 배달에 이용되기도 한다. 코트야드 메리어트 호텔은 AI 로봇을 도입했다. 이 로봇은 손님이 프론트 데스크에 타월 등의 비품을 요청하면 고객 객실까지 직접 가져다준다. 물리적 접촉에 대한 걱정이 커지면서 감염에서 자유로운 로봇 기술이 도입되었고, 방역을 강조하는 마케팅이 펼쳐지고 있다.

프라이빗 여행, 혼행족의 증가

여행에 있어서 '전염병으로부터의 안전'은 무엇보다 중요한 기준이 되고 있다. 앞으로는 사람들이 북적거리지 않는 곳에서 자기만의 시간을 보내려는 여행객이 많아질 것이다. 전염병 시대의 안전성 판단에는 그 공간이 많은 사람으로 혼잡한지 아닌지가 매우 중요하기 때문이다. 2020년 5월 연휴 기간 동안 인구 밀집도가 상대적으로 낮은 독채 숙소 이용률이 전년도 대비 265퍼센트나 증가했다. 사람이 붐비지 않는 한적한 여행지를 찾는 사람들이 많아지면서 독립적인 숙박이 가능한 펜션 예약이 증가한 것이다. 이렇게 개인의 위생과 안전을 최우선으로 하는 여행 트렌드가 주된 흐름으로 자리 잡고 있다.

무엇보다 여행을 하는 동안 감염의 우려가 있는, 타인과의 불필요한 접촉을 피하는 현상이 더욱 커질 전망이다. 특히 모르는 사람과 몇 시간 이상 밀폐된 공간 안에서 함께 이동하는 여행은 피하게 될 가능성이 높다. 이런 이유에서 단체 여행 상품은 인기가 없어질 것이다. 앞으로 여행에서는 가성비보다 바이러스로부터의 안전이 더 중요한 키워드가 될 것이기 때문이다.

같은 맥락에서 앞으로는 나홀로 여행족이 크게 증가할 것이다. 이미 혼행(혼자 하는 여행) 트렌드는 사람들이 매우 선호하는 여행 방식이 되고 있다. 2019년 구글의 검색 데이터 분석 결과를 보면, 여성들의 '단독 여행' 검색률이 전년도와 비교해 230퍼센트나 늘었다. 여행 플랫폼 클룩KLOOK이 발표한 '나홀로 여행 설문조사'에서도 전 세계 2만 1000명 가운데 76퍼센트가 성별, 나이, 국적과 관계없이 이미 혼자 여행했거나 이를 고려하고 있다고 답했다. 이러한 흐름은 코로나19를 계기로 더욱 가속화될 가능성이 높다.

등산도 혼산(혼자 산에 올라가는 것)이 유행이다. 과거에는 등산 동호회의 중장년을 중심으로 여럿이 함께 산행을 하는 것이 일반적이었지만 이제는 **#혼산**, **#둘산**(둘이 산에 올라가는 것)이 유행이 되었다. **#등산스타그램**(등산+인스타그램)을 태그하여 등산 인증 사진을 올리는 2030 젊은 등산객들이 늘어나고 있다. 실내 스포츠 활동이 어려워지면서 등산하는 사람이 늘어나게 된 것이다. 이에 따라 아웃도어, 등산용품 판매도 크게 상승했다. 과거에는 알록달록한 등산복이 인기였다면 요즘에는 가볍게 입을 수 있는 레깅스가 인기 아이템으로 자리 잡고 있다. 등산을 가볍게 즐기는 일상 산행 인구는 앞으로

크게 증가할 전망이다.[17]

혼자 걷는 여행도 주목받고 있다. 문화체육관광부와 한국관광공사가 2020년 4월에 만 15세 이상 79세 이하의 국민 4,000명을 대상으로 실시한 '2019 걷기여행 실태조사'에 따르면 걷기 여행을 경험한 사람들의 비율이 전년 대비 6.1퍼센트 증가한 37퍼센트로 나타났다. 걷기 여행은 특히 젊은 층을 중심으로 확산되었다. 걷기 여행의 장점으로 꼽은 이유는 '느리게 걸으면서 구석구석 발견하는 아름다움'과 '여유', '건강', '자연 감상' 등이 있었다. 주로 가족이나 친구와 걷는다고 했지만 혼자서 하는 여행도 17.7퍼센트로 전년(5퍼센트) 대비 크게 늘었다. 코로나19를 계기로 혼자 하는 여행과, 걷기를 통한 느린 여행이 앞으로 주목할 만한 여행 트렌드로 떠오를 가능성이 높다.[18]

나홀로 여행이 아니더라도 한두 명 정도 소규모 인원만 함께하는 여행도 주목받을 것이다. 소규모 여행에서 중요한 것은 프라이빗한 감성을 주는 것이다. 소수만을 위한 특별함을 여행 콘셉트로 잡는 것이다. 나만의 공간과 시간을 제공하는 여행이 무엇보다 중요하다. 특히 코로나19 이후에는 숙소 환경과 여행 일정을 스스로 통제할 수 있느냐의 여부가 중요해질 것이다. 사람이 많이 드나들지 않아 사생활이 보장되며, 편의 시설이 완비되어 있는 편안한 숙소가 주목받게 될 것이다.[19]

코로나19 이후 캠핑카에 대한 대중의 관심이 높아지고 있다. 소수의 인원과 호젓한 레저를 즐길 수 있는 좋은 방법이기 때문이다. 프랑스 앵포Franceinfo 등의 유럽 뉴스 채널에서는 사람들이 붐비는 곳을 피해 가족끼리 캠핑카에서 휴가를 보내려는 이들이 늘고 있다고 보도했다. 유럽에서 캠핑카 주문이 밀려들고 있으며 캠핑카를 빌리려는 사람도 크게 늘었다. 캠핑카 대여 업체인 '예스카파Yescapa'는 여름 휴가철 예약이 8,000건에 이른다고 밝혔다. 전년도에 비해 20퍼센트나 늘어난 수준이다. 코로나19 사태가 장기화되면서 가족들과 함께하는 안전한 여가 활동의 방법으로 캠핑카를 선택하는 사람이 늘고 있는 것이다. 대규모 여행 상품은 줄었지만 개인과 가족 단위의 소소한 여가 문화는 계속 증가할 전망이다.[20, 21]

언택트 시대, 오프라인의 미래

접촉에서 자유로운 온라인 행사

많은 스타트업 개발자가 가보고 싶어 하는 미국의 실리콘 밸리 행사도 온라인으로 전환되고 있다. 코로나19 이후 공간, 시간, 비용의 제약이 거의 없는 무료 온라인 행사가 많이 열리고 있다. 향후 이러한 추세는 행사 트렌드의 넥스트 노멀로 자리 잡을 가능성이 높다.

마이크로소프트Microsoft가 매년 진행하는 개발자들을 위한 세계적 컨퍼런스인 '빌드Build 2020' 온라인 행사는 이전과는 비교할 수 없을 정도의 자유분방함이 느껴진다. 기조연설은 엔비디아NVIDIA CEO가 주방에서 진행했다. 배경으로 후추통, 소금통 같은 주방용품

Watch NVIDIA's CEO unveil data-center-scale accelerated computing (full reveal)

주방에서 기조연설을 하는 엔비디아 CEO(출처: CNET Highlights 유튜브 캡처)

이 보이기도 했다. 연설을 하다가 오븐을 열면서 "여기에 내가 요리해놓은 것이 있다"며 신제품을 꺼내 선보이기도 했다. 격리 기간 중 집에서 요리를 해먹는 상황을 풍자하여 신제품 소개를 한 것이다.

　마이크로소프트는 온라인으로 행사를 열었지만 참가 신청 등록자들 수천 명에게 기념 스티커, 출입 배지, 양말, 대나무 소재 도시락통 등을 집으로 배송해주었다. 집에서 온라인으로 참여하더라도 실제 행사에 참여하는 기분을 내보라는 취지였다. 실제 행사 때마다 이러한 기념품을 모으고 자랑하는 테크 업계 종사자들의 마음을 헤아린 것이기도 하다. 행사 당일에는 나눠준 양말과 출입 배지 등을 착용한 참가자들이 SNS에 인증샷을 올린 걸 많이 볼 수 있었다. 여기에 중간중간 연설자가 말하는 배경에 퀴즈나 수수께끼 등을 배치해놓고 적극적인 참여를 독려하기도 했다. 오프라인 참여의 높은 문턱을 낮춘 결과, 전년도 참가자의 16배가 넘는 10만 명 이상이 행사에 참여하는 기록을 세웠다. 이는 IT, 문화, 교육 등 다양한 영역에서 실시되는 온라인 행사가 의외의 효과를 거둘 수 있음을 보여준다.[22]

온라인은 물리적인 한계를 뛰어넘으며 상상력을 자극하는 비즈니스를 만들어내고 있다. 일본의 한 숙박 업체는 온라인으로 가능한 비즈니스를 풍부한 상상력을 통해 현실화했다. 일본 와카야마현의 게스트하우스 '와이구마노'는 온라인 숙박 시스템을 만들었다. 몸은 집에 있지만 줌과 웹캠 촬영 중계를 통해 마치 현장에 있는 것 같은 느낌을 주는 방식이다. 또한 인근 관광지 영상을 줌으로 소개하면서 상세한 설명을 더한다. 와이구마노는 4월 6일부터 하루 여섯 명 정도의 투숙객을 받았는데 지금까지 300명이 넘을 정도로 많은 사람이 찾아왔다. 온라인 숙박료는 코로나 이후 실제로 방문할 때 받을 수 있는 음료수 가격까지 포함해 1,000엔(약 1만 1400원)으로 실제 오프라인 숙박 비용의 3분의 1 수준이다. 정해진 취침 시간은 10시지만 숙박객의 대화는 보통 11시까지 이어진다. 다음 날 아침에는 현지의 일상을 담은 영상이 전송되고, 그걸 다 보면 체크아웃이 이뤄진다. 이처럼 온라인을 통해서만 체험할 수 있는 요소를 활용해 이를 수익으로 연결시킨 사례도 있다.[23]

명품 시장의 넥스트 노멀, 버추얼 럭셔리|Virtual Luxury

글로벌 명품 업계는 현재 큰 위기의식을 느끼고 있다. 사치품 브랜드는 대부분 오프라인 매장의 매출에 의존하고 있기 때문에, 전염병 시대의 사회적 거리두기는 전체적인 수익에 부정적인 영향을 끼칠 수밖에 없다.

프랑스 파리 샹젤리제 거리의 루이비통Louis Vuitton, 구찌Gucci 등의 일부 명품 매장이 2020년 5월 재개장했지만 예전과 같은 활기는 사라졌다. 중국인 등 해외 관광객의 발길이 끊어졌기 때문이다. 오프라인 매장 판매 비중이 절대적으로 큰 명품 업계로서는 큰 타격일 수밖에 없다. 시장조사 기관인 베인앤드컴퍼니Bain&Company에 따르면 2019년 중국 소비자들이 명품 구매에 지출한 돈은 총 980억 유로(약 130조 5350억 원)였는데 이 중에서 3분의 2 이상을 해외에서 소비했다. 이에 반해 현지인들은 명품 쇼핑에 인색했다. 코로나19의 충격으로 유럽 재벌 서열 1위인 베르나르 아르노 루이비통 모에헤네시LVMH 그룹 회장의 재산이 2020년에만 268억 달러(약 33조 230억 원) 감소해서 세계에서 가장 많은 돈을 잃은 것으로 분석되었다. 미국에서도 대표적인 명품 판매 백화점인 니만 마커스Neiman Marcus가 충격적인 파산 신청을 하게 될 정도로 전체적인 분위기가 좋지 않다. 명품 업계는 이러한 위기를 극복하기 위해 새로운 시장을 다각도로 모색하고 있다.[24]

오프라인을 고집하던 명품 브랜드 업체들이 온라인·모바일 플랫폼에 입점하는 사례가 늘고 있다. 사치품 브랜드의 디지털 마케팅도 활발해지고 있다. 일례로 샤넬Chanel은 파리의 봄·여름 패션쇼 준비 과정을 넷플릭스Netflix로 공개하기도 했다. 루이비통과 구찌는 자신들의 브랜드 감성을 담은 디지털 게임을 선보였다. 백화점이 몰락하고 있는 현시점에서 점차 Z세대를 위한 SNS, 온라인을 통한 제품 홍

보와 판매가 많아지고 있다.[25]

이탈리아 명품 브랜드 발렌티노Valentino는 신상품 패션쇼를 가상으로 열었다. 닌텐도Nitendo 스위치 게임 '모여봐요 동물의 숲Animal Crossing'은 무인도에서 동물 주민들과 함께 섬을 꾸미는 내용인데, 플레이어가 자신의 캐릭터에게 원하는 의상을 만들어 입히고 꾸미는 기능을 활용해 2020년 봄·여름 패션쇼를 재현한 것이다. 게임 속 패션쇼는 전염병의 유행으로 집에만 틀어박혀 있어야 하는 사람들, 특히 밀레니얼·Z세대들에게 대리 만족을 선사했다. 편안한 옷을 입은 채 집에 있지만 게임 속에서는 명품 브랜드를 입고 친구들에게 플렉스Flex, 과시하다 할 수 있게 했다. 수백만 원짜리 사치품도 디자인 툴을 이용해 만들 수 있기 때문에 게임 이용자들은 루이비통, 샤넬 등 유명 브랜드 옷을 제작해서 입으며 '패션 놀이'를 즐겼다. 게임 속 럭셔리 패션에 대한 관심이 커지자 여러 명품 브랜드가 직접 가상 패션 아이템을 제공하기도 했다.[26]

이러한 가상 명품Virtual Luxury 시장은 빠르게 확산되고 있다. 루이비통은 디지털 게임 '파이널 판타지Final Fantasy'의 캐릭터인 '라이트닝Lightning'을 광고 모델로 활용했고, 2019년에는 '리그 오브 레전드 LoL'와 파트너십을 체결해 캡슐 컬렉션을 출시했다. 코로나19 위기로 게임 시장이 크게 확장되고 있는 가운데 명품 업계의 영업과 마케팅 활동이 가상공간으로 확대되고 있다.

난관에 빠진 산업의 위기 대응 경영

공유 기업들은 코로나19로 인해 큰 위기를 맞고 있다. 다른 사람과 밀폐된 공간을 공유하는 것을 꺼리는 추세이기 때문이다. 승차 공유 업체 우버Uber도 승객 이용률이 80퍼센트까지 급감하면서 큰 타격을 받았고, 직원의 25퍼센트에 달하는 6,700명을 감원하기도 했다.[27] 하지만 이런 악조건 속에서도 우버는 새로운 환경에 빠르게 대응하기 위한 노력을 지속하고 있다.

먼저 공유자동차에 대한 전염병 안전 검증 시스템을 도입했다. 우버 운전자는 스마트폰으로 마스크를 착용한 본인 얼굴을 인증하지 않으면 운행을 시작할 수 없다. 또한 승객이 앞 좌석에 탑승하지 못하게 하며, 환기를 위해 창문을 개방하는 등의 지침을 내렸다. 기사나 손님 등 누구든지 마스크를 쓰지 않으면 우버 본사에 신고가 누적되고, 누적 건수가 일정 수준을 넘기면 서비스에서 퇴출된다. 이와 같은 대처는 업계 경쟁자보다 훨씬 앞서가는 조치라고 볼 수 있다.

우버는 공유자동차 사업이 어려워지자 전동 스쿠터 공유 서비스인 라임Lime에 총 1억 7000만 달러(약 2100억 원)를 투자했다. 감염으로부터 비교적 안전하다고 여겨지는 스쿠터 사업에 더욱 투자하여 지금의 변화에 빠르게 대처하려는 시도로 보인다.[28]

코로나19로 관객 수가 급감한 영화관도 새로운 활로를 끊임없이 모색하고 있다. 서울 CGV 용산에서는 젊은이들이 즐겨 하는 게임인 리그 오브 레전드 대회를 생중계했다. 이 게임은 작년 세계 챔피언 결승전 동시 시청자가 최대 4400만 명에 달할 정도로 인기 있는 게임이다. CGV는 이 대회를 전국 23개 상영관에서 생중계했다. 20~30명의 관객들이 간격을 두고 앉아서 야광봉을 들고 응원하는 장면이 펼쳐졌다. 게임 대회 중계를 지켜본 관객들은 화면이 크고 몰입감이 좋아 생생하게 시청할 수 있었다고 만족스러워했다. 이처럼 관객 수요가 급감하면서 많은 영화관이 상영 콘텐츠를 다변화하고 있다. 오페라, 콘서트, 뮤지컬, 게임, 미술관 작품 해설, 재테크 강좌까지 새로운 상영 콘텐츠를 찾고 있는 것이다. 이렇게 공간이 갖는 기존 관념을 무너뜨리고 그 기능과 의미를 확장시키려는 시도가 늘고 있다.[29]

코로나19로 인해 숙박업소나 노래방과 같은 공유 공간도 큰 어려움을 겪고 있다. 일본 도쿄의 여관인 '호메이칸'은 예약이 줄줄이 취소되자 빈방을 업무용 공간으로 내놓기 시작했다. 요금은 4시간에 3,300엔(약 3만 7,000원), 8시간에 4,500엔(약 5만 원)을 받는다. 호메이칸은 1905년에 지어진 일본 전통 목조 건물로 유형 문화재로 지정되어 있다. 호메이칸은 '3밀(밀접, 밀집, 밀폐) 우려 없는 원격 근무 응원 상품'이라고 광고한다.

일본의 노래방 '가라오케노테쓰진'도 원격 근무자를 위한 상품을 출시했다. 평일 개장 후 오후 8시까지 노래방 공간을 개인 사무실로 사용할 수 있게 했다. 한 달 무제한 사용 요금은 3,980엔(약 4만 5,000원)이다. 업체는 노래방이 보통 역 근처에 있는 경우가 많아서 접근성도 좋고 일반 사무실을 빌리는 것보다 저렴하다는 것을 강조한다. 쾌적한 오피스 환경 조성을 위해 모든 공간에 인터넷과 전원 콘센트를 새로 설치하기도 했다.

몇 년 전부터 일본에서는 노래방 등의 공간을 사무실로 빌려주는 비즈니스가 시작되었다. 일본 가라오케 업체 '빅 에코'가 빈방에 무선 인터넷과 컴퓨터 케이블을 연결해서 시간당 대여 비용을 받아 운영했다. 그런데 코로나19 이후 원격 근무가 일반화되면서 이 같은 아이디어 상품은 더 확산되는 추세이다.[30]

사람들이 많이 방문하는 마트에서도 바이러스 확산을 막기 위해 다양하게 대응하고 있다. 사람들이 방문객으로 붐비는 오프라인 매장을 꺼리기 때문에 매장에서는 방문객들의 혼잡도 및 밀집도를 적정 수준으로 관리해야 하는데, 일본에서는 이를 위한 신기술이 등장했다.

일본의 인공지능 업체인 AWL은 카메라로 방문객 숫자를 파악해서 매장 내 혼잡도를 분석하는 서비스를 출시했다. 마트나 슈퍼마켓 매장 입구에 카메라를 설치하면 모니터에 '혼잡', '한산' 등의 분석 결과가 나온다. 일본의 방범 업체 어스아이즈Earth Eyes도 점포 내 방문객의 밀집도 정도를 파악하는 서비스를 개발했다. 밀집도가 정해진 기준을 넘어가면 현장 관리자에게 자동으로 연락이 간다. 이 서비스는 기존에 가지고 있는 감시카메라에 기능을 추가하는 방식으로도 사용이 가능하다.[31]

오프라인 매장의 미래

코로나19 이후로 온라인 상거래가 활성화되면서 오프라인 매장들은 큰 위기의식을 느끼고 있다. '소매의 종말Retail Apocalypse'이 도래할 수 있다는 위기감이 팽배하다. 오랜 전통을 자랑하던 미국 백화점들이 파산을 신청하고 우리나라 오프라인 마트의 상당수가 폐점에 이르는 상황을 맞닥뜨리고 있다. 전염병 위험으로 사람과의 접촉을 피하면서 시작된 온라인 쇼핑 붐은 이에 익숙하지 않던 시니어 세대까지 가세해 전 연령대로 확대되고 있다. 무엇보다 편리하고 신선하고 효율적인 온라인 쇼핑의 혜택을 맛본 후에는 오프라인 쇼핑으로 다시 돌아가기가 쉽지 않다. 이러한 상황에서 오프라인 매장들은 어떻게 대응해야 할까? 온라인과 오프라인을 연결하는 'O2OOnline to Offline, 온라인과 오프라인의 통합'이나 오프라인 매장에 온라인 기술을 적극적으로 도입하는 'O4OOnline for Offline, 오프라인을 위한 온라인'을 통해 위기를 극복하려는 노력이 이어지고 있다. 온라인 기술을 도입해서 오프라인의 단점을 보완하는 것도 좋지만, 무엇보다 오프라인만의 장점과 가치를 극대화시키는 것이 무엇보다 중요함을 잊지 말아야 한다.

이러한 움직임의 일환에서 대형 마트도 변신을 시도하는 중이다. 예를 들어, 이마트 월계점은 기존에 상품만 가득했던 판매 공간을 독서, 식사, 체험 등이 가능한 복합 문화 공간으로 재구성하고 있다. 브런치 카페와 어린이 놀이 체험 공간, 클라이밍 액티비티 체험 놀이터 등으로 매장의 70퍼센트를 채우고 있다. 기존에는 이런 체험 공간이 20퍼센트 정도 수준이었다. 점포 내부의 동선도 스타필드나 이케아IKEA처럼 굽이굽이 걸어다니며 둘러볼 수 있게 구성했다. 이

전에는 매장 초입에 과일 등의 상품을 놓았지만 이제는 바로 구매해 먹을 수 있는 만두나 어묵 등을 배치했다. 그동안 마트에서 볼 수 없었던 고급 프리미엄 라인의 제품을 선보이기도 했다. 이마트는 이런 체험형 매장을 더 확장할 계획이다.[32]

무엇보다 오프라인 매장은 온라인과 차별화되는 현장 경험의 가치를 극대화해야 한다. 2020년 4월 일본의 요코하마에 매장을 오픈한 유니클로는 '놀이Play'를 콘셉트로 점포를 디자인했다. 가족 단위 고객을 타깃으로 대형 미끄럼틀을 건물 외부에 설치하여 그 공간을 놀이공원처럼 즐길 수 있게 했다. 이제 유통도 단순히 제품 판매를 위한 공간에서 '서비스로서의 유통Retail as a Service'을 제공하는 공간으로 탈바꿈되고 있다.

소소한 골목길에도 차별화된 콘텐츠로 프랜차이즈 자본을 이길 수 있는 힘을 보여주는 작은 가게들이 즐비하다. 예를 들어 연희동의 양갱 상점 '금옥당'은 자신만이 보여줄 수 있는 독특한 감성의 식품 콘텐츠로 고객들을 끌어 모은다. 친환경 편집숍 '서촌도감'은 '지속 가능한 생활 양식'이라는 슬로건을 선보였다. 서울 성수동의 수입치즈 상점 '유어 네이키드 치즈'는 일반적인 마트에서는 쉽게 경험할 수 없는 전 세계의 다양한 치즈를 체험·구매할 수 있다. 이 공간들은 모두 시대를 이끄는 감성으로 일반 상점에서는 느낄 수 없는 문화적 상상력을 자극하고 있다.

중견 기업인 시몬스Simmons도 성수동에 팝업 매장 '하드웨어 스토어'를 열었다. 이곳에는 침대 관련 상품이 하나도 없다. 또한 침대 제품에 대한 홍보 문구를 전혀 찾아볼 수 없다. 이 매장은 한번에 네 명씩만 입장할 수 있으며, 형형색색 예쁘게 포장된 공구, 문구류, 기타 잡화들이 촘촘히 진열되어 있다. 많은 사람에게 관심을 얻으면서 SNS에는 인증샷이 넘쳐나고, 화보 촬영도 여러 차례 진행되었다. 해당 프로젝트 총괄 매니저는 지역사회에서 영감을 받아 소통하는 소셜라이징Socializing, 사회적 교류을 펼치고자 했다고 설명한다. 시몬스의 팝업 매장 기획은 독특한 감성으로 브랜드를 미래 지향적인 이미지로 각인시키는 효과를 거두고 있다.

이처럼 앞으로 오프라인 상점은 고객의 생생한 체험을 이끌 수 있는 독특한 콘텐츠를 통해 차별화된 브랜딩을 진행해야 할 것이다.

시몬스 하드웨어 스토어 외부 전경   유어 네이키드 치즈 상점 내부 모습
(출처: 시몬스 침대 페이스북)   (출처: 유어 네이키드 치즈 홈페이지)

온라인의 편리함보다 매력적인 오프라인의 숨결을 생생하게 체험할 수 있는 공간 마케팅을 펼치는 것이 무엇보다 우선되어야 함을 잊지 말아야 한다.[33, 34]

2

넥스트 노멀 시대
소비 트렌드 7

코로나19 이후 소비시장은 어떻게 바뀔까?

———

넥스트 노멀 시대를 맞이하는 주요 소비 키워드를 살펴보기 전에 코로나19 이후 소비시장에는 어떠한 변화가 일어났는지 살펴보고자 한다. 전체적인 맥락에서 경제와 소비시장의 변화 양상을 살펴본 다음 세부적인 키워드들을 중심으로 분석할 것이다.

코로나19 발생 후 전 세계적으로 확진자 숫자가 급증함에 따라 지구촌 경제에 엄청난 충격파가 밀려왔다. 많은 국가에서 도시 봉쇄 조치가 취해지며, 급격한 시장 변동 속에 수요와 공급이 급격하게 위축되면서 전 세계에 걸쳐 유례없는 충격이 연쇄적으로 일어났다.

전염병 발병 초기의 사회·경제적 대혼란은 점차 안정되었지만, 감염증의 재확산으로 인한 팬데믹 사태는 언제든 재연될 우려가 있다. 따라서 향후 시장 변동에 대응하기 위해서는 코로나19 발생 초기부터의 소비시장 변화 양상을 면밀히 분석할 필요가 있다. 또한 향후 감염증 확산 또는 종식의 시나리오를 그려보고 미래 상황에 대비해야 할 것이다.

코로나19 이후 경제 회복 시나리오

V자형　　　U자형　　　W자형　　　L자형

(출처: JLL Research & Strategy)

경제 전문가들은 코로나19 이후 향후 경제 회복의 전망을 크게 네 가지 유형으로 분류한다. 향후 감염병의 회복 또는 종식이 불확실한 상황에서 경제회복 곡선은 V, U, W, L 모양의 네 가지 유형으로 제시할 수 있다. V자형 회복은 상대적으로 단기간에 격리 조치가 종식되고 경제가 빠르게 반등하는 것이다. 경제지표들이 빠르게 회복되며 경제가 급격하게 상승하는 곡선을 그린다. 이것은 많은 경제학자가 코로나19 초기에 예상했던 시나리오지만 향후 실현 가능성은 매우 희박하다. U자형 경제 회복 시나리오는 급격하게 경기가 하강한 후에 비교적 중장기의 기간을 거쳐 회복 곡선을 그리는 시나리오다. W형은 급격한 경기 하강 이후에 빠른 반등이 이루어지지만, 이내 다시 하강 곡선 그리기를 반복하다가 결국 회복되는 '더블 딥Double Dip, 이중 침체' 시나리오다. W형은 전염병의 완화와 악화가 반복되면서 나타날 수 있는 시나리오다. L형은 최악의 경제 전망으로서 급격한 경기 하강 후 불황이 장기간 지속되면서 회복에 매우 오랜 시간이 걸리는 시나리오다.

U, W 및 L 모양의 회복 시나리오들은 모두 시장경제에 부정적 상처를 남기게 될 것이다. 이는 경제 구조에 있어서 반영구적인 경기 하강 국면으로 이어질 수 있다.

향후의 경제 상황은 쉽게 예단하기 어려우나, 많은 학자가 '수축 경제'의 미래를 우려하고 있다. 일부 경제학자들은 향후 전염병이 종식되더라도 경제가 예전 수준으로는 완전히 회복되지 않는 소위 '90퍼센트 경제'의 시대를 맞이할 것이라고 전망한다. 코로나19 이후 소비와 공급이 동시에 위축되는 상황이기 때문에 경제의 구조적 충격뿐만 아니라 소비자들의 심리적 위축이 계속될 가능성이 높다.[1]

닐슨Nielsen은 코로나19 회복 국면을 3단계로 구분해서 전망하고 있다.[2] 반등Rebound 시나리오는 정상 생활로의 조기 복귀를 의미하며 2020년 3분기에 가능해지는 상황이다. 지연Reboot 시나리오는 2020년 4분기에 정상 생활로 회복된다는 중기적 관점을 의미한다. 장기지속Reinvent 시나리오는 2021년 초까지도 정상 생활로 복귀하지 못하는 시나리오다. 국가별 전염병 확산 상황에 따라 조기 반등, 지연, 장기 지속 시나리오 국면이 상이하게 전개된다. 강력 봉쇄 조치를 취했던 대만, 뉴질랜드, 베트남 등의 나라들은 2020년 6월 현

코로나19의 세 가지 국면 시나리오

반등	REBOUND	2020년 3분기에 정상 생활 복귀
지연	REBOOT	2020년 4분기에 정상 생활 복귀
장기 지속	REINVENT	2021년 초까지 정상 생활 복귀 불가능

(출처: 닐슨 리서치)

재 종식 선언 국면으로 들어가고 있는 반면, 수많은 국가는 아직 전염병의 대규모 확산 상황에서 빠져나오지 못하고 있다.

반등 시나리오는 V자 형태의 단기 회복이 가능하지만, 회복이 지연되거나 장기 지속 국면으로 갈수록 경제 전망은 더욱 비관적이다. 특히 시간이 지날수록 소비자들의 재정적 압박이 가중되고 사회적 결속에 균열이 발생할 가능성이 높다. 팬데믹 상황이 길어질수록 소비시장에도 불황의 그림자가 어둡게 드리울 가능성이 높다.

전염병 확산과 소비시장의 변화

베인앤드컴퍼니는 〈코로나19 위기 극복을 위한 소비재 기업의 대응 전략 보고서〉를 펴냈다. 이 보고서는 전염병 확산에 따른 소비 시장의 단계를 발병, 확산, 회복 세 단계로 나눠서 설명한다. 향후 전염병의 확산 단계를 지나 점차 안정화 단계로 진입하면 다시 일상으로 돌아오지만 과거와는 전혀 다른 시대인 뉴노멀 시대가 도래한다고 전망한다.

1단계인 '발병' 단계에서는 그래도 평범한 일상이 지속된다. 일부 필수재의 경우에는 사재기 현상이 시작되고 비필수재의 소비가 감소하기 시작한다. 바이러스 확산 초기 단계로, 아직 대다수의 사람들은 감염되지 않은 상태이다. 1단계에서 필수 소비재 기업들은 급격한 수요 폭증에 대비해야 하며, 비필수재 기업들도 향후 급격한 소비 감소 상황에 미리 대비해야 한다.

2단계 '본격 확산' 단계에서는 바이러스가 광범위하게 확산되면서, 각국 정부에서 이동 제한이나 자가 격리 조치를 내리고 휴교령과 함께 공공장소를 폐쇄하는 조치를 취하기 시작한다. 이 상황에서는 급격하게 소비가 줄고 노동력 부족이 심화되는 등 유통 공급망에 차질이 발생한다.

3단계 '회복' 단계는 사회가 다시 정상 궤도로 돌아오는 시기다. 이 단계에서는 소비지출 품목과 구매 패턴이 이전과는 확연히 다르게 나타난다. 기업이 코로나19 확산 과정에서 어떻게 대응했느냐에 따라 향후 시장 내 위치와 고객과의 관계가 크게 달라질 것이다. 기업들은 무엇보다 단기 이익만을 추구하는 것을 지양하고, 고객과의 진정성 있는 소통을 통해 사회적 책임에 기여하는 기업 리더십을 보여야 한다.

이러한 단계별 변동은 품목마다 다른 양상으로 나타난다. 단기적 사재기가 일어나는 품목인 건강·위생용품은 매출이 빠르게 올라갔다가 발병 이전 수준으로 급격하게 떨어진다. 중국에서도 코로나19 이후 마스크 업체가 우후죽순으로 생겨났다가 전염병이 안정화되고 6월로 접어들면서 업체의 95퍼센트가 도산 위기를 맞을 정도로 수요가 급격히 위축되었다. 일상용품이나 요리 관련 제품, 유아용품은 초반에는 서서히 수요가 올라갔다가 이후 신속하게 안정된다. 외모 관리 용품이나 파티용품 같은 비필수재는 전염병이 확산되면서 수요가 하락했다가 다시 회복하게 된다. 특히 기호 상품과 비필수재, 명품 카테고리는 위기가 끝난 후 억눌렸던 소비 심리가 반등하며 매출이 빠르게 회복된다. 소비자들에게 보상 소비 심리 기제가 작동한 것이다.

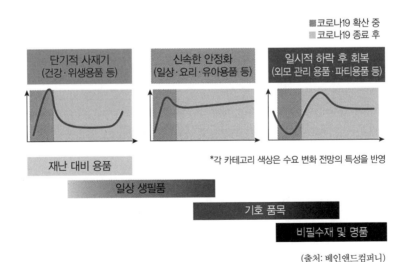

소비재 수요 회복 양상 전망

(출처: 베인앤드컴퍼니)

닐슨 보고서 〈코로나 19: 위기 시대에 현명하고 영리한 결정의 필요성COVID-19: The Need for Informed, Smart Decision in Times of Crisis〉에서는 감염병 확산 단계를 6단계로 더욱 세분화해서 제시한다. 코로나19의 확산 과정 속에서 소비자의 행동 변화는 다음과 같이 일어난다.

#1 사전 예방적 구매 단계

1단계는 국지적인 감염이 약간 이루어진 정도이다. 먼저 소비자들은 건강을 위해 질병의 사전 예방을 위한 제품을 구매한다. 또한 건강과 웰빙 제품에 대한 소비자들의 관심이 자연스럽게 높아지게 된다.

#2 질병 대응 제품 구매 단계

2단계에서는 바이러스를 막을 수 있는 마스크 등의 제품이 필수재로 떠오르는 단계이다. 정부는 건강 안전 캠페인을 적극적으로 벌인다. 지역 전파가 일어나며 일부에서는 사망자가 발생한다.

#3 사재기 준비 단계

3단계에서는 감염병으로 인한 소규모 격리가 단행되고 국경은 더 광범위하게 폐쇄되며 감염병 환자 증가가 가속화되는 시점이다. 사람들은 식료품과 건강안전용품을 사재기하며 상점에 줄지어 선 대기행렬을 보게 된다. 소비자들은 저마다 쇼핑 카트에 물건을 가득

담으면서 재난에 대비하게 된다.

#4 격리 생활 준비 단계

감염병 확진자들이 급격하게 증가하기 시작한다. 온라인 쇼핑이 크게 늘어나며 오프라인 상점 방문은 급격히 줄어든다. 제품 품절 사태가 이어지며 물건 공급량은 수요를 따라가지 못한다. 이 단계에서는 지역에서 감염병 비상 상황이 발생하게 된다. 대규모 회합은 금지되고 학교와 공공 기관은 연이어 문을 닫는다.

#5 격리 생활 단계

오프라인 쇼핑은 강력하게 제한되며 부족한 재고량으로 인해 가격 상승이 이어지고, 물가 불안이 커진다. 감염병이 대규모로 확산되어 상점 폐쇄가 단행된다. 음식점이 문을 닫고 소규모 모임조차 금지된다.

#6 뉴노멀

감염병으로 인한 격리는 점차 종료되고 시민의 삶은 다시 일상으로 돌아가게 된다. 사람들은 학교, 직장으로 되돌아가지만, 신체 건강에 대한 인식이 예전보다 높아지고 전염병에 더욱 주의를 기울이게 된다. 위생 관념과 질병 예방 행동에 대한 대중의 인식이 전환되는 것이다. 여기에 상품 생산 유통 과정, E-커머스 등에 불가역적인 구조 변동이 일어나게 된다.

전염병 확산 6단계

| #1 사전 예방적 구매 단계 | #2 질병 대응 제품 구매 단계 | #3 사재기 준비 단계 |
| #4 격리 생활 준비 단계 | #5 격리 생활 단계 | #6 뉴노멀 단계 |

(출처: 닐슨 리서치)

　닐슨은 코로나19에 의해 불가피하게 변화하는 소비자들의 구매 습관 변화의 양상을 단계별로 제시하고 있다. 먼저 전염병 초기 단계에서는 이를 억제하는 데 우수한 품질과 효과를 가진 제품이 시장에서 가장 중요해진다. 소비자들이 질병을 억제하는 데 반드시 필요한 제품(마스크, 손 소독제 등)을 간절하게 찾아 나서기 때문에, 기업은 고객들에게 적시적소에 제품을 공급할 수 있도록 유통 시스템을 효율적으로 갖춰야 한다. 다음으로 소비자들이 집에 사재기를 하는 단계에서는 유통 매장의 역할이 무엇보다 중요하다. 고객들에게 접근성 좋은 로컬 매장의 유무가 생존에 있어 무엇보다 중요하기 때문이다. 질병이 확산되면서 엄격하게 제한된 생활이 정책적으로 실행되는 전염병 절정 단계에서는 온라인 공급망의 중요성이 가장 중요해진다. 도시 봉쇄가 이루어지면 소비자들에게 온라인 유통망은 생명줄이나 다름없기 때문이다. 온라인 유통 채널에서 우수한 기술력을 갖춘 기업일수록 넥스트 노멀 시대에 경쟁자에게 상대적 우위를 점하게 될 것이다.[3]

사재기 현상의 소비 심리

코로나19가 대규모로 확산되면서 전 세계는 도시 봉쇄 상황에 빠졌다. 이러한 가운데 대중의 불안이 극심해지면서 각종 사재기 현상이 전 세계적으로 일어났다. 선진국이라고 자부해오던 미국이나 유럽 국가에서도 사재기 현상은 기승을 부렸다. 마트에서 휴지나 생수병이 진열되어 있던 선반은 순식간에 텅 비어버리는 상황이 연출되었다.

사재기 현상의 심리를 분석하는 다양한 관점이 있다. 먼저 사람들은 재난의 시기에 불안감이 극도로 커지면서 이를 해소하기 위해 물건을 사 모으는 행동을 한다는 분석이 있다. 대중은 미지의 상황에 대한 두려움으로 인해 두루마리 휴지라도 닥치는 대로 사재기를 한다. 감염증 확산 상황에서 커다란 휴지를 대형 카트에 실으면서 두려움을 진정시키고, 자신이 무엇이라도 했다는 심리적 위안을 받길 원한다. 불확실한 두려움에 대응하기 위해서는 무슨 행동이라도 적극적으로 취해야 한다는 심리적 본능이다.

무리 본능이나 군중심리의 효과에서 이를 분석하기도 한다. 《전염병의 심리학The Psychology of Pandemics》 저자 스티븐 테일러Steven Tylor 브리티시 컬럼비아 대학교 교수는 "다른 사람들이 사니까 자기도 덩달아 사는 밴드웨건Bandwagon 효과가 일어난다"고 분석했다. 밴드웨건 효과는 타인의 행동에 동조하며 상품을 따라 구입하는 현상을 의미한다.[4]

군중심리로 비이성적 충동구매를 하는 사재기 행위를 게임 이론

Game Theory으로 설명하는 관점도 있다. 공급이 제한된 상태에서 물품을 구매하는 경우에는 타인이 한 개를 구매하면 자신은 최소 한 개 이상은 구입해야만 이를 현명한 구매 행위로 인식한다는 것이다. 불확실한 상황에서 인간은 최악의 상황에서 발생할 수 있는 손실을 상정하고 그 피해를 가장 작게 만들려는 최소극대화Maximin의 원리에 따라 행동한다.[5, 6] 무엇보다 사람들은 위험에 처했을 때 자신이 상황을 통제하고 있다는 느낌을 받기를 원한다. 휴지를 사는 행동처럼 아무리 비생산적이라도 다가오는 위험을 확실하게 없애길 원하는 '제로 리스크 편향Zero-risk Bias' 행동을 하게 되는 것이다.[7]

사재기 현상은 전 세계적으로 나타났지만 유독 우리나라 국민들만 침착하게 행동하며 사재기 행동에 나서지 않았다. 우리나라 소비자들은 국내 온라인 유통 공급망에 대해 강한 신뢰가 있었기 때문에 대규모 사재기 행동을 하지 않고 위기에 침착하게 대응할 수 있었다. 다가오는 넥스트 노멀 시대에 견고한 온라인 유통 공급망은 위기 극복을 위한 경쟁력의 중요한 토대가 될 것이다.

코로나19 이후 소비자의 구매 행태 변화

전 세계적으로 코로나19 이후에 소비자의 구매 행태는 어떻게 변화했을까? 전염병의 확산에 따라 소비자들의 소비 행태는 큰 변화를 보였다. 어니스트 리서치Earnest Research는 미국에서 600만 명 이상을 대상으로 신용카드와 직불카드, 지출 데이터를 분석해서 산업별 세부 소비 변화의 양상을 그래프로 보여주고 있다. 다음 그래프에서 원의 크기는 판매량을 의미한다. 좌우 양 축은 소비의 변화로서 오른쪽으로 갈수록 소비 증가율이 커지고, 왼쪽으로 갈수록 소비 감소율이 커짐을 의미한다. 도표를 보면 온라인 식료품 소비나 게임 구매가 크게 늘고 있는 반면 영화관이나 항공, 크루즈 여행, 영화, 숙박, 헬스장 분야는 크게 줄고 있다. 경제가 어려워지면서 자선 기부는 줄어드는 반면, 집에서 간단하게 요리해 먹을 수 있는 밀키트 매출은 증가한다. 격리 기간이 길어지면서 집에서 간단히 요리해 먹을 수 있는 식품 소비가 크게 늘기 때문이다. 여기에 더해 음식 배달 서비스 매출도 크게 증가한 것으로 나타났다.[8]

우리나라에서도 코로나19가 발생한 후 소비자의 구매 행태에 매우 큰 변화가 나타났다. 전체적으로는 전염병 확산으로 인해 급격하게 소비가 위축되었다. 우리나라에서 전염병 발생 이후 소비 품목의 변화 양상에 대해 분석한 하나금융연구소의 〈코로나19가 가져온 소

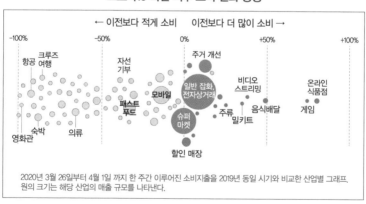

코로나19 확산 이후 소비 변화 양상

2020년 3월 26일부터 4월 1일 까지 한 주간 이루어진 소비지출을 2019년 동일 시기와 비교한 산업별 그래프. 원의 크기는 해당 산업의 매출 규모를 나타낸다.

(출처: 뉴욕타임즈, 어니스트 리서치)

비 행태의 변화〉 보고서를 보면 이러한 시장 변화가 명확하게 나타나고 있다. 이 보고서는 하나카드 신용카드 매출 데이터를 기초로 분석한 자료이다.

코로나19 이후 매출이 가장 많이 감소한 업종은 면세점과 여행사로 나타났다. 비행기를 이용한 해외여행이 크게 줄면서 항공사, 면세점은 큰 타격을 입었다. 여행, 관광 업계도 가장 어려운 시기를 맞고 있다. 철도, 고속버스 등의 장거리 운송 수단을 이용하는 사람들도 크게 줄었다. 대중교통을 이용하지 않으려는 심리와 함께 장거리 여행을 회피하면서 관련 지출이 크게 줄어든 것이다. 사람들이 많이 모이는 영화관이나 테마파크 관련 매출도 크게 줄어서 전염병으로

코로나19 이후 소비 행태 변화

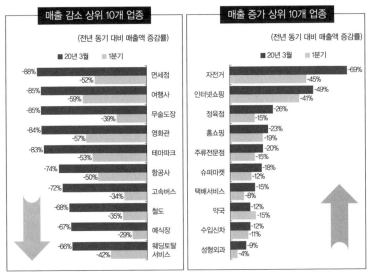

주) 20년 3월 증감률(전월 동월 대비) 기준으로 정렬

(출처: 하나금융연구소)

인한 소비 위축이 전방위로 나타나고 있다. 학원이나 무술 도장도 이용객들이 크게 줄면서 매출이 크게 감소한 업종으로 파악되었다.

매출이 가장 많이 증가한 업종은 자전거 판매업으로 나타났다. 전염병 위험으로 자전거가 가장 안전한 이동 수단으로 인식되면서 이를 이용하는 사람들이 크게 늘어났다. 오프라인 쇼핑이 크게 줄면서 인터넷 쇼핑 매출이 많이 늘어났다. 집에서 간단히 쇼핑할 수 있는 홈쇼핑도 매출이 증가한 업종 중 하나였다. 정육 등 축산과 농산물 매출도 많이 상승했다. 집에서 요리를 해먹는 홈쿠킹 트렌드가 나타나면서 신선 식재료를 많이 구매했기 때문이다. 집에서 가까운 곳에서 물건을 구매하는 근거리 쇼핑이 증가하면서 슈퍼마켓의 매출도 증가했다. 모두가 마스크를 쓰고, 외출하는 시간도 적어지면서 성형외과 시술 관련 매출이 상승했다. 수의과 분야인 동물병원의 매출도 늘어난 것으로 파악되었다. 집에 있는 시간이 많아지면서 반려동물을 위한 의료비 지출을 많이 하게 된 것이다.[9]

앞의 표에서 보다시피, 코로나19 이후 시장이 크게 양분화되고 있음을 알 수 있다. 이동이 줄어들고 집에서의 활동이 많아지면서 사람들에게 필요한 제품이나 서비스의 카테고리가 급격하게 뒤바뀌고 있다.

이렇듯 소비시장에는 지금까지 찾아보기 어려운 커다란 변화가 나타났다. 이러한 시장 변동 양상이 중장기적으로 상당 부분 고착화될 가능성도 배제할 수 없다. 향후 전염병의 전개 양상에 따라 미래 시장 변화는 그 누구도 예측하기 어려운 상황이 되고 있다. 그야말로 초불확실성Hyper Uncertainty이 지배하는 시기를 맞이하고 있다.

예측을 넘어 선견력으로 미래를 대비하자

─────

　우리는 흔히 미래를 훤히 알 수 있다는 오만에 빠진다. 사람들은 자신이 알고 있는 사실을 과신하며 미래에 대한 근거 없는 자신감을 갖는다. 다시 말해 자신이 알고 있는 사실에 기반하여 미래 예측에 대한 확신을 갖는 일종의 '확증 편향Confirmation Bias 오류'에 빠지기 쉽다. 그러나 인간은 세상의 모든 사실을 알기도 힘들 뿐 아니라 미래를 예측하는 데에는 근본적인 한계가 있다. 결국 사람들은 자신이 알고 있는 한정적인 정보를 근거로 미래를 수치적으로만 예측하며 자기 확신에 빠지는 경향이 있다. 인식론적 오만으로 인한 예측 실패는 큰 대가를 치를 수밖에 없다.

　코로나19 사태는 종전까지 우리가 보유했던 정보만으로는 그 무엇도 예측하기 어렵다. 심각한 위기 상황에서 판단 주체가 인식론적 오만으로 확증 편향에 빠진다면 이는 큰 재앙이다. 스웨덴의 집단면역 실험이 대표적인 실패 사례다. 스웨덴은 기존의 전염병에 관한 경험과 정보에 의거하여 집단면역 실험을 단행했지만 뼈아픈 실패로 끝났다. 2020년 5월 18일 기준 인구 천만 명인 스웨덴의 코로나19 사망자 수는 3,698명을 기록했다. 이웃 북유럽 국가들에 비해 사망자가 압도적으로 많았다. 자국의 미래 예측력을 과신했던 크나큰 대가였다. 그 누구도 섣불리 예측Forecast하려고 해서는 안 된다. 그보다는 선견력Foresight으로 미래를 대비하는 것이 무엇보다 필요하다.

불확실한 미래에 발생 가능한 시나리오 작업을 함으로써 선견력을 발휘하면 다양한 전개 양상에 대비할 수 있다. 대표적인 것이 시나리오 플래닝Scenario Planning 방법이다. 시나리오 플래닝은 상정 가능한 상황 변화의 유형을 설정하고 구체적으로 대비하는 방식이다. 선견력을 발휘할 때는 가능한 모든 시나리오를 검토하고 최악의 상황까지 가정하고 대비해야 한다. 예를 들어, 로열 더치셸Royal Dutch Shell 그룹은 1972년에 에너지의 미래에 관한 여섯 가지 시나리오를 상정하여 대비했다. 그중 첫 번째는 석유 공급이 중단되면서 유가가 급등할 것이라는 예견이었다. 이는 가장 최악의 상황까지 상정한 것이다. 그런데 실제로 1973년 1차 오일쇼크가 발발하면서 전 세계의 에너지 공급에 큰 차질이 발생했다. 시나리오 플래닝을 통해 최악의 상황에 대비했던 로열 더치셸 그룹은 역사상 전무후무한 위기에 그 누구보다 잘 대처하며 이를 극복할 수 있었다. 이처럼 시나리오 플래닝을 통해 미래에 대비하는 것은 위기 시 기업의 성패를 좌우하는 핵심적인 전략이 될 수 있다.[10]

#1 홈코노미

미국의 미래학자 페이스 팝콘Faith Popcorn은 '코쿤Cocoon'을 개념화
했다. 코쿤은 불확실한 사회로부터 단절되어 보호받고자 하는 욕망
을 충족시켜주는 공간으로서의 집의 역할을 상징화한 것이다. '코쿤
족'은 누에고치처럼 안락하고 안전한 공간에서 칩거하면서 자신만
의 시간을 즐기는 사람들을 지칭하는 용어다. 2008년 세계금융위기
당시에도 이러한 자기 보호 심리가 작용하면서 '코쿠닝Cocooning, 집
안에 틀어박혀 지내기' 키워드가 주목을 받았는데, 2020년 코로나19 이
후에도 위험하고 불확실한 환경으로부터 자신을 보호하려는 코쿠
닝 심리가 더욱 강해지고 있다.

집에서 먹고 즐기는 홈코노미 시대

'홈코노미Homeconomy'는 '홈Home'과 '이코노미Economy'의 합성어로 집에서 다양한 취미와 여가를 즐기는 '홈족Home+族'의 소비 경제를 지칭하는 용어이다. 코쿠닝이 집을 개인이 보호받는 공간으로 여겨 집 안에서의 활동을 수동적으로 정의했다면, 홈코노미는 다채로운 활동과 취미가 펼쳐지는 능동적인 공간으로 정의한다. 코로나19 이후 격리 및 사회적 거리두기로 인해 외부 활동들이 제한되면서 홈코노미 현상이 보다 다채롭고 풍성하게 나타나고 있다.

활동적인 의미의 '홈코노미' 키워드는 트렌드 분석 기관 트렌드와칭닷컴Trendwatching.com에서도 '인스피리언스Insperience' 키워드로 개념화하기도 했다. 이것은 '집 안Indoor'과 '경험Experience'의 합성어로서 집 안에서 다양한 경험을 즐긴다는 의미다. '인스피어리언스'는 집 밖에서의 활동을 집 안으로 끌어들이는 것을 가리킨다. 외부 활동이 제한되는 상황에서 사람들은 집을 다양한 체험을 위한 공간으로서 활용하기 시작했다.

특히 1인 가구가 늘어나는 '1코노미' 시대를 맞이하며, 집에서의 소비 경제 활동을 의미하는 홈코노미의 중요성은 더욱 커지고 있다. 홈코노미 현상은 소비자들의 구매 지출 현황에서도 나타나고 있다. 홈코노미 트렌드에 대해 2019년 11월 KB국민카드가 관련 업종에 대한 결제 내역을 분석했다. 2019년 2분기에 홈코노미 관련 결제 건수가 2018년 1분기에 대비해서 1.9배나 늘어난 것으로 분석되었

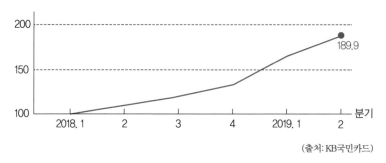

홈코노미 결제 건수

'무엇이든 집에서' … 홈코노미 결제 건수
※2018년 1분기를 100으로 가정해 산출

(출처: KB국민카드)

다. 이제 집은 중요한 소비 활동의 장으로 자리 잡기 시작했다. 빅데이터 분석을 살펴보면 주로 음식 배달앱, 일상 용품 배송, 가전 렌탈, 출장 청소, 홈엔터테인먼트 등의 분야에서 매출이 크게 올랐다. 집에서도 온라인으로 생활에 필요한 모든 활동을 할 수 있게 되어서, 밖으로 나갈 필요성이 점점 줄어들고 있다.

이러한 홈코노미 현상은 코로나19를 계기로 엄청난 폭발 효과를 가져왔다. 다양한 데이터에서 이러한 트렌드를 볼 수 있다. 가격 비교 사이트 '에누리 가격 비교'가 2020년 1월 20일부터 2월 18일까지 총 30일 동안 홈코노미 관련 제품의 판매 데이터를 분석한 결과, 전년 같은 기간 대비하여 판매량과 매출액이 크게 증가했다. 서점에 가지 않고도 집에서 손쉽게 독서를 할 수 있는 전자책의 수요도 크게 증가했으며, 홈트레이닝에 필요한 요가와 필라테스 용품 판매도 크게 늘었다. 또한 헬스클럽에 가지 못하는 사람들이 집에서 개인적으로 홈트레이닝을 하기 위해 사는 다양한 운동 용품 판매가 크게 늘었다.

여러 유통 업체에서도 홈코노미 현상에 주목하고 있다. 이베이 코리아eBay Korea는 "이전에는 자신의 행복을 가장 중시하고 소비하는 태도인 '욜로YOLO'가 소비시장을 이끌었다면, 2020년에는 코로나19 여파로 '홀로HOLO'를 키워드로 선정했다"고 발표했다. '홀로'는 집에서 자신만의 라이프를 즐기는 사람들을 가리키는 말로, 건강용품Health Care, 대용량 제품Oversize, 집콕 제품Life at Home, 온라인 쇼핑Online Shopping의 앞 글자를 따서 키워드를 도출했다. 1인 가구 현상과 홈코노미 트렌드로 인해 나타나는 소비 행태에 주목한 것이다.[11]

홈코노미가 주목을 받게 되자 기업들은 홈코노미 감성을 마케팅에 적극적으로 활용하기 시작했다. 집에만 있는 답답함과 우울함이 아닌, 따뜻함과 안정감을 강조하며 부정적인 시각을 긍정적인 관점으로 전환하는 마케팅이 화제를 모았다. 감염병 확산 과정에서 사회적 격리가 단행된 스페인에서는 자가 격리 명령이 내려진 상황을 오히려 집을 바라보는 관점을 긍정적으로 전환하는 계기로 삼자는 메시지를 담아 마케팅에 활용했다. 이케아 스페인Ikea Spain이 제작한 이 동영상에서는 바깥세상이 아무리 험하게 변하더라도 집은 사랑하는 사람들과 소중한 시간을 보내는 평화로운 공간이라는 사실을 보여주고 있다. 이케아 스페인 마케팅 책임자는 통해 사람들이 집을 새로운 시각에서 바라보고, 격리 기간 동안 집에서 다양한 경험을 하기 바란다는 취지에서 **#YoMeQuedoEnCasa**집에서 생활해요' 캠페

인을 진행했다.[12]

홈코노미는 셀프 인테리어 등 집을 꾸미고자 하는 홈 퍼니싱Home Furnishing 시장을 빠르게 성장시키고 있다. 외국에서는 이를 가리켜 '주거 개선 수요Home Improvement'라고 지칭하는데, 집의 공간을 자기만의 편안한 곳으로 만들고자 하는 심리가 반영된다. 이러한 의미에서 우리나라에서도 인테리어 애플리케이션 '오늘의 집'과 같은 홈 퍼니싱 관련 앱이나 웹사이트를 찾는 방문자 수도 크게 늘고 있다. 시장 분석 업체 컴스코어Comescore에 따르면 전 세계적으로 관련 사이트의 방문자 수가 코로나19를 기점으로 크게 늘어난 것을 볼 수 있다. 이미 1인 가구의 수가 증가하며 셀프 인테리어에 관심이 늘어가고 있는 상황에서 집에 머무는 시간이 절대적으로 많아졌기 때문에 홈퍼니싱 시장은 더욱 빠르게 성장하고 있다.

호모 루덴스의 나홀로 집콕놀이

집에만 가만히 머물러 있으면 지루하고 재미가 없다. 호모 루덴스Homo Ludens는 요한 하위징아Johan Huizinga가 자신의 동명의 저서에서 제시한 '놀이하는 인간'이라는 개념이다. 코로나19로 집에 있는 동안 놀이를 통해 즐거움을 추구하는 현상이 나타났다.

빅데이터 분석 결과에서도 사람들이 집에 있어야 하는 시간이 많아지면서 '따분하다', '심심하다'라는 언급이 급격하게 많아졌다. 집에서 이어지는 답답한 생활을 극복하기 위해 다양한 활동을 찾는 사람들이 많아졌다. 예를 들어, 웨이트기구, 덤벨, 스텝퍼 등의 운동기구 검색도 많이 늘었고, 퍼즐이나 블록 같은 게임 관련 용품의 언급량도 늘어났다. 악기 관련 단어 검색도 많이 늘어서 개인 취미 생활을 즐기려는 사람들의 심리를 엿볼 수 있었다.

집에서 무료한 시간을 채우기 위한 놀이, 게임 아이템도 수요가 높아졌다. 위메프의 경우 3월부터 6주간 실내 여가 생활 제품 매출이 전년도와 비교해 최대 9배까지 증가했다. 가장 매출이 올라간 것은 보드게임인 부루마블이었는데 판매가 무려 778퍼센트 급증했다.

집에서의 시간을 보다 재미있게 보내기 위해 다양한 아이디어가 등장하기도 했다. 400번 저어 마시는 달고나 커피, 천 번 저어 만드는 수플레 등이 화제를 모으기도 했다. 해외에서도 크게 화제가 되어 새로운 K콘텐츠로 주목을 끌었다.

카페에 가는 대신 가정에서 음료나 디저트를 만드는 사람들도 크게 늘면서 홈카페 관련 가전 판매도 증가했다. 커피 머신, 와플 메이커, 샌드위치 메이커가 각각 248퍼센트, 237퍼센트, 229퍼센트로 매출이 크게 증가했다. 영화관을 방문하지 않고 집에서 영화를 관람하려는 이들이 늘어나면서 빔 프로젝터 판매량은 392퍼센트, 홈시어터는 59퍼센트, 블루투스 스피커는 52퍼센트 늘어났다. 집이 영화관이, 카페가, 베이커리가 되기 시작했다.[13]

집에 있는 시간을 놀이의 시간으로 승화하는 사람들이 생겨나기도 했다. 전 세계에서 많은 사람이 집에서 보내는 시간 동안 재미있는 집콕 영상을 만들어 수많은 사람의 공감을 얻었다. 스페인 바르셀로나에 사는 필립 클라인 에레로는 집에서 빙벽을 타고 눈 덮인

산에 올라 정상 비탈에서 스키 점프를 하는 장면을 연출한다. 집의 물건들과 스키 장비를 바닥에 펼쳐놓고 스톱모션 애니메이션 기법을 사용한 동영상으로 멋진 장면을 연출했다. 에레로가 올린 유튜브 동영상은 큰 인기를 끌었다. 전 세계에서 자가 격리를 했던 사람들은 창의력을 발휘하며 기발한 영상을 하나둘씩 만들었다. 집 안에서 마치 여행을 하고 있는 듯한 장면을 연출해서 올리는 놀이가 인스타그램, 틱톡 등을 통해 유행하기도 했다.

어떤 놀이는 인스타그램이나 틱톡에서 '**#travelfromhome**' 또는 '**#travelfromhomechallenge**'라는 해시태그로 인기를 끌었다. 인스타그램 사용자 '@jeroengortworst'는 비행기를 타는 장면을 연출했다. 마치 비행기를 타고 어디론가 가는 것 같지만 사실 자신의 집 세탁실에서 연출한 장면이었다. 드럼 세탁기 투명 창을 비행기 창문처럼 보이게 하기 위해 세탁기 안에 노트북을 두고 하늘을 나는 동영상을 틀어놓은 것이었다. 해당 영상은 틱톡 조회 수 4000만 건을 넘을 정도로 인기였다. 집에서 격리되어 여행을 가지 못하는 답답함을 유머로 풀려고 한 것이다.[14] 이제 집이라는 공간은 단순하게 휴식을 취하는 공간을 넘어 새로운 놀이 공간으로 새로이 발견되고 있다. 놀이터가 되는 집의 가능성을 비즈니스로 연결할 수 있는 아이디어가 더욱 필요해지는 시점이다.

호모 파베르의 창작 욕구

도구적 인간을 의미하는 호모 파베르의 창작 욕구는 사람들로 하여금 무엇인가를 만들도록 이끈다. 사람들은 소비에 있어 더욱 창의적이고 자립적으로 변화하고 있다. 예를 들어, 미국에서는 빵을 만들 때 사용하는 효모의 매출이 급증했다. 홈베이킹 수요가 늘어났기 때문이다. 닐슨의 보고서에 따르면 2020년 3월 셋째 주 미국 내 효모 판매량이 2019년 대비 650퍼센트 폭증한 것으로 나타났다. 이와 더불어 베이킹 관련 가전제품의 매출도 크게 상승했다. 자기 스스로 빵을 만들어 먹으려는 수요가 크게 증가한 것이다.[15]

구글 검색어 트렌드를 보면, 3월 미국에서 '바나나빵Banana Bread' 이라는 단어 검색이 54퍼센트나 증가했다. 바나나빵 만들기는 오래전에 인기를 끌었던 레시피인데, 사람들이 홈베이킹을 많이 시도함에 따라 다양한 레시피 정보, 블로그 포스팅 등이 많아지면서 과거의 취미가 다시 부상한 것이다. 이처럼 오래전 유행한 아이템을 직접 만들어보는 '복고 놀이'가 인기를 끌기도 했다. 우리나라에서 인기를 끌었던 '달고나 커피'도 과거의 현대적 해석이라 볼 수 있다.[16]

혼자서 성취감 있는 시간을 보내기 위한 아이템도 인기였다. 직접 만드는 DIYDo It Yourself 제품이 대표적이다. 'DIY 명화 그리기', 'DIY 미니어처'의 매출이 코로나19 이전에 비해 각각 410퍼센트, 363퍼센트나 증가했다. 셀프 DIY 인테리어 관련 매출도 207퍼센트 상승했다. 집에서 여가를 보내는 시간이 많아지면서 직접 손으로 제작하여 뿌듯함을 경험할 수 있는 DIY 제품이 인기를 끈 것이다.

자가 격리와 사회적 거리두기의 시행으로 인해 때로는 반강제적 DIY를 해야 하기도 했다. 미국 등 도시 봉쇄가 일어난 곳에서는 미용실과 이발소가 영업을 하지 못하게 되었고, 어쩔 수 없이 집에서 스스로 자신과 가족의 머리를 손질할 수밖에 없었다. 시장 분석 업체 크리테오에 따르면 2020년 1월 대비 3월의 면도 및 이미용품 판매는 전 세계적으로 큰 폭으로 상승했다. 미국의 경우, 이발기와 면도기의 판매가 241퍼센트 증가했다. 하지만 셀프 미용에 모든 사람이 성공하지는 못했다. SNS에는 셀프 미용에 실패한 인증 사진들이 **#락다운헤어컷**Lockdown Haircut이라는 해시태그를 달고 하나둘 올라왔다.

셀프 트렌드는 뷰티 업종에도 중요한 키워드가 되고 있다. 고객들은 미용실과 같은 공간에서의 신체 접촉을 최대한 피하고 집에서 관리하는 홈뷰티 방식을 더욱 선호하게 될 것이다. 코로나19 기간 동안 아마존 매출 분석에서는 메이크업 제품 매출은 18퍼센트 줄어든 반면, 네일 케어 관련 제품은 218퍼센트 증가했다. 모발염색 제품은 172퍼센트 상승했고 청결 및 바디 제품 매출은 65퍼센트 증가했다. 빅데이터 분석기관 스페이트Spate의 분석 결과 코로나19 이후로 '풋 마스크', '핸드 마스크', '스티밍 페이스' 등 셀프 케어와 관련한 검색이 각각 3만 건 이상 급증했다. 기존에 조금씩 증가해오던 셀프 케어 트렌드는 코로나19 이후에 더욱 강화되고 있다.[17]

쿼런틴 가드닝
집에서 머무는 시간이 길어지면서 다양한 취미 활동이 주목을 받고 있는 가운데, 가정 원예에 관심을 가지는 사람들이 많아지고 있다. 집에서 격리된 가운데 식물을 재배하고 가꾸는 쿼런틴 가드닝 Quarantine Gardening이 코로나19 기간에 주목받는 키워드 중 하나였다. 외국에서는 쿼런틴 가드닝이 인기 해시 태그로 떠오르기도 했다. 봉쇄령이 내려지자 사람들이 집에 머물면서 식물을 기르는 일에 더 관심을 기울이게 된 것이다.

영국에서도 가정 원예 용품 판매가 급증했다. 특히 당근, 콩, 양배추, 토마토 등의 씨앗 주문이 폭증했다. 온라인 공급망 붕괴에 대한 우려로 직접 집에서 재배하려는 사람들이 늘어난 현상이기도 하지만, 건강을 챙기면서 무료한 시간을 달래는 사람들의 심리가 작용한 것으로 볼 수 있다.[18]

미국의 시사 주간지 《뉴요커New Yorker》는 많은 사람이 플라스틱 상자에 구멍을 내서 식물을 기르기 시작했으며, 음식 재료를 기르고 보존하는 것은 삶이 지속된다는 증거라고 보도했다. 실제로 사재기가 횡행했던 미국에서는 자급자족을 위해 식용 식물을 재배하는 사례가 다수 관찰되었다. 영국의 일간지 가디언은 코로나19로 인해 사람들이 심리적으로 불안해하는 가운데 씨앗을 심고 싹이 트는 과정을 들여다보는 것은 마음의 평정을 위해 매우 효과적인 일이라고 분석했다.[19]

식물 재배와 수확물 이용 활동의 심리적 효과는 실제 연구를 통해 검증되었다. 농촌진흥청이 2015년에서 2017년까지 유아 및 아동 자녀를 둔 가정을 대상으로 연구를 했는데, 스트레스 지표인 '코르티솔' 농도가 부모는 참여 전보다 56.5퍼센트 감소했고, 자녀의 우울감은 20.9퍼센트 줄어든 것으로 나타났다. 특히 자녀와 부모가 함께 이러한 활동을 하면 부모의 양육 스트레스도 줄어드는 동시에 자녀의 공감 수준이 크게 높아지는 것으로 분석되었다.[20]

우리나라에서도 식용식물을 기르는 사람이 부쩍 많아졌다. 인스타그램에서 '#대파기르기'를 검색하면 관련 사진들이 다수 검색된다. 이외에도 콩나물, 표고버섯, 상추 등을 기르는 게 유행하기도 했다. 특히 대파는 냉장고에 있는 것을 물이 든 페트병에 넣기만 하면 어디서든 키울 수 있기 때문에 유행처럼 SNS에 퍼지기도 했다.

이러한 쿼런틴 가드닝의 인기는 가전 시장의 성장으로 이어지고 있다. 가전 회사들은 냉장고에 식물 재배 기능을 주요 성능으로 추가한 제품 출시를 계획하고 있다. 2020년 하반기에는 냉장고 기술을 활용해서 집에서 직접 식물을 기르는 '식물 재배기'가 출시될 예정이다. 이미 2020년 1월 세계적인 가전 박람회 'CES 2020'에서 엘지전자와 삼성전자 모두 가정용 식물 재배기 시제품을 선보였는데 쿼런틴 가드닝에 대한 관심 증가로 제품 출시가 빨라질 수 있다. 홈쿠킹을 하는 라이프스타일이 확산되면서 신선한 재료에 대한 수요가 증가하고, 그에 따라 식물 재배기의 인기도 높아질 전망이다.[21]

패밀리 포커스 소비

코로나19로 인한 격리 기간이 길어지면서 가족들끼리 같이 있는 시간이 증가했다. 위험한 전염병으로 인해 가족을 소중히 여기는 마음이 더욱 절실해진 것이다. 한국무역협회 상하이 지부의 보고서에 따르면, 중국인들은 격리 기간을 통해서 가족의 소중함을 느끼게 되어 앞으로 가족 중심의 소비가 늘어날 것이라고 전망했다. 특히 '자가 격리 기간에 가족의 중요성을 느꼈으며 앞으로 가족들과의 시간을 늘리겠다'는 중국인이 42.8퍼센트였고, '자신과 가족을 위한 의료 건강 관련 보험을 가입할 계획을 가지고 있다'는 응답의 비율도 26.8퍼센트였다.[22]

이러한 분위기에서 중국에서는 가족을 위한 보험이 출시되기도 했다. 타이캉泰康人寿 보험 회사가 출시한 '가족 사랑의 약속爱家之约' 보험은 가족의 중병 및 의료 비용을 지원하는 건강 보험 상품이다. 코로나19 이후 가족 건강에 대한 걱정과 불안으로 가족건강보장보험에 관심을 가지는 사람이 급증하게 된 것이다.

가족 중심 소비에서 나타나는 현상 중 하나는 반려동물을 위한 제품 소비의 급증이다. 현대인들에게 반려동물은 가족과 다름없는 존재이다. 이런 반려동물 용품 매출이 늘어나는 것은 가족 중심의 구매가 많아지는 것과 같은 맥락으로 해석할 수 있다. 코로나19로 인한 스트레스와 우울, 무기력감을 반려동물과의 시간을 통해 해소하려는 사람들이 많아지면서 관련 소비도 크게 증가하고 있다.

코로나19 장기화로 인한 집콕 소비와 외출 욕구의 증가

외모 관리 산업의 명암

집에만 있으니 외출하거나 모임에 나갈 일이 없다. 상황이 이렇다 보니 외모 관리 상품의 판매는 부진해졌다. 화장품 판매도 부진했다. 통계청이 4월 발표한 온라인 쇼핑 동향 자료에 따르면 2020년 1분기 온라인 화장품 거래액은 전년도 대비 11.7퍼센트나 줄었다. 온라인 화장품 거래액은 그동안 계절과 상관없이 분기별로 계속 증가해왔는데 코로나19 사태로 성장세가 크게 꺾였다. 의류 제품 매출도 매우 큰 타격을 받고 있다. 전문가들은 패션 업계가 2차 세계대전 이후 최악의 국면을 맞고 있다고 분석한다. 전염병 위기로 인한 급격한 수요 위축이 일어나고 있어 내수도 크게 줄어드는 동시에, 외국 수출 물량도 많이 감소했기 때문에 연쇄적으로 위기를 맞고 있다.

이외에도 외모 관련 소비는 다양한 분야에 걸쳐 저조한 실적을 보이고 있다. 생활용품 회사 유니레버Unilever는 2016년도에 면도기 배달 서비스 업체인 '달러 셰이브 클럽Dallar Shave Club'을 10억 달러에 인수했다. 이 업체는 매달 일정 금액을 내면 면도날 카트리지와 셰이빙 크림 등을 정기적으로 배송해주는데, 사람들이 집에만 머무르게 되면서 면도 자체를 게을리하게 되어 면도기 매출에 직접적인 타격을 받기도 했다.[23]

이러한 상황에서도 소비자들의 틈새 니즈에 부합하면서 매출이 증가한 카테고리도 있었다. 그 중 하나가 '홈패션' 카테고리다. 시장 분석 업체 크리테오Criteo에 따르면 3월의 잠옷 및 실내복 판매는 2020년 1월 대비 호주(+184퍼센트), 브라질(+126퍼센트), 한국(+80퍼센트) 및 이탈리아(+79퍼센트)에서 모두 증가했다.

코로나19 이후 주목받는 패션은 집 안에서도, 잠시 외출할 때도 입을 수 있는 편한 옷들이다. 온라인 쇼핑 사이트 옥션에서는 3월 한 달 동안 '홈웨어' 관련 상품 판매가 급증한 것으로 나타났다. 사람들이 홈트레이닝을 많이 하게 되면서 간단한 운동과 가벼운 외출을 겸할 수 있는 에슬레저 룩도 인기를 끌었다. 특히 여성의 경우에는 레깅스 판매가 작년 대비 두 배 이상 상승했다. 홈웨어 중에서는 파마자 스타일의 옷이 인기를 끌었는데, 격리 기간 동안 유명 할리우드 배우들이 파자마를 입고 가족사진을 찍어 SNS에 올리며 화제를 모으기도 했다.

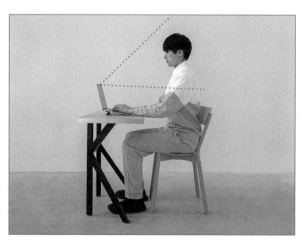

재택근무자들을 위한 상하 분리 패션(출처: Whatever inc. 홈페이지)

'줌Zoom(화상회의 소프트웨어 서비스)' 등을 통한 영상 회의가 많아지면서 하의보다 상의의 중요성이 커졌다. 화상 회의를 하더라도 카메라는 상반신만 잡기 때문에 정장 하의나 스커트, 양말을 착용할 필요가 없다. 그에 따라 하의는 편안하게 입을 수 있는 홈웨어가 인기였고, 상의는 격식을 차려 입는 방식인 이른바 '상하분리 패션'이 주목을 끌기도 했다.

방구석 여행 떠나기

코로나19로 인해 여행을 못하게 되면서 비행기를 타거나 호텔에 가기도 어려워졌다. 많은 사람이 여행을 통한 체험과 탐험, 영감을 향한 욕구를 채우지 못하게 되면서 이를 대신할 무언가를 찾고자 하였다. 사람들은 디지털 접속을 통한 간접 체험을 찾기 시작했다. 구글 검색에서 'Virtual Tours가상 여행' 같은 단어를 이전보다 훨씬 더 많이 찾게 되었다. 구글 검색어 트렌드에 따르면 전 세계에서 다음과 같은 검색어가 급상승했다.[24]

코로나19가 장기화되면서 비대면 서비스는 여행 업계에서도 새로운 트렌드로 자리 잡고 있다. 예를 들어, 에어비앤비Airbnb, 숙박 공유 플랫폼는 온라인 체험 서비스를 출시했다. 이 이벤트는 어려움에 빠진 호스트들을 격려하기 위해 전 세계 30여 개국에서 열렸다. 여기서 선보인 프로그램은 K뷰티, 요리, 명상, 인테리어 디자인, 댄스 클래스 등의 다양한 체험 선택지를 고객에게 제공했다. 체험 상품은 모두 화상 플랫폼 줌Zoom으로 진행됐다.

VR^{Virtual Reality}, 가상현실 여행상품도 인기를 모으고 있다. KT의 VR 서비스 '슈퍼 VR'의 분석에 따르면 해외여행 관련 VR 콘텐츠가 2020년 3월 인기 콘텐츠 순위 상위권을 차지했다. 뉴욕의 관광 명소를 담은 콘텐츠를 비롯해서 베네수엘라의 폭포나, 노르웨이의 오로라, 멕시코의 백상아리 등도 10위 안에 들 정도로 상위권에 올랐다. 슈퍼 VR의 3000여 개 콘텐츠 중에 여행 콘텐츠는 200편에 달한다. 국내 주요 여행지는 물론이고 지역 축제 하이라이트도 VR 콘텐츠로 업로드 되어 있다.

SKT의 '점프 VR'도 2~3월 이용량이 크게 증가했다. 내용은 세계 명소 시티투어, 전시회 관람 등의 익숙한 여행 콘텐츠부터 카약, 열기구, 서핑 등 액티비티 체험에 관한 영상도 있다. 유튜브에서는 VR로 만든 영상이 지속적으로 인기다. 유튜브는 360도 시야각으로 즐길 수 있는 VR 서비스를 제공하는데, VR 기기가 없어도 스마트폰으로 이용할 수 있다. 특히 내셔널지오그래픽에서 제작한 '아프리카

내셔널지오그래픽의 아프리카 사자 VR 영상(출처: National Geographic 유튜브 캡처)

사자 가족 영상'은 조회수 1700만 회를 기록할 정도로 인기가 높다. 이처럼 VR 콘텐츠는 코로나19 때문에 집에만 머물고 있는 사람들에게 간접 체험을 선사해 주목을 받고 있다.[25]

중국에서도 현장감 넘치는 방구석 여행을 하려는 사람들이 많아졌다. 알리바바阿里巴巴 그룹의 타오바오淘宝网가 2020년 4월 여행 콘텐츠 '타오바오 라이브' 서비스를 개시하자 그날 하루에 무려 1,000만 명이나 접속했다. 매년 세계 여행을 떠나는 중국인이 인구(14억 명)의 약 5퍼센트(7000만 명)임을 감안하면, 하루에만 이 수요의 7분의 1을 흡수한 것이다. 타오바오 라이브는 '클라우드 여행' 콘텐츠로 중국 내의 관광지를 구경하는 경험을 제공한다. 중국의 관광지 1,000여 곳의 라이브 영상을 제공하고 고객들이 원하는 영상을 골라볼 수 있게 했다. 그중 가장 인기 있는 관광지는 티베트 라싸의 '포탈라궁'인데, 이 콘텐츠는 라이브 첫날 무려 100만 명이 시청했다. 이는 전년도 포탈라궁 실제 방문객 수를 훨씬 뛰어넘는다. 또한 동물원 소개 방송에서는 판다나 펭귄 같은 다양한 동물의 모습을 볼 수 있고, 박물관 방송에서는 전문 해설사의 해설이나 세미나를 실시간으로 볼 수 있다.[26]

현지와 라이브 스트리밍으로 가이드를 원격 조종하는 기기도 등장했다. 파로 아일랜드는 관광객이 원격으로 가이드를 조종함으로써 파로 아일랜드의 명소를 간접적으로 여행할 수 있는 기기를 선보였다. 라이브 비디오 카메라 장비를 갖춘 가이드의 움직임을 직접 지시하여 컨트롤할 수 있다.[27]

파로 아일랜드 원격 여행 장면(출처: The Faroe Islands 홈페이지 캡처)

유튜브 '어스캠Earthcam' 채널은 세계 유명 관광지를 라이브로 보여준다. 뉴욕 타임스퀘어를 비추는 채널에는 실시간으로 400명이 접속해서 대화를 한다. 한국의 남산서울타워와 에버랜드 라이브 채널에도 수십 명이 접속해 대화를 나누는 장면을 볼 수 있다. 답답한 마음을 달래기 위해 가상으로라도 접속하고 소통하는 것이다.

국내에서도 인스타그램으로 해외 유명 관광지나 가고 싶은 장소에 자신의 모습을 합성해 올리는 '어디 갈래 챌린지'가 유행이었다. '파리 몽마르뜨에서 피크닉을 즐긴 다음 뉴욕 자유의 여신상 앞에서 사진을 찍었다'는 식의 이야기를 만들어 여행 분위기를 연출했다. 과거에 여행했던 사진들을 올리는 '방구석 여행'도 대리 만족을 주는 여행 놀이가 되어가고 있다.

외출 욕구의 폭발

외출에 대한 사람들의 욕구가 커지면서 아웃도어 업체들의 매출도 반등했다. 사람들이 비교적 안전하다고 여겨지는 등산을 비롯한 아웃도어 활동을 더 많이 하게 되었고, 그동안 침체의 길을 걷던 의류 시장이 활기를 찾기도 했다.

시장 분석 업체 크리테오의 쇼핑 빅데이터 분석에도 캠핑과 하이킹 용품에 대한 매출이 크게 늘어난 것을 볼 수 있다. 외출에 대한 욕구가 커지면서 자연의 신선한 공기를 쐬고 싶은 사람들이 늘어났기 때문이다. 골프, 사이클 등의 수요가 늘어난 것도 동일한 맥락에서 이해할 수 있다.

캠핑 및 아웃도어 용품의 구매에 대한 또 다른 해석은, 외출을 하지 못할 경우 햇빛이라도 쐬며 야외 체험을 하는 기분을 내고자 하는 사람들이 늘어났다는 것이다. 일명 '방구석 캠핑', '홈캠핑'으로 대

커피 브랜드의 캠핑 용품 굿즈
(출처: 할리스 커피 페이스북, 스타벅스 코리아 페이스북)

리 만족하려는 소비자들이 많아지고 있고 그에 따라 해당 용품의 소비가 많아졌다. 계절이 바뀌고 날씨가 따뜻해지면서 마당이나 베란다 등에 접이식 의자, 스툴, 테이블 등을 놓고 아웃도어 기분을 내보고자 하는 이들이 늘었다. 시장 분석 업체 크리테오에 따르면 야외용 가구 판매는 영국(+1908퍼센트), 독일(+956퍼센트), 미국(+428퍼센트), 프랑스(+303퍼센트)에서 큰 폭으로 증가했다. 우리나라도 야외용 의자의 판매가 167퍼센트 증가했다. 결국 외출 욕구가 직간접적으로 분출됨으로써 관련 제품 판매가 크게 상승했다. 이러한 인기에 힘입어 프렌차이즈 커피전문점 할리스Hollys가 출시한 '릴렉스체어와 파라솔 세트'나 스타벅스Starbucks의 '서머 체어', '서머 레디백' 등은 본품보다 더 큰 인기를 모으며 빠르게 품절되었다. 커피 300잔을 시키고 캠핑 굿즈만 받아서 떠나버린 사람들의 이야기가 들릴 정도로 엄청난 관심을 받았다.

홈어라운드 소비의 증가

전염병 유행이 장기화되고 집에서의 생활이 계속되면서 긴 시간 억눌렸던 외출 욕구도 점점 커져, 향후 외부 활동에 대한 소비 역시 급증할 가능성이 높다. 발병 초기의 감정이 불안과 공포였다면 중후반으로 갈수록 따분하고 심심하다는 감정이 표출되는 것으로 나타났기 때문이다. 대중들의 외출 욕구는 계속해서 자극될 것으로 보이지만, 멀리 떠나는 것보다 집 근처에서 쇼핑과 여가를 즐기는 '홈어라운드' 소비가 증가하는 양상을 보인다.

이는 빅데이터 분석으로도 증명되었다. 롯데카드가 결제 빅데이터를 분석해봤더니 사회적 거리두기 기간 동안 전체 오프라인 결제 건수는 전년 대비 6.9퍼센트 감소했다. 반면, 집으로부터 반경 50미터 이내에 위치한 가맹점에서의 결제 건수는 8퍼센트 증가했다. 또한 500미터~1킬로미터 이내는 0.4퍼센트 증가했고, 집에서 거리가 1~3킬로미터 내이거나 3킬로미터가 넘는 원거리에 위치한 가맹점에서의 결제는 각각 9.1퍼센트, 12.6퍼센트 줄어들었다. 집에서 가까운 곳에서의 구매는 늘고 먼 곳에 위치한 매장에서의 지출은 줄어든 것이다. 이는 집에 머무는 시간이 늘어나면서 특별한 이동 수단이 없이 쉽게 걸어갈 수 있는 반경 1킬로미터 이내로 구매 생활 반경이 좁혀진 것으로 해석된다. 이를 가리켜 슬세권(슬리퍼만 신고 나가서 쇼핑할 수 있는 거리의 상권)이라는 신조어가 등장하기도 했다. 집 안에서는 온라인 쇼핑으로 해결하고, 밖으로 나가더라도 도보로 이동할 수 있는 곳에서 편리하게 쇼핑을 해결하는 모습을 볼 수 있다.

이러한 근거리 소비 행태는 2~3년 전부터 꾸준히 관찰되어 왔다. 2017년도 12월의 신한카드 빅데이터 분석에서도 집 근처를 중심으로 카드 소비가 증가하고 있음을 알 수 있었다. 코로나19를 계기로 멀리 이동하는 것 자체를 꺼리게 되면서 집 가까운 곳에서 필요한 물건을 사는 근거리 소비가 증가하게 되었다. 향후에도 이러한 소비 현상은 더욱 심화될 가능성이 높고 따라서 동네 상권에 대한 관심은 더욱 커질 것으로 전망된다.

집의 미래

___

집은 다양한 활동이 다채롭게 펼쳐지는 공간으로 변모하고 있다. 또한 집의 기능이 강화되면서 라이프스타일과 소비의 다변화가 이루어지고 있다. 과거에는 직장과 주거 공간이 근접한 '직주근접職住近接'의 개념이 중요했다면, 코로나19 이후 원격 근무가 확산되면서 직장과 주거 공간이 일치하는 '직주일치職住一致'의 개념이 떠오르고 있다. 이러한 배경에서 직장 중심의 상권이 중요했던 시대를 지나 이제는 집을 중심으로 근거리 소비가 중요해지는 동네 상권의 시대를 맞이하고 있다.

집의 공간도 사회적 거리두기의 기간 동안에 머무는 시간이 많아지면서 공간 자체에 대한 관심이 많아지기 시작했다. 공간에 대한 애착이 강해지고 스스로 집을 단장하고 꾸미려는 욕구들이 많아졌다. 집이라는 공간의 중요성을 다시 깨닫게 된 것이다. 그동안은 집의 소형화가 주된 추세였다면, 코로나19 이후 주거 공간의 다양한 기능과 활동 수행의 중요성이 커지면서 집의 대형화 니즈도 커질 전망이다. 이러한 추세를 반영하여 실제 냉장고, 세탁기, TV 등의 가전 제품들도 대형 제품의 판매가 크게 늘어나고 있다. 다양한 식재료로 홈쿠킹을 하기 위해서는 큰 냉장고가 필요하고, 넷플릭스 같은 온라인 동영상 서비스OTT를 제대로 즐기기 위해서는 큰 사이즈의 TV가 필요한 것이다. 또한 가사 노동의 부담을 효율적으로 줄이는 대형 세탁기가 훨씬 편리하게 느껴진다. 이처럼 집에 머무는 시간이 늘자 대형 및 프리미엄 제품 수요도 자연스럽게 늘어났다. 이전처럼 자주 여행을 가지 못하게 되면서 그 비용을 프리미엄 가전제품 구매에 사용하는 중산층의 수도 많아지고 있다.[28]

코로나19가 촉발시킨 라이프스타일의 변화는 생각보다 광범위하다. 일과 집에 대한 관점이 바뀌고 있으며 이를 둘러싼 소비 행태도 현저히 달라지고 있다. 집의 공간적 기능도 훨씬 다양해지고 있으며 이에 따른 사람들의 요구도 달라지고 있다. 예를 들어, 사람들은 답답한 격리 생활 가운데 햇빛의 소중함을 깨닫고 테라스나 마당의 중요성을 인식하게 되었다. 아파트에서 반려식물을 심고 매일 물을 주며 생명체를 기르는 기쁨을 깨닫게 되었고, 가족들과 맛있는 음식을 만들어 먹는 의미를 재발견하게 되었다. 집에서 할 수 있는 일들이 생각보다 많다는 걸 깨달으면서, 집 안에서도 얼마든지 신나고 재미있는 시간을 보낼 수 있게 되었다. 미래의 집은 최고의 엔터테인먼트 공간인 동시에 최적의 업무 효율을 달성할 수 있는 일터가 되며, 현대인에게 궁극적인 안식을 제공하는 최고의 힐링 공간이 될 수 있다. 일찍이 미래학자 앨빈 토플러Alvin Toffler가 예언했던 복합 기능 공간으로서의 집이 홈코노미 시대를 맞이해 본격적으로 진화하기 시작했다.

#2 언택트 디지털 트랜스포메이션

BCBefore Corona, 코로나 이전를 지나 ACAfter Corona, 코로나 이후의 시대를 맞이하며 디지털 트랜스포메이션Digital Transformation, 디지털 변화의 속도는 기술적 특이점Technological Singularity에 들어가고 있다. 특이점이란 현대 문명의 발전 과정에서 가상 지점을 뜻하는 미래학 용어로, 기술 변화의 속도가 급격하게 빨라지면서 인간의 생활이 이전 상태로는 되돌릴 수 없을 정도로 변화되는 기점을 의미한다. 본래 기술적 특이점의 의미는 인공지능의 발전이 가속화되어 모든 인류의 지성을 합친 것보다 더 뛰어난 '초인공지능'이 출현하는 시점을 의미하는데, 현재 코로나19의 발발로 인한 디지털 트랜스포메이션의 가속화 현상은 '언택트 기술'의 특이점으로 현대 역사에 기록될 것이다.

감염병 공포로 인해 사람들이 대면 접촉을 피하면서 비대면 서비스와 원격 기술, 온라인 상거래 등 시장을 둘러싼 언택트 기술의 활용은 폭발적으로 확대되고 있다. 감염병 위험으로 인해 사무실 근무는 이제 빠르게 원격 근무로 대체되고 있고, 사람과의 접촉을 꺼리게 되면서 오프라인 매장이 아닌 온라인을 통해 물건을 구입하는 사람들이 크게 증가하고 있다. 현장에 방문해서 일일이 고르고 주문할 필요 없이, 편리하게 상품이나 서비스가 집으로 정기적으로 제공되는 구독 경제 비즈니스가 각광받고 있다. 기업과 소비자의 지속적인 거래를 통해 축적되는 개별 소비자에 대한 데이터 분석을 통해 개인화된 맞춤형 서비스를 제공함으로써 고객 경험의 만족도는 극대화될 것이다.

재택근무 시대, 워라밸을 재정의하다

미래학자 앨빈 토플러는 1980년에 쓴《제3의 물결The Third Wave》을 통해 일의 미래를 전망했다. 정보화 시대에서는 가정이 '경제, 교육, 의료, 사회 기능'을 강화하면서 미래 사회에서 핵심 단위가 될 것이라고 예측했다. 그는 "퍼스널 컴퓨터와 통신 장비, 영상 장치 등을 이용해서 새로운 유형의 네트워크를 만들 수 있다. 미래의 지식 노동자들은 전자 오두막Electronic Cottage에서 일하게 될 것이다"라고 예측했다. 이후 원격 근무의 장점에 대해서 거의 반세기 동안 논의되어 왔다. 많은 전문가가 머지않은 미래에 노동자가 일하러 가는 것이 아니라, 일이 노동자에게 오는 세상이 도래할 것이라고 예측했다.[30]

하지만 기존의 조직 문화를 고수하려는 관습적 생각 때문에 원격 근무가 본격적으로 실행되지는 못했다. 관리자들이 부하 직원들의 근무 모습을 옆에서 지켜보지 않으면 그들이 제대로 일을 하지 않을 것이라는 고정관념을 가지고 있었기 때문이다. 그런데 코로나19는 이러한 기성세대의 편견을 변화시키는 계기가 되었다. 전염병 때문에 불가피하게 시작된 원격 근무 체제에서 다양한 가능성과 장점을 발견하게 된 것이다.[31]

사무실에서 일하던 일반 기업의 직원들은 전염병 확산 때문에 집에서 일하라는 지시를 받았다. 바이러스가 계속 확대되면서 재택근무가 일상화되어 갔다. 이에 따라 기업 현장에는 혼란도 있었지만 원격 업무의 효과도 경험하고 일에 대한 자신감도 붙게 되었다.

원격 근무는 일반 기업뿐만 아니라 공공 기관에서도 확대되고 있다. 영국에서는 코로나19 확진으로 격리됐던 보리스 존슨Boris Johnson 총리가 줌Zoom을 기반으로 국무회의를 주재했다. 우리나라에서도 교육부 장관이 시·도 교육감들과 줌으로 화상 회의를 하면서 온라인 개학을 준비하는 모습을 보여줬다.

IT기업은 원격 근무 도입에 더욱 적극적이다. 페이스북 CEO 마크 저커버그Mark Zuckerberg는 앞으로 10년 이내에 직원의 절반이 영구적으로 원격 근무를 하게 만들 것이라고 선언했다. 가령 어떤 사람이 페이스북 본사에 취직하더라도 종전처럼 사무실 근처로 이사할 필요가 없어진다는 것이다. 2020년 5월, 소셜 미디어 기업 트위터도 앞으로 영구적으로 재택근무를 실시하겠다고 선언했다. 이처럼 원격 근무는 이제 더 이상 먼 미래의 이야기가 아니다.[32]

코로나19 사태 이후 메시지 및 협업 플랫폼 사용량은 폭증하고 있다. 마이크로소프트 '팀즈Teams'는 2019년 11월 이용자 수가 2000만 명이었는데 2020년 3월에는 4400만 명을 돌파했고, 4월에는 7500만 명을 넘어섰다. 특히 줌 사용자는 2019년 12월 기준 1000만 명에서 2020년 3월에는 2억 명으로 늘었다. 이후 4월 20일에는 이용자 3억 명을 돌파했다. 이것은 '인스타그램'이 5개월 만에 월간 이용자 수가 1억 명 증가하거나, '포트나이트' 게임의 이용자 수가 5개월 만에 1억 명 증가한 수치와 비교해도 압도적인 증가세이다. 특히 WHO가 팬데믹이 가속화되고 있음을 경고한 지난 3월 23일, 줌의 다운로드 수는 무려 210만 회에 달한 것으로 알려졌다. 그만큼 원격 근무로 인한 화상 회의 앱의 수요가 크다는 것을 보여준다.

줌의 시장 가치는 수치로도 증명되고 있다. 줌의 기업 가치는 2019년 4월 나스닥 상장 당시에는 160억 달러(19조 원)였는데, 2020년 4월 9일 기준으로 314억 4400만 달러(약 37조 원)까지 올랐다. 전 세계에서 약 8만 1900개의 기업이 줌의 고객이다.

코로나 사태로 촉발된 원격 근무의 본격 시행을 경험한 회사 직원들의 만족도는 어땠을까? 미국의 인터넷 트렌드 애널리스트이자

'본드캐피털Bond Capital' 파트너인 메리 미커Mary Meeker는 회사 직원들을 대상으로 원격 근무 만족도에 대해 실시한 설문조사 분석 결과를 '코로나19 이후 트렌드 보고서'에 발표했다. 조사 결과, 직원들은 원격 근무를 상당히 효율적이라고 느끼고 있었고 생산성도 같거나 더 높은 수준이며, 비디오를 통한 화상 회의를 통해 회의 시간도 이전보다 줄어들어 효율적이었다고 답했다. 모두가 집에서 근무하는 환경이 정착된 후로 물리적으로 멀리 떨어져 있던 직원들의 조직 소속감이 오히려 높아지게 되는 의외의 결과가 관찰되었다. 이러한 사실은 원격 근무의 효율성에 대한 구시대적 고정관념을 깨는 결과이며 실제 원격 근무의 실행을 통해 더 높은 생산성을 구현할 수 있다는 사실을 깨닫게 되었다. 실제로 이미 본격적으로 원격 근무를 시행하고 있는 회사들의 수많은 성공 사례가 등장하고 있다.[33]

원격 근무의 새로운 풍경

무엇보다 업무 시간의 유연성은 원격 근무의 가장 큰 장점이다. 사람마다 생산성이 높은 시간대가 다 다르기 때문이다. 종달새는 아침에 생산성이 높은 반면, 올빼미는 저녁에 더 집중력이 강하다. 그동안은 종달새형 인간과 올빼미형 인간의 근무 시간을 획일화해왔기 때문에 일의 능률과 집중도가 떨어질 수밖에 없었다. 원격 근무를 통해 업무 시간을 유연하게 구성하는 방식은 사람들마다 자기에게 맞는 업무 시간대를 찾을 수 있게 한다.

원격 근무가 도입되면서 변화하는 업무 환경도 새로운 풍경을 만들어내고 있다. 코로나19로 인해 원격 근무가 갑작스럽게 도입되면서 직장 업무의 패러다임이 크게 변화하고 있다. 다음은 SBS 뉴스에서 소개된 재택근무 장면들이다.[34]

"직장인 김 모(36세) 씨는 오전 8시에 침대에서 일어나 부스스한 매무새를 가다듬고 서재로 가서 책상에 앉아 컴퓨터를 켭니다. 8시 30분쯤 카카오톡 단체 대화창에 '업무 시작합니다'라는 메시지들이 줄을 잇습니다. 9시에는 팀원 단체 전화 회의로 팀원들이 돌아가며 당일 업무 계획을 공유하고 업무를 본격 시작합니다. 주 2~3회는 프로젝트에 대한 의견 토론을 하는 화상 회의가 열립니다. 오후 6시, '오늘도 고생했다'는 부장의 메시지가 올라오면 그제야 한숨을 돌리며 컴퓨터를 끕니다. 가끔은 보고서 마감 기한을 맞추기 위해 야근을 하기도 합니다."

원격 근무로 전환된 후 현장에서는 다양한 목소리가 들려온다. "출퇴근 시간을 아낄 수 있어서 좋다", "불필요하고 의례적인 회의가 줄었다"는 장점도 있는 반면, "화상 회의를 하는데 아이가 울어서 제대로 참여하지 못했다", "집에서는 집중도가 떨어진다"며 단점을 호소하는 사람들도 있다. 이 때문에 스스로 심리적인 긴장감을 높이기 위해 집 안에서도 정장으로 갈아입고 컴퓨터가 있는 방으로 정식 '출근'한다는 사람도 나오고 있다.

향후 다양한 원격 근무 상황에서의 장점과 단점을 파악하고 직장인들의 근로 시스템이 보다 잘 정착하도록 이에 적합한 솔루션을 제공해야 한다. 무엇보다 기업들은 직원들에게 다양한 선택지를 제공해야 할 것이다.

이에 맞춰 기업들은 원격 근무를 위한 다양한 대안들을 모색하고 있다. 몇몇 대기업에서는 재택근무와 사무실 근무를 분산하여 배치하고 직원들 스스로 근무 시간을 유연하게 설계할 수 있도록 배려하기 시작했다. 특히 업무에 따라 재택과 출근을 절충하는 방식은 직원들의 호응이 높았다. 이러한 재택근무의 다양한 옵션에 대한 선택권 보장은 무엇보다 중요하다. 특히 육아를 해야 하는 맞벌이 부부에게는 재택근무가 좋은 대안이 되기 때문이다. 우리나라 IT기업 네이버 라인, 토스, SKT 등은 코로나 이전부터 재택근무 옵션을 제공하면서 좋은 반응을 얻은 경험이 있다.

이러한 흐름에 맞춰 유럽에서는 '재택근무 할 권리'에 대한 논의를 시작했다. 유럽의 방역 선진국으로 칭찬받았던 독일의 노동부는 근로자가 원하고 회사가 허락하는 경우 재택근무를 할 수 있게 만드는 법안을 2020년 말까지 추진한다고 발표했다. 업무상 가능하다면 근로자 본인이 근무 환경을 선택할 수 있는 권리를 부여하겠다는 것이다.[35]

홈오피스법과 연결되지 않을 권리

원격 근무가 많아지면서 일과 여가를 구분하고자 하는 욕구가 더욱 커져가고 있다. 특히 많은 사람들이 사용하는 메신저인 '카카오톡'은 개인적인 용무와 공적인 용무를 구분하기 어렵다. 많은 사용자가 느끼는 가장 큰 불만은 공적인 일과 개인 메시지가 뒤섞인다는 것이다. 코로나19 이후로 원격 업무의 필요성이 많아지면서 개인적인 메시지를 업무용 카톡방에 잘못 올리거나 혼동하는 사례가 많이 나타나기도 한다.[36]

이러한 이유에서 카카오톡은 개인 대화용으로만 사용하고 공적 업무는 별도 채널로 분리하고자 하는 사람들이 많아지면서 다양한 협업 툴이 사용되기 시작했다. 국내에서는 협업 툴 '잔디'가 사용자 200만 명을 돌파했고, 네이버 기업용 메신저 '라인웍스'를 도입한 기업의 수도 1년 만에 10배 이상 급증했다. 글로벌 1위 메신저 기반 협업 툴 '슬랙Slack'도 국내에 진출했다. 이외에도 실리콘밸리 협업 툴 스타트업 '스윗Swit'도 주목받았다. 향후에는 이처럼 업무용 협업 툴 경쟁이 더욱 치열해질 것으로 보인다.

과거의 '워라밸Work and Life Balance, 일과 생활의 균형'은 퇴근 이후 삶의 중요성에 대해 강조하는 말이다. 9시에 출근해서 6시까지 열심히 일하고, 퇴근 후에는 취미를 즐기는 등 자기만의 시간을 갖는 걸 중요하게 생각했다. 그러나 앞으로 원격 근무가 일상화되면 일과 삶의 구획을 짓기 더 힘들어질 수 있다. 자칫하면 하루 종일 일을 하고 있을 수도 있고, 일과 삶의 구분이 제대로 되지 않아 이중으로 스트레스를 받을 확률도 높아진다. 그러므로 향후 원격 근무가 실행되는 과정에서 노동과 일상을 구분 지을 수 있는 명확한 기준이 마련되어야 할 것이다.[37]

워라밸이 보장되는 재택근무가 정착되기 위해서는 근무 시간과 근무 외 시간이 잘 지켜져야 한다. 회사는 원격 근무 제도를 실시하려고 할 때 일의 종료 시간이 언제인지 명확히 공표해야 한다. 또한 직장 상사가 퇴근 시간 이후에 전화를 하거나 메시지를 보내서는 안 된다. 근로자에게 '연결되지 않을 권리Right to Disconnect'가 정확히 보장되어야 할 것이다.

재택근무 시대에는 노동의 장시간 연장이나 노동자 감시로 연결될 수 있는 위험이 있다. 재택근무 시 노동시간 측정이나 업무성과 방식도 전반적으로 다시 논의되어야 한다. 결국 업무 성과는 '나인 투 식스' 근로 방식을 탈피해서 구체적인 과업을 부여하고 그 일을 제대로 수행했는지를 평가하는 결과물 중심의 방식으로 바꿔야 한다.

독일에서는 근로자가 노동 장소를 선택할 수 있는 권리를 법으로 보장하는 '홈오피스법Recht auf Home Office'을 추진하고 있다. 독일의 노동사회부 조사 결과 근로자의 40퍼센트가 가끔씩이라도 재택근무를 하기를 원했지만 공식적으로 원격 근무를 활용하는 사람은 12퍼센트에 불과했기 때문이다. 독일의 통신회사 도이치텔레콤Deutsche Telekom은 근로자의 재택근무 선택권을 실시하는 모범 사례다. 이 회사는 근로자가 노동 장소 선택권을 우선적으로 갖는다. 사용자는 필요한 경우에 노동자를 회사로 직접 호출할 수 있고 노동 시간 기록도 의무화했다. 원격 근무 가능 시간은 월요일에서 금요일 오전 6시에서 오후 10시로 지정하고 초과근무나 주말 근무는 별도로 신청하게 했다. 우리나라도 변화하는 근무 환경 속에서 직원들의

재택근무 선택권을 지원할 수 있는 방법을 다각도로 모색해야 할 것이다.[38]

줌의 시대에 고려해야 할 일들

비대면 회의나 수업이 활성화됨에 따라 새로운 환경에서의 '언택트 에티켓' 문제도 제기된다. 플랫폼 자체의 보안도 중요하지만 사용자의 태도와 예절이 개선되어야 한다는 지적이 많다. 재택근무나 온라인 수업을 할 때 참여자가 시선을 엉뚱한 곳에 두거나 갑자기 자리를 이탈하는 등 비대면 소통에서의 에티켓이 제대로 지켜지지 않으면 결국 일의 효율이나 성과에도 악영향을 미치게 될 것이다.

원격 회의 시 애플리케이션의 보안 안정성도 매우 중요하다. 줌과 같은 새로운 채널을 이용하는 원격 비대면 교류는 기존의 오프라인 대면 소통에서는 없었던 새로운 문제점들을 노출하고 있다. 특히 코로나19로 화상 앱 줌의 사용이 폭발적으로 늘어나면서 사이버 공격 등 보안 문제가 제기되었다. 줌으로 화상 회의나 수업을 하는데 외부인이 무단으로 접속해서 음란물을 올리거나 욕설을 하는 것을 가리키는 '줌 폭탄Zoom-bombing'이라는 새로운 용어도 등장했다. 원격 커뮤니케이션 상황에서 외부인으로부터의 해킹으로 인한 정보 보안 문제는 무엇보다 시급히 해결해야 한다.

코로나19로 인한 스크린 중심 활동의 증가는 사이버 괴롭힘Cyber Bulling의 가능성을 높이고 있다. 사이버 괴롭힘은 이전에도 문제가 되어왔지만 코로나19 이후 화상 앱이 일반화되면서 더 높은 빈도로 일어날 가능성이 커지고 있다. 특히 청소년들이 더 자주 더 오랫동안 온라인으로 모이게 되면서 문제가 될 가능성이 커지고 있다.

줌과 같은 화상 앱 사용이 일반화되면서 새로운 심리적 이슈가 떠오르고 있다. 줌 피로Zoom Fatigue 현상이다. 많은 사람이 화상 앱을 사용하면서 높은 피로감을 호소하고 있다. 그 이유로 대부분의 화상 통화 플랫폼이 통화 화면에 자신의 카메라 뷰(자기가 화면에 잡히는 것)를 포함하고 있기 때문이라고 분석한다. 이것은 스스로를 더 많이 보게 되는 셀프 모니터링Self Monitoring 효과를 가져와서 더 큰 피로감을 느끼게 한다. 이는 실제 오프라인에서의 대면 상호 작용과는 달리, 자기 모습을 보면서 표정을 관리하고 얼굴로 표현하기 위해 더 노력하게 만들어서 더 쉽게 피로감을 느끼게 된다. 이러한 추가적인 노력으로 인해 시간이 지날수록 사람들은 더욱 지치게 된다. 이야기를 하는 도중에 화면으로 자기 자신을 볼 수 있다는 사실은 스트레스로 작용한다.

줌 피로의 원인으로 들 수 있는 또 한 가지는 기술적 제한점으로 인해 생기는 문제이다. 오프라인에서는 비언어적 커뮤니케이션과 사회적 신호 등을 모두 활용해서 소통한다. 그런데 줌과 같은 화상 앱에서 이를 구현하기에는 한계가 있다. 우리의 감정과 태도는 얼굴 표정, 목소리의 톤과 피치, 제스처, 자세 등과 같은 비언어적 신호에 의해 많은 부분이 전달되기 때문이다. 결국 온라인을 통한 완전한 의사소통이 어렵게 되면서 사람들은 정신적으로 더 집중해야 하고, 인지적으로 추가적인 노력을 기울이게 되어서 피로도가 가중된다.

우리는 공식적인 회의 외에도 커피나 음료를 마시며 일에 대해 가볍게 이야기를 나눈다. 이를 가리켜 '워터쿨러Water Cooler'라고 한다. 사전적 의미는 사무실 직원들이 음료수를 마시면서 격의 없이 이야기 나누는 것을 말한다. 말 그대로 차 한 잔 마시면서 머리를 식히는 활동이 필요하다는 얘기다. 때로는 이러한 과정을 통해 문제가 해결되는 경우가 많다. 함께 걷거나 산책하면서 간단한 회의를 하다가 좋은 아이디어나 훌륭한 결론에 도달할 수도 있다. 그러나 화상 회의는 이런 식의 시도가 불가능하다. 이처럼 화상 회의로는 대체할 수 없는 오프라인만의 장점이 있는 것이다.

이제 온라인의 편리함과 오프라인의 장점을 잘 결합한 형태의 원격 근무를 계획해야 한다. 이를 통해 유연하고 창의적인 근무 환경으로 발전시킬 수 있도록 해야 할 것이다. 또한 화상 회의는 실제로 사람들에게 더 큰 스트레스를 줄 수 있다는 점을 인식하고 있어야 한다. 원격 근무라고 하더라도 회의는 최소화하는 것이 필요하다. 화상 회의도 실제 회의에 버금가는 스트레스를 유발할 수 있기 때문이다. 가능하다면 이를 문서로 대체하는 방법을 강구하는 것이 좋다. 때로는 전화가 목소리와 메시지에만 집중할 수 있고, 자유롭게 몸을 쓰면서 아이디어를 낼 수 있기 때문에 더 좋을 수 있다. 보다 지혜롭고 유연한 방식으로 원격 근무 시대를 맞이해야 할 시점이다.[39, 40, 41]

가상현실 원격 근무

원격 근무 관련 기술은 빠른 속도로 발전하고 있다. 실제로 화상 회의 프로그램 회사들은 원격 회의 앱의 다양한 기능을 개발하고 있다. 예를 들어 재택근무를 하면서 제어하기 가장 힘든 문제가 외부 소음인데, 마이크로소프트 팀은 이를 해결하기 위해 화상 회의 시 타이핑 소리나 개 짖는 소리 등 산만한 주변 소음을 줄이기 위해 AI를 이용한 실시간 소음 억제 기술을 도입하고 있다.[42]

이제 원격 근무 환경에 본격적으로 VR^{Virtual Reality}, 가상현실 기술이 접목되기 시작했다. 현재는 원격 근무가 주로 줌 등의 화상 회의 앱을 통해 의사소통이 이루어지지만 앞으로는 VR과 AR^{Augmented Reality, 증강현실} 기술을 통해서 업무 환경이 변화되어 나갈 것이다. 이른바 '소셜 VR'이다. 소셜 VR은 개인이 자신의 온라인 아바타를 통해 가상공간에서 다른 사람의 아바타와 대화를 하고 회의도 하고 놀이를 하며 교류할 수 있도록 만들어진 3차원 VR 플랫폼 기술이다.

최근 이 분야에서 가장 주목받고 있는 업체 중에 '스페이셜Spatial'이 있다. 스페이셜은 AR·VR 기술을 활용해서 멀리 있는 사람들과 3D 아바타를 통해 마치 같은 공간에서 함께 일하는 것과 같은 기분을 주는 협업 플랫폼이다. 마이크로소프트 홀로 렌즈2, 페이스북 오큘러스, 매직리프, iOS, 안드로이드 등 시중에 나온 VR 헤드셋과도 모두 호환되는 AR 앱이다. 스페이셜은 헤드셋 센서를 통해 사용자의 움직임을 인식하여 실제 사람 같은 움직임을 구현한다. 본인 사진 한 장만 있으면 바로 아바타를 생성할 수 있다. 아바타는 이용자의 손짓 및 눈의 움직임에 따라 실제처럼 구현된다. 스페이셜을 이용해서 회의를 하면 메모나 사진까지 3D 이미지로 전송할 수 있다.

Spatial · Collaborate with lifelike avatars in VR/AR/Web

스페이셜을 통한 VR·AR 아바타 회의
(출처: Spatial 유튜브 캡처)

공상과학 영화에서나 봤던 텔레포트Teleport(사람이나 물체를 다른 공간으로 순간 이동시키는 것) 기술이 현실화된 것이다. 필요한 파일이나 사진, 회의록 등을 3D 이미지로 지구 반대편에 있는 사람에게 순식간에 전달할 수 있다. 이러한 기술을 활용하면 이제 물리적 공간과 거리가 의미 없는 세상이나 마찬가지다.

현재 완구 회사 마텔Mattel, 네슬레 퓨리나Nestle Purina, 화이자Pfizer 등이 스페이셜을 공식적으로 사용하고 있다. 향후 AR 기술을 활용하면 화상 앱이나 전화의 한계를 극복하는 수단이 될 수 있다. 또한 장거리 출장에 드는 시간과 비용을 아낄 수 있을 것이다. 아바타끼리 눈을 마주치며 현실감 있는 회의를 하고 다양한 종류의 자료를 화면에 띄워놓을 수 있으며, 회의실 전체를 활용해서 정리와 토론이 가능하다.

　스페이셜은 유망한 기업 가치를 인정받아 총 260억 원의 투자 유치에 성공했다. 코로나19 이후 원격 업무 수요가 늘어나면서 더욱 주목받고 있다. 이러한 수요에 부응하기 위해 코로나19 이후 스페이셜은 일반인 대상으로 무료 제품을 출시했다. 프리미엄 기능이 포함된 기업용 제품도 코로나 사태가 끝날 때까지 무료로 제공하기로 결정했다.

　페이스북도 미래에는 AR과 VR이 원격 근무의 한계를 극복할 수 있을 것으로 예측하고 있다. 페이스북은 기업용 채팅 소프트웨어 '워크플레이스'와 화상 회의 앱 '메신저 룸스' 등을 보유하고 있다. 페이스북 AR·VR 부문 앤드루 보즈워스Andrew Bosworth 부사장도 차세대 원격 근무의 미래상을 동영상을 통해 선보였다. 동영상에서 이용자는 가상 모니터를 손으로 끌어당겨 앞에 펼치며 가상 업무 도구가 책상 앞에 입체적으로 설치된 모습을 보여준다.

　앞으로의 원격 근무는 단순히 집에서 일하는 재택근무의 개념만을 의미하는 것은 아니다. 언제 어디서나 자신이 존재하는 공간을 사무실로 만들 수 있는 가상 근무 체제를 구축하는 것이 핵심임을 잊지 말아야 한다. 이제 물리적인 공간의 한계를 뛰어넘어 AR 오피스의 시대가 오고 있다.[43, 44, 45]

고객 중심의 온디맨드 비즈니스가 여는 미래

코로나19는 언택트 체제를 빠르게 확산시키고 있다. 언택트 체제 중에서 플랫폼을 기반으로 고객의 수요와 기업의 공급을 실시간, 즉각적으로 최적화하여 연결하는 '온디맨드On-Demand' 비즈니스에 주목할 필요가 있다. 온디맨드는 말 그대로 고객의 수요에 대응하여 제품이나 서비스가 연결되는 비즈니스를 가리킨다.

코로나19로 인한 접촉 공포는 비대면 서비스의 수요를 확대하며 온디맨드 비즈니스의 지형을 빠르게 변화시키고 있다. 그동안 온디맨드 비즈니스의 대부분의 영역들이 승승장구해왔지만 코로나19를 기점으로 온디맨드 유형에 따라 희비가 크게 엇갈리고 있는 상황이다. 감염병 확산에 대한 우려로 접촉이 금기시되는 상황이 이어지면서 온디맨드에서 공유 경제 영역은 심각한 타격을 받고 있는 반면, 배달 경제 영역은 접촉 최소화에 대한 니즈가 커지면서 고객들이 가장 많이 찾는 서비스로 자리 잡고 있다. 또한 구독 경제 영역은 소비 경제가 소유 중심에서 체험 중심으로 바뀌면서 촉망받는 분야로 떠오르고 있다.

공유형 온디맨드의 위기와 전망

공유 경제는 차세대 비즈니스 영역으로 각광받으며 미래 유망 산업의 대안으로서 지속적으로 언급되어왔다. 공유경제 시대를 규정하는 키워드들이 유행처럼 회자되며 공유 서비스 기업의 가치도 그동안 크게 상승해왔다. 대표적으로 쏘카Socar, 우버Uber 등의 차량 공유 비즈니스는 교통수단을 서로 공유함으로써 이용자들이 필요한 시간 동안에만 사용할 수 있어서 고객 편리성을 극대화했다.

그러나 공유 경제는 기존의 전통 경제 사업자들과 충돌이 격화되고 합법과 불법 사이를 아슬아슬하게 오가며 논란이 빚어지기도 했다. 대표적으로 숙박 공유 플랫폼 '에어비앤비'는 뉴욕에서 불법 논란이 일기도 했다. 미국 뉴욕주는 실제 거주하지 않는 집을 관광객에게 30일 미만으로 빌려주는 행위 자체를 2010년부터 불법으로 규정했다. 그렇지만 에어비앤비는 영업을 강행해왔고 실제로 뉴욕시에서의 매출 중 60퍼센트는 사실상 불법 영업으로 발생한 것이었다. 우리나라에서도 '타다'가 기존 택시사업자들과 사회적으로 큰 충돌과 갈등을 빚었고, 결국 '타다 금지법'이 통과되면서 해당 서비스는 종료되고 말았다.

여기에 더해 코로나19 사태는 공유 경제 사업을 더욱 어려움에 빠뜨리고 있다. 차량 공유 서비스인 우버는 5월 19일까지 정규직 직원의 25퍼센트인 6,700명을 해고하겠다고 발표했다. 전염병 시대에 다른 사람과 자동차를 함께 공유하는 것을 매우 꺼리게 되었기 때문에 공유 경제에 근본적인 위기가 닥친 것이다. 물건을 공유하는 것이 마치 바이러스를 공유하는 일처럼 본능적인 회피 행동을 일으켜, 공유 서비스 이용에 악영향을 미치고 있다.

공유 오피스 사업의 상황은 더욱 비관적이다. 이미 몇 년 전부터 공유 사무실 사업 전망에 대해 많은 부정적인 의견이 터져 나온 가운데, 설상가상으로 코로나19 사태가 벌어졌기 때문이다. 공유 오피스 사업은 물리적인 공간을 제공하여 이윤을 창출하는 비즈니스인데, 사회적 거리두기가 일반화된 상황에서 물리적인 공간을 공유한다는 것 자체가 모순적이기 때문이다. 여기에 재택근무가 일상화되면서 공유오피스 사업은 더 큰 어려움에 직면하게 되었다. 만약 공유 오피스 사업이 기존의 임대 사업자들과 확연히 차별화된 가치를 제공하지 못한다면 향후 사업의 지속가능성을 보장하기 힘들 것이다.

기존의 기업 업무 환경에도 큰 변화가 일어나고 있다. 대기업들은 조직을 분산시켜서 사무 공간을 여러 개로 나누고 있다. SKT의 경우에는 직원들의 거주지 위치를 파악하여 20분 내에 출근이 가능한 '거점 사무실'을 선정하여 운영하기 시작했다. 이를 통해 직원들의 유연근무제를 활성화할 계획이다. NHN 역시 재택근무가 끝난 후에도 원격 근무 방식을 도입해서 일주일에 1회는 사무실에 출근하지 않아도 되는 제도를 실시하고 있다.

이러한 변화로 인해 기업들은 건물 공간을 과거보다 훨씬 유연하게 운영할 가능성이 커졌다. 향후 재택근무, 원격 근무 등의 분산형 근무가 더 확산되면 공유 오피스가 거점 사무실로서 기능할 수 있기 때문에 향후 공유 오피스 기업의 수요가 증가할 수 있다.

기업들이 비용 절감이나 전염병 확산 위험을 최소화하기 위한 인원 분산 전략의 차원에서 공유 오피스 활용을 늘려갈 가능성이 높다. 코로나19 사태가 장기화됨에 따라 경기의 불확실성도 커지면서, 상황 변화에 따른 유연한 대처를 위한 전략의 일환으로서 공유 오피스 사용이 늘어날 수 있을 것이다. 즉 기존에는 공유 오피스 기업의 주요 고객은 스타트업이었지만 향후에는 대기업이나 중견 기업도 주요 고객이 될 수 있을 것이다.

공유 경제 분야에서 빠르게 부상하는 영역도 있다. 먼저 배달 음식에 대한 소비자의 니즈에 주목할 필요가 있다. 배달 음식 사업자들은 음식을 요리할 공간이 필요하다. 개별적으로 점포를 여는 데는 큰 부담이 따르므로 주방 공간을 함께 사용하는 '공유 주방'에 대한 수요가 크게 늘고 있다. 또한 온라인 쇼핑의 활성화로 물류 수요가 급증하고 있는 가운데 도심의 유휴 공간을 활용해서 소규모 창고를 운영하는 '공유 물류'도 새롭게 떠오르는 사업 영역이다. 여기에 더해 1인 가구 등이 증가하는 가운데 '공유 주거'에 대한 수요도 증가할 가능성이 높다. 이렇듯 공유 경제라고 해서 모든 영역이 비관적인 것은 아니다. 새롭게 부상하는 사업 영역에서 공유 경제의 가치를 극대화할 수 있는 방향이 무엇일지 다각도로 탐색해야 할 것이다.[46]

구독형 온디맨드의 전망

구독 경제Subscription Economy는 제품이나 서비스를 구매해서 소유권을 갖는 것이 아니라 정기적으로 일정 금액을 지불하며 일정 기간 동안 사용하는 방식을 의미한다. 서비스를 제공하면서 고객을 구독자로 만들어 정기적인 수익 창출을 하는 개념이다. 구독 경제는 생산자인 기업과 수요자인 고객이 직접 연결되어 서비스가 제공된다.

구독 경제는 코로나19 이후에 더욱 주목받는 비즈니스 모델로 부상하고 있다. 자동차 업계는 이제 공유 사업을 모두 접고 구독 경제로 돌아서는 모습이다. 기아자동차도 월정액을 내면 원하는 차를 바꿔 탈 수 있는 구독 경제 서비스 상품을 선보였다. 자동차 회사들은 공유 경제 비즈니스를 접고 점차 구독으로 넘어오는 추세이다. 현대 '셀렉션'이나 BMW 미니의 '에피카'가 대표적인 케이스이다.

공유 경제가 기존에 있는 자동차들을 재사용하는 개념이라면, 구독 서비스는 자동차 신모델을 소비자들에게 다양하게 제공하고 이를 통해 지속적인 이윤을 창출하는 모델이다. 신제품을 다양하게 체험할 수 있게 소비자들을 도와주면서 새로운 자동차 개발에 대한 가능성도 살려나가는 것도 매력적이다.

구독 경제는 새로운 경제 가치를 지속적으로 창출하는 방식이다. 존 겔브레이스John K. Galbraith 교수가 주장한 의존 효과Dependence Effect에 따르면, 자본주의의 지속성은 소비자들의 끊임없는 불가역적 욕망의 팽창에 의존한다. 결국 미래 산업의 성장은 소비자들의

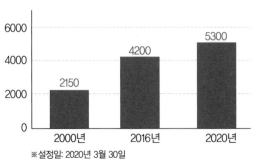

전 세계 구독 경제 시장 규모

(단위: 억 달러)

※설정일: 2020년 3월 30일

(출처: 크레디트스위스·키움투자자산운용)

끊임없는 욕구 재생산을 통해서 가능해진다. 앞으로는 소유 욕구의 재생산이 아닌 체험 욕구의 재생산이 무엇보다 중요해질 것이다. 전통 경제가 제품 소유를 위해 대가를 지불하는 것이었다면, 구독 경제는 다양한 체험을 위해 돈을 지불하는 방식이다. 소유가 아닌 체험 욕구의 재생산을 통해 지속적인 이윤 창출이 가능한 것이 구독 경제 모델이다.

구독 경제에 대한 사업 전망도 매우 밝다. 글로벌 시장 분석 기관 가트너는 2023년까지 전 세계에서 75퍼센트에 달하는 기업이 구독 서비스를 제공하게 될 것으로 전망했다. 구독 경제는 공급자가 상품이나 서비스를 일방적으로 제공하는 단선형 가치 사슬이 아니라 소비자와의 지속적인 교류를 통한 양방향 비즈니스로서의 가치가 있다. 회사에서는 구독을 통해 지속적인 수익을 창출할 수 있고 소비자와의 지속적인 관계 형성을 통해 충성도도 향상시킬 수 있다.[47]

구독 경제는 저렴한 가격에 비해 다양한 재화를 경험할 수 있고, 구매 시간을 절약할 수 있기 때문에 소비자의 입장에서 매우 경제적이다. 그리고 공급자 역시 일정 기간 계약을 통해 안정적인 정기 수익을 기대할 수 있다. 이를 통해 기업은 미래 수익의 예측 가능성을 높일 수 있다. 소비자의 입장에서도 신상품을 정기적으로 업데이트 받을 수 있는 장점이 있다. 무엇보다 소비자들은 구독을 통해 다양한 상품을 경험할 수 있다.

구독 경제는 빠른 트렌드 주기에 대응할 수 있고, 소비자의 의사에 따라 취사선택이 가능하다. 무엇보다 구매 과정이 간소화되고 정기 배송이 효율성을 극대화시키며, 매장 방문을 할 필요가 없기 때문에 넥스트 노멀 시대에 부합하는 사업 모델로 부상하게 될 것이다.

무엇보다 밀레니얼·Z세대는 제품을 소유하는 과시 소비보다는 합리적인 가격을 지불하고 다양하고 실용적인 체험을 하는 것을 선호한다. 특히 쉽게 싫증을 내고 유행에 민감하여 새로운 것을 추구하는 소비자에게 다양한 체험을 제공하여 욕구를 충족시키는 것이 중요하다. 이러한 맥락에서 구독 경제는 이들 소비자들을 위한 시장에서 좋은 기회가 될 수 있다.

구독 경제의 카테고리 확장

구독은 원래 배달에서 시작되었다. 우유, 요구르트, 신문 배달이 대표적이다. 그런데 이런 구독은 끊기가 정말 어렵다. 연배가 있는 분이라면 문 앞에 '신문 사절'이라고 써 붙인 모습을 쉽게 머릿속에 떠올릴 수 있다. 이러한 배달 문화에서 시작된 구독 서비스는 그 영역을 다양하게 확대하고 있다.

구독 경제 모델에서 가장 기본적인 형태는 정기 배송형이다. 일정 금액을 정기적으로 지불하면 계약 기간 동안 제품을 정기적으로 배송해주는 구매 행태이다. 우리나라의 대표적인 정기 배송형 구독 모델은 셔츠(위클리셔츠), 과일(만나박스), 화장품(톤28), 꽃(꾸까) 등이 있다.

미국의 대표적인 정기 배송형 구독 업체로는 2012년 창업한 면도날 정기 배송 스타트업인 '달러 쉐이브 클럽'이 있다. 이 업체는 고객들이 면도날 구매를 일일이 해야 하는 불편함에 주목해 월정액을 내면 4~6개의 면도날을 배송해주는 서비스를 제공한다. 2016년 기준으로 1억 8000만 달러의 연 매출을 달성할 정도로 큰 성장을 거두었다.

구독 경제의 유형은 매우 다양해지고 있다. 이제 명품 브랜드에서도 구독 서비스가 등장하고 있으며, '오픈갤러리'나 '핀즐' 등의 서비스를 통해 미술품을 구독, 렌탈할 수 있게 했다.

일본의 카리토케Karitoke는 44개의 명품 브랜드로 구성된 400여 개의 명품 손목시계 중에서 자기가 선호하는 시계를 원하는 기간만큼 구독할 수 있다. 2017년 6월에 서비스를 처음 시작했는데 2년이 지난 2019년 9월에 회원수 2만 명을 돌파했다. 샤넬이나 구찌 같은 명품 가방을 월 6,800엔(약 7만 1000원)에 대여할 수 있는 라쿠사스Laxus도 일본 여성들 사이에서 큰 인기를 끌고 있다. 빌린 가방은 자기가 원하는 기간만큼 사용할 수 있고 새로운 디자인의 가방을 사용하고 싶을 때는 사이트를 통해 교환하거나 신청하면 된다. 상황에 따라 가방을 돌려쓰고 싶은 소비자들의 니즈를 충족하면서 2019년에는 회원 수 30만 명을 돌파했다.[48]

팬덤 문화도 구독 경제를 통해 새로운 방향으로 진화하고 있다. 팬덤 구독 서비스에서 팬은 일정 금액을 지불하고 유료 멤버십으로 가입할 수 있다. 이를 통해 콘서트, 생일, 유료 팬미팅, 파티 선예매, 공개 방송 참여, 채팅 등의 서비스의 이용 권한이 부여된다. 네이버는 동영상 플랫폼인 'V LIVE'를 통해 아티스트 채널을 정기 구독하는 서비스를 추진하고 있는데, 월 3,000원의 '팬 멤버십 서비스'에 가입해야만 특정 동영상, 사진 열람이 가능하고 아티스트와 온라인 채팅을 할 수 있다. 예를 들어 아이돌 그룹 '아이즈원'의 '프라이빗 메일 서비스'에서는 선호하는 멤버에게 정기적인 메일을 받고 사진을 전송받는 등의 서비스가 있다.[49]

헬스 케어와 건강 증진 카테고리에서도 이러한 구독 서비스가 등장하고 있다. 포워드 헬스케어Forward Healthcare는 매월 149달러에 병원에 가서 수시로 건강 상태를 확인할 수 있고 앱을 통해 실제 의사와 24시간 상담 가능한 의료 서비스를 제공한다. 일종의 원격 의료가 구독 경제의 형태로 제공되는 것이다. 2012년에 창업한 펠로톤Peloton은 소비자가 실내 자전거를 구매하고 매월 일정액을 지불하면 실내 자전거에 달린 태블릿 PC를 통해 4,000여 개의 운동 수업 동영상을 무제한 시청할 수 있는 서비스를 제공했다. 코로나19 이후로 홈트레이닝에 대한 관심이 높아지면서 1분기 매출이 66퍼센트 급증했고 구독자는 전년도 대비 두 배나 증가했다. 펠로톤의 2020년 매출 목표는 2조 1300억 원에 달한다.[50]

구독은 첨단 기술 분야에서도 크게 확산되고 있다. 애플은 게임 구독 서비스인 '애플 아케이드'를 출시했는데, 이를 통해 소비자들은 일반 게임뿐만 아니라 100가지가 넘는 독점 게임을 즐길 수 있다. 여기에 애플은 아케이드 게임 구독에 더해 '애플 TV+', '애플뮤직', '애플 뉴스+'까지 묶음 판매 형식으로 구독 서비스를 시작한다는 계획을 발표했다.

구글은 'AI 기술'도 구독할 수 있도록 서비스를 확장했다. 구글 클라우드 플랫폼GCP을 통해 AI가 고객의 민원을 받고 응대하는 등 다양한 구독 서비스를 펼치고 있다.[51]

구독 경제 성공을 위한 조건

모든 구독 경제가 성공하는 것은 아니다. 미국의 스타트업 '무비패스Moviepass'는 월 9.95달러의 금액으로 미국 전역의 90퍼센트 이상의 영화관에서 언제 어디에나 매일마다 영화 한 편씩 관람 가능한 멤버십을 만들었다. 결과적으로 1년 만에 300만 명이 넘는 유료 회원을 얻을 수 있었지만 극장에 지불해야 할 티켓 값이 1억 달러(약 1121억 원)로 엄청난 누적 적자에 시달리게 되었다. 회원 수가 많아질수록 적자가 눈덩이처럼 불어나는 구조였다. 결국 무비패스는 2020년 1월에 파산했다.

이러한 실패는 유닛 이코노믹스Unit Economics를 잘못 계산했기 때문이다. 유닛 이코노믹스는 고객 한 명을 유치하는 데 들어가는 비용이 얼마인지 계산해서 이 값이 플러스이면 이윤을 창출할 수 있다고 판단하는 것이다. 그런데 무비 패스는 유닛 이코노믹스의 산술 판단이 완전히 잘못되었다.

요컨대, 구독 경제의 성공을 위한 성공 방정식이 있다. 소비자의 입장에서는 자신이 지불한 가격보다 높은 가치를 제공받아야 멤버십 구독을 할 마음이 생긴다. 기업의 입장에서도 소비자가 지불하는 가격보다 자신들이 지불해야 할 비용이 적게 들어야 이윤을 창출할 수 있다. 결국 기업이 지불하는 비용보다 가격이 더 높게 책정되어

야 하고 그 가격보다 소비자가 얻는 가치가 더 높아야 구독 경제 비
즈니스 모델이 지속적 성장을 이뤄낼 수 있다. 결국 구독 경제가 성
공하기 위해서는 소비자가 창출할 수 있는 가치를 극대화하고, 서비
스 공급에 들어가는 비용은 최소화시켜야 할 것이다.[52]

멤버십 경제가 온다

구독 경제의 활성화로 인해 '멤버십 경제'라는 개념이 주목받고
있다. 이제는 얼마나 좋은 상품을 구매했느냐보다 얼마나 매력적인
멤버십에 가입했느냐가 중요해진다. 과거의 상품 경제는 물건을 한
번 구매하는 데 그치는 일회성 이벤트였다면 멤버십 경제는 고객과
의 지속적인 관계의 시작을 의미한다. 멤버십을 통해 기업과 소비자
의 관계가 형성되는 것이다.[53]

코로나19 사태와 같은 고위험 리스크가 상존하는 위험 사회에 살
고 있기 때문에 안정적인 수익의 중요성은 매우 커지고 있다. 이러
한 가운데 멤버십 경제는 기업의 안정적인 운영의 토대가 될 수 있
다. 《멤버십 이코노미The Membership Economy》의 저자 로비 켈먼 백
스터Robbie Kellman Baxter는 "일반인이 못 보는 다른 회원들의 영화
댓글을 볼 수 있다는 점과 1억 3000만 명의 회원들의 활동 데이터를
축적·분석해 개개인의 취향에 맞는 영화를 추천하는 시스템도 넷플
릭스 멤버십 회원이 누리는 가치"라고 강조했다. 멤버십 경제의 효
과는 무엇보다 데이터베이스의 축적이 가능해져서 고객 맞춤형 서
비스를 제공할 수 있다는 것이다. 구독 서비스를 통한 멤버십 경제

는 향후 다가오는 초개인화Hyper-personalization 시대의 토대가 되는
비즈니스 모델이다.

초개인화 비즈니스 시대가 열린다

미래 시장은 초개인화 비즈니스의 각축장이 될 것이다. 이제 접
근 가능한 데이터의 양이 거의 무한대로 증가하고 있으며 빅데이터
분석을 통해 고객에게 필요한 것을 파악하고, 최적 조합이 무엇인지
분석해서 제공하는 초개인화 시대를 맞이하게 될 것이다.

개인화 마케팅으로의 발전 과정

마케팅 트렌드는 다음과 같이 크게 네 가지 단계를 통해 발전해왔
다. 그 단계는 매스 머천다이징Mass Merchandising, 매크로 세그멘테이
션Macro Segmentation, 마이크로 세그멘테이션Micro Segmentation, 1:1
개인화Personalization 마케팅의 순서다.

먼저 '매스 머천다이징대량 판매'은 다수를 대상으로 한 전통 경제
하에서의 제품 판매 형태다. 과거에는 기업이 제품을 대량으로 생산
한 후, 다수의 고객들을 상대로 하는 매스 마케팅을 수행했다. 대량
생산, 대량 소비가 가능했던 과거에는 무엇이든 만들면 그대로 팔려
나갔다. 이를 가리키는 대표적인 개념이 '포드주의Fordism'다. 포드주
의는 대규모 시장에 표준화된 물건을 생산하는 시스템이 지배하던

판매 방식으로서, 대량 생산과 대량 소비가 이루어지는 시장 방식이
었다.

두 번째는 '매크로 세그멘테이션거시 세분화' 단계이다. 기본적으로
고객 집단을 인구통계학적 변수에 의해 대규모 집단으로 나누는 방
식이다. 이를 통해 기존의 대량 판매보다 더욱 세분화된 접근이 가
능하다. 산업화의 속도가 빨라지고 소비자들의 욕구가 다양화되면
서, 기업들은 제품을 효과적으로 판매하기 위해 고객 집단을 더욱
세분화하기 시작했다. 인구 통계학적 변수인 연령, 소득, 직업을 기
본으로, 국가, 지역 등으로 나누는 지리적 세분화를 통해 마케팅을
했다.

다음의 단계는 '마이크로 세그멘테이션미시 세분화'이다. 이 세분화
기법은 기존의 인구통계학적 접근법의 범주를 초월한다. 소비자 개
인의 특성이나 구매 행태, 소비 취향 등을 기준으로 고객들을 더욱 미
시적으로 구분한다. 예를 들어, 여가 활동, 취미 성향, 라이프스타일,
가격 민감성, 유행 추종성 등으로 고객 집단을 세분화하는 것이다.

다음은 '1:1 개인화 마케팅' 방법이다. 이 단계가 바로 초개인화 마
케팅을 의미한다. 시장에서 빅데이터 분석 기법이 발전함에 따라 고
객 소비 패턴과 온라인 구매 데이터 등을 분석해서 AI기반 알고리즘
추천 시스템 등으로 개인에게 정확하게 맞춤화된 서비스를 제공하
는 것이다. 이를 통해 소비자들에게 꼭 필요한 상품을 제공하고 소
비자들의 만족감을 극대화할 수 있다. 마케팅 메시지도 개인적으로
말을 거는 방식으로 작성한다. 이를 통해 기업은 소비자와 더욱 돈

독한 유대 관계로 나아갈 수 있게 된다.[54]

구독 경제의 초개인화 서비스

구독 경제 서비스는 고객과의 지속적인 거래 관계로 이어진다. 이 과정에서 고객에 관한 데이터가 축적되고 이를 통해 개인화된 서비스를 제공할 수 있다. 데이터 분석을 통해 고객 취향을 분석하여 제품 정보를 취합·재가공하며 맞춤화된 제품이나 서비스를 소비자에게 개인화하여 제공하는 데 최적화할 수 있다.

개별 소비자들의 취향은 제각각 너무나 다르다. 심지어 한 명의 소비자의 취향도 시시각각 바뀌기 때문에 시간, 상황, 장소에 따른 고객 니즈의 분석도 중요해지고 있다. 이를 위해서는 고객과의 지속적인 연결이 중요하다. 구독 경제는 소비자와의 지속적 연결을 통해 고객 니즈를 분석하여 이에 적확하게 대응하는 상품과 서비스의 매칭이 가능하다. 여기에 시시각각 변하는 소비자 취향을 실시간으로 분석할 수 있다. 취향 분석 알고리즘, AI 기술의 발달로 인해 소비자 취향은 시시각각 세밀하게 분석되어 추천된다. 넷플릭스 등의 비디오 온디맨드 서비스가 고객들에게 사랑받을 수 있는 것도 이러한 추천 알고리즘의 상시화된 분석 시스템 덕분이다.

개인화 서비스의 알고리즘 방식

개인화 서비스 구현을 위한 대표적인 알고리즘 방식으로 '협업 필터링Collaborative Filtering'과 '콘텐츠 기반 필터링Contents Based Filtering'

이 있다.

협업 필터링은 '당신과 유사한 조건을 가진 사람이 선호하는 것이라면 당신도 좋아할 가능성이 크다'는 것을 전제로 한다. 성별, 연령, 위치 정보를 기초로 비슷한 조건의 사람들이 공통으로 소비하는 콘텐츠 패턴을 근거로 상품을 추천한다. '20대 서울에 사는 직장인 여성이 즐겨 듣는 노래'가 그 예다.

'콘텐츠 기반 필터링'은 콘텐츠 자체의 메타 데이터의 특징을 분석해서 그와 비슷한 콘텐츠를 추천하는 알고리즘이다. '넷플릭스'의 추천 서비스는 사용자가 처음에 선택한 영화와 이후에 선택한 영화에 지정된 태그 정보의 공통점을 추출하여 사용자의 취향에 적합한 영화를 추천해주는 방법을 사용한다. 유튜브의 연관 동영상 추천도 마찬가지다.

넷플릭스는 구체적으로 사용자가 어떤 장르의 영상을 즐겨 보는지, 어떤 주인공 배우의 영상을 보는지, 주로 어느 시간대에 콘텐츠를 시청하는지, 만약 중간에 꺼버렸다면 어떤 장면에서 꺼버렸는지 등 세밀하게 데이터를 추적하고 분석한다. 이를 바탕으로 설계된 알고리즘을 통해 추천 영상을 추출하며, 80퍼센트 이상의 사람들이 추천 목록에 있는 콘텐츠를 시청하게 된다.

넷플릭스는 전 세계에 진출해 있다. 그러면 넷플릭스는 나라마다 다른 알고리즘으로 맞춤형 서비스를 제공할까? 그렇지 않다. 넷플릭스는 하나의 알고리즘을 전 세계에 동일하게 적용한다. 성별, 나이 등의 인구학 데이터는 활용되지 않는다. 넷플릭스는 인구통계학적 변수를 개인화 알고리즘 구성에서 전혀 중요하게 생각하지 않는다.

시청자들은 오직 유사한 취향으로 묶인 '클러스터Cluster'로 구분된다. 넷플릭스 홈페이지에서는 고객들의 취향을 분석한 후 소수의 콘텐츠만 부각시킨다. 미국 뉴욕에 사는 사람과 중국 상하이에 거주하는 사람도 동일한 취향의 프로필로 분석될 수 있다. 인구 집단 내의 다양성은 생각보다 크지 않다. 예를 들어, 일본 애니메이션 스트리밍을 보는 사람 중 90퍼센트는 일본 외부에 있다. 일본 애니메이션을 좋아할지 아닐지를 결정하는 것은 국적이 아니다. 그보다는 이 사람이 애니메이션을 좋아하는 '오타쿠덕후, 마니아'인지 아닌지에 달려있다. 결국 빅데이터 분석의 시대에는 국적이나 인종, 지역 같은 대규모 카테고리에 의존해서는 안 된다. 최적의 소비자 맞춤 마케팅을 위해서는 고객의 마음을 뚫고 들어가서 최고의 고객 경험을 이끌어내야 한다.[55]

넷플릭스의 심리학

넷플릭스는 코로나19 이후 엄청난 성장세를 보이고 있다. 넷플릭스는 이미 전 세계적으로 1억 8800만 명 이상의 회원을 가지고 있는데, 2020년 매출은 전년도 같은 기간보다 27퍼센트 증가하여 57억 6000만 달러(약 7조 975억 원)이고 수익은 7억 900만 달러(8736억 원)로 두 배 가까이 상승했다. 전 세계적으로 2020년 1분기에만 가입자가 1600만 명이 늘었다. 그야말로 폭발적인 증가세다.

코로나19 이후 사람들이 집에 머무는 시간이 많아지면서 넷플릭스 같은 온라인 동영상을 더욱 오랫동안 시청하게 되었다. 온라인 동영상 구독 서비스는 월정액으로 콘텐츠를 무제한 시청할 수 있어서 중독성이 더욱 높다.

특히 Z세대는 콘텐츠를 한 번에 몰아서 시청하는 '빈지 워칭Binge Watching'의 미디어 소비 행태를 보인다. '빈지Binge'는 '폭음' 혹은 '폭식'을 의미하는 단어로, 우리말로는 '영화·드라마 몰아보기', '정주행' 정도로 해석할 수 있다. 영상 구독 서비스를 이용하는 이용자들이 휴식 시간에 모든 에피소드를 몰아보는 것이다. 특히 코로나19 이후 Z세대를 중심으로 빈지 워칭이 크게 증가했다.

큰 그릇에 식사를 하면 밥을 더 먹게 되는 것처럼 무제한 콘텐츠 서비스를 이용하다 보면 미디어 소비량이 폭증할 수밖에 없다. 이런 심리적 원리는 실험을 통해서도 검증되었다. 코넬 대학교의 브라이언 완싱크Brian Wansink 교수는 사람들이 수프를 먹을 때 자동으로 보충되는 그릇을 제공하면 먹는 양을 크게 늘릴 수 있다는 사실을 보여줬다. 바닥이 보이지 않는 그릇을 주면 정상적인 그릇보다 73퍼센트 더 많은 칼로리를 먹게 되고, 자기가 실제로 먹은 칼로리 양을 과소평가하는 경향이 나타났다. 구독을 통한 무제한 콘텐츠 제공이 빈지 워칭을 부추기는 원리는 바닥이 안 보이는 그릇에서는 밥을 많이 먹는 심리와 유사하다.

무엇보다 넷플릭스는 고객의 취향을 철저하게 분석해서 개인의 취향에 맞는 동영상 콘텐츠를 추천해준다. 이러한 추천의 심리적 효과는 무엇일까?

학술지《네이처 인간 행동Nature Human Behavior》에 발표된 연구에서는, 선택지가 12개 이상으로 많아질 경우에는 정보 판단과 의사 결정에 관여하는 뇌의 활동이 감소한다고 분석했다. 선택지가 너무 많을 경우에는 결정을 내리기가 더 어려워지는 결정 장애 현상, 이른바 '햄릿 증후군Hamlet Syndrome' 증상을 보인다는 것이다. 너무 많은 선택지가 제공되어 정보 과부하가 일어나면, 오히려 소비자들은 선택하는 데 어려움을 겪을 수 있다. 넷플릭스는 우리 뇌가 처리 가능한 정도의 한정된 숫자의 영화만 추천함으로써 소비자의 선택 장애를 해소하고 더 많은 영상 소비를 하게 만든다.[56]

개인화 서비스는 '칵테일 파티 효과Cocktail Party Effect'도 만들어낼 수 있다. 이는 시끄러운 파티장에서 자기가 듣고자 하는 것만 선택적으로 인지하는 현상을 가리킨다. 아무리 주변 소음이 시끄러워도 함께 온 사람의 말소리에 집중해서 들을 수 있다. 즉 소비자는 자기와 관련된 정보에만 집중하게 된다. 넷플릭스의 영상 추천 서비스도 이용자가 관심 있는 영상만 추천함으로써 심리적 칵테일 효과를 만들어낸다.

개인화 서비스를 제공하면 소비자의 선호도도 크게 증가한다. 이는 소비자 조사 결과를 통해서도 나타난다. 엑센추어Accenture 컨설팅은 다음의 세 가지 개인화 전략이 소비자의 구매 행동에 직접적으로 긍정적인 영향을 준다는 소비자 조사 결과를 보여준다. 실험 결과는 다음과 같다.

내 이름을 알면: 56퍼센트의 고객이 자기 이름을 알고 있는 소매점에서 구매하고자 했다.

내 과거를 알면: 65퍼센트의 고객이 자신의 '과거 구매 내역을 알고 있는' 소매 업체로부터 구매하는 것을 선호했다.

내가 원하는 것을 알고 있다면: 58퍼센트의 고객이 과거 구매 이력을 기반으로 제품을 추천하는 소매점에서 구매하는 것을 선호했다.

넷플릭스는 개인화 프로세스 자체를 고객 중심의 개념을 넘어 '고객 집착Customer Obsession'의 개념으로 묘사한다. 고객 집착은 까다로운 고객을 만족시키고 싶어 하는 기업가의 강박증적인 욕심을 의미한다. 이를 통해 다른 기업과 차원이 다른 차별화를 만들어낼 수 있는 것이다. 그것이 바로 고객 집착이다. 고객 집착 비즈니스는 고객들에게 총체적으로 개인화된 경험을 제공하기 위해 노력한다.

넷플릭스에서는 80퍼센트 이상의 고객이 추천 콘텐츠를 시청한 것으로 나타났다. 고객은 더 이상 콘텐츠를 검색하는 사람이 아니다. 소비자는 자기와 관련 있는 개인화 콘텐츠만 골라 보는 선택적 소비 행동을 하는 존재이다. 이 지점에서 우리는 '유튜브YouTube'의 의미에 대해 다시 한 번 생각해볼 필요가 있다. 영어 단어 '튜브Tube'는 텔레비전이라는 의미를 가지고 있다. 다시 말해 '당신을 위한 텔레비전'이라는 뜻이다. 유튜브의 개인화 추천 알고리즘의 깊은 뜻은 그 이름에 그대로 담겨져 있다.[57]

패션계의 넷플릭스, 스티치픽스

패션 업계에서도 개인화 서비스에 주목하기 시작했다. 대표적인 사례가 패션계의 넷플릭스라고 불리는 '스티치픽스StichFix'이다. 스티치픽스는 고객에게 개인화 서비스를 제공하여 빠른 성장을 이루고 있으며, 기업 가치는 22.93억 달러(약 2조 6963억 원)에 이른다.

스티치픽스의 서비스 이용 순서는 다음과 같다. 처음에 서비스를 시작하면 스타일 퀴즈에 답을 하게 된다. 이것은 스타일 관심도, 유행 민감도 등을 체크해 개인의 성향을 파악하는 과정이다. 이 과정에서 자신이 좋아하는 옷의 크기, 색상, 모양 등의 정보들을 선택한다. 여기에 더해 핀터레스트Pinterest(이용자가 이미지를 올리고 다른 사람과 공유하는 SNS)나 페이스북 계정과 연동이 가능하다. 계정을 연동하면 스티치픽스의 스타일리스트에게 자신이 선호하는 스타일 정보를 더욱 디테일하게 전달할 수 있게 된다. 이후 소비자가 자신의 개인정보를 입력한 후 원하는 배송 날짜를 선택하고 스타일링 비용으로 20 달러를 결제하면 주문이 완료된다. 고객의 정보를 될 수 있는 한 디테일하게 수집하고 이를 기초로 서비스를 시작하는 것이다.

그 후, AI와 전문 큐레이터가 다섯 가지 패션 아이템을 선별해서 고객에게 배송한다. 배송된 물품 중에서 마음에 들지 않는 옷은 반품하면 되는데 이 과정에서 생기는 비용은 스티치픽스가 부담한다. 만약 한 개만 구매하면 고객은 스타일링 비용을 돌려받고, 다섯 개를 모두 구매하면 물건 총가격의 25퍼센트를 할인받는다. 이러한 과정을 통해 반품 상품과 구매 상품 데이터가 계속 쌓이게 되고 AI 분석 알고리즘을 통해 고객의 취향에 더욱 맞춤화된 서비스가 가능해진다. 결국 소비자가 원하는 것은 수많은 선택지가 아니라 나에게 어울리는 '옷 한 벌'이라는 점을 명확히 파악한 것이다.

스티치픽스는 사용자가 선호하는 패션 트렌드를 분석해서 수백 개의 알고리즘을 구성해 추천 시스템에 적용한다. 또한 3,000명이 넘는 스타일리스트가 이를 최종적으로 검증하는 과정도 거친다. 인공지능과 인간 사이의 적절한 균형점을 찾는 방식이다. 여기에 최종 선택권은 고객에게 부여함으로써 소비자로서의 자기 효능감Self-Efficacy(어떤 일을 성공적으로 수행할 수 있다고 믿는 기대와 신념)을 갖게 하는 효과도 있다.

스티치픽스는 스타일리스트와 고객이 직접 소통한다. 예를 들어 고객들은 스타일리스트에게 '결혼식 때 입고 갈 옷을 추천해주세요', '연말 친구들 모임에 입을 예쁜 옷을 추천해주세요' 등의 메시지를 전달한다. 스타일리스트도 고객이 배송받는 옷상자에 '이 옷은 이런 방법으로 스타일링하세요' 등의 메모를 적어서 주기도 한다. 이러한 인간적 상호작용을 통해 고객과 브랜드가 인격적으로 교류하고 함께 연결되어 있다는 느낌을 받게 된다. 이는 고객 충성도로 연결된다.

과학적인 빅데이터 분석을 통해 신뢰도를 높이고, 스타일리스트와의 인간적인 연결을 통해 감성적 따뜻함을 제공함으로써 가치를 극대화하고 있다. 이런 방식으로 고객 취향에 대한 정확도를 높였기 때문에 재구매율이 85퍼센트에 이를 수 있었다. 이제는 고객들의 기

대를 뛰어넘는 맞춤화된 소비자 경험이 무엇보다 중요함을 보여준다.[58, 59]

언택트 리테일 트렌드의 급부상

유통 영역은 언택트 기술에 의해 대단히 빠르게 변화하는 분야이다. 특히 코로나19 이후 온라인 유통망의 중요성이 부각되면서 언택트 리테일Untact Retail, 비대면 소매유통업이 급부상하고 있다. 언택트 경제가 중요해지면서 고객에게 제품과 서비스를 전달하는 마지막 과정인 라스트 마일 풀필먼트Last Mile Fulfillment의 개념이 중요해지고 있다. 고객의 손에 들어오기 전 마지막 단계, 라스트 터치Last Touch로서의 편리한 배송이 중요하게 부상한다.

온라인 배송 전쟁이 이어지면서 이제 고객들은 굳이 오프라인 매장을 방문할 필요가 없어졌다. 여기에 감염 확산의 우려까지 더해 매장을 직접 방문하지 않고 모바일로 주문해서 새벽이나 심야에 배송받는 모습이 보편화되고 있다. 여기에 젊은 밀레니얼과 Z세대 소비자뿐만 아니라 중장년층 이상의 소비자들까지 온라인 주문, 모바일 쇼핑을 습관화하기 시작했다.

코로나19 이후 배달형 플랫폼 비즈니스의 전망이 더욱 밝아졌다. 외식을 꺼리고 집에서 배달해서 먹는 문화가 전 세계적으로 확산되고 있기 때문이다. 대표적으로 배달의 민족, 요기요 등의 업체는 배송 서비스가 필요한 식당과 고객을 실시간으로 연결시켜주는 일종의 배달형 온디맨드 플랫폼이다.

배달형 온디맨드 서비스의 발달로 인해 소비자 구매 행동 모델에서 '욕구 인식-구매-구매 후 만족'까지 이어지는 체인들 간의 연결 속도가 더욱 빨라지고 있다. 손가락 하나만 튕기면 몇 시간 후에 주문한 물건이 도착하는 세상이다. 중국 알리바바 그룹의 허마셴셩盒马鲜生은 3킬로미터 이내에 있는 고객에게는 30분 이내에 배송한다. 우리나라에서도 30분 배송 서비스를 하겠다는 구호를 외치는 업체도 속속 등장하고 있다.

기업과 소비자가 직접 연결되는 D2C 시장의 확대

이제 유통 분야에서도 기업과 소비자가 직접 바로 연결되는 D2C Direct to Consumer의 시대를 맞이하고 있다. D2C는 유통 업체를 통하지 않고 자체 플랫폼이나 동영상 사이트, SNS 등을 통해 소비자에게 직접 판매하는 방식을 지칭한다. 중간 유통 과정이 생략됨으로써 중간 마진이 빠져서 가격이 상대적으로 저렴한 장점이 있다. D2C 브랜드는 소비자와 직접 소통하는 방법으로 마케팅을 해서 젊은 밀레니얼이나 Z세대의 소비 감성에 공감할 수 있다. 보통 소비자들은 D2C 브랜드에 대해 친근하게 생각한다. 이러한 브랜드는 대형 업체와는 차별화된 개성 있는 감성을 보여준다.

D2C 시장은 성장률도 가파르고 품목도 다양화되고 있으며 이들 브랜드 가치도 지속적으로 상승하고 있다. D2C 브랜드가 인기를 끌

면서 미국에서는 와비파커Warby Parker 안경, 해리스Harry's 면도기, 글로시에Glossier 화장품, 힘즈Hims 건강 기능 식품, 올버즈Allbirds 운동화, 어웨이Away 여행 가방, 캐스퍼Casper 매트리스 등의 브랜드가 소비자들에게 큰 인기를 얻으며 브랜드 가치도 빠르게 올라가고 있다. 예를 들어, 와비파커는 온라인 유통 과정을 줄여서 안경을 저렴하게 팔기 위해 D2C를 시작했다. 보통 안경은 오프라인에서 써보고 구매하는데, 이 브랜드는 먼저 고객에게 제품 몇 가지를 보내주고 이 중에서 원하는 제품만 선택한 후 나머지는 돌려보내는 방식으로 제품을 판매했다. 와비파커는 이러한 판매·유통 과정을 통해 매출이 크게 늘면서 미국에 100개가 넘는 오프라인 매장을 열었다.

우리나라에서는 블랭크가 D2C 브랜드의 대표적인 사례이다. 블랭크는 주방이나 욕실에 사용하는 생활용품을 판매한다. 그들은 제품을 일반적인 유통망에 공급하지 않고 동영상 콘텐츠를 만들어 소비자들에게 노출하는 방식으로 판매한다. 일반인이 제품을 직접 사용해보는 동영상을 올린 다음, 게시물의 링크에 접속해서 구매할 수 있게 만들었다. 블랭크는 창업 첫해에 42억 원의 매출을 올리고 3년 만에 1200억 원을 달성하는 고속 성장을 이뤄냈다. 젊은 소비자들의 감성에 어필할 수 있는 마케팅·판매 방식을 도입한 것이다.

D2C 업체들은 중간 유통 과정을 과감하게 없애고 자사의 온라인 플랫폼을 통해 고객에게 직접 제품을 판매하고 배송하는 방식으로 소비자의 큰 호응을 얻고 있다. 특히 코로나19 기간 동안 온라인 구매가 크게 늘어나면서 D2C에 대한 관심도 점점 높아지고 있다.[60, 61]

이러한 D2C 업체들이 소비자들에게 가장 효과적으로 연결될 수 있는 것이 바로 '라이브 커머스Live Commerce'이다. 동영상 인터페이스에 친숙한 젊은 세대에게 효과적으로 다가설 수 있는 콘텐츠이기 때문이다. 중국에서는 라이브 커머스 시장의 폭발적인 성장이 이루어지고 있으며, 우리나라 또한 다양한 상품이 라이브 커머스로 판매되고 있다.

라이브 커머스 간접 체험

코로나19 이후 언택트 거래가 늘어나면서 라이브 커머스가 급부상하고 있다. 라이브 커머스는 모바일 앱을 통해 실시간으로 TV 홈쇼핑처럼 물건을 판매하는 방송이다. 원래 라이브 커머스는 동영상에 친숙하고 모바일 쇼핑에 익숙한 밀레니얼, Z세대를 중심으로 큰 관심을 받았다.

라이브 커머스는 중국에서도 큰 인기를 끌고 있다. 왕홍網紅(중국의 SNS 유명 스타)이 스마트폰을 들고 시간이나 장소의 제약 없이 생중계로 물건을 판다. 생중계 후에는 유튜브처럼 방송했던 장면을 다시 볼 수 있고, 방송이 끝난 후에도 계속 쇼핑이 가능하다.[62]

판매자와 시청자가 채팅을 통해 상품에 대한 자유로운 질문과 답변을 할 수 있다는 점에서 기존 홈쇼핑보다 상호작용이 활발하고 참여도도 훨씬 높다. 중국의 전자 상거래 업체 알리바바에 따르면 코로나19로 인해 온라인 소비가 급증하면서 2020년 2월 타오바오의 라이브 스트리밍 매출액이 전년도 대비 두 배 증가했다. 코로나19로

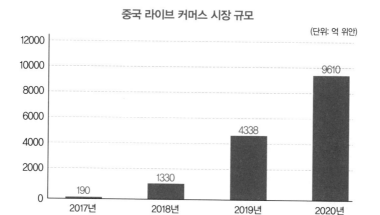

중국 라이브 커머스 시장 규모

(단위: 억 위안)

9610

4338

1330

190

2017년   2018년   2019년   2020년

(출처: 코트라)

어려움을 겪는 중소업체 브랜드를 위해 중개 수수료를 면제해주었더니 한 달 동안 타오바오 라이브를 이용한 신규 가입 판매자 숫자가 719퍼센트나 증가했다.

실제로 2020년 1분기에 중국에서는 400만 회 이상의 라이브 커머스가 수행되었다. 중국인터넷정보센터CNNIC에 따르면 라이브 커머스를 이용하는 고객은 2020년 3월 기준으로 2억 650만 명에 이른다. 중국에서 라이브 커머스는 2016년부터 본격적으로 성장을 시작했으며 2019년 이후로 폭발적인 성장세를 보이고 있다. 코로나19는 이러한 급증세를 더욱 가속화하고 있다. 중국시장조사 기관 아이미디어리서치艾媒咨询에 따르면 중국 내 라이브 커머스 시장은 9610억 위안으로 작년 대비 두 배 이상 증가할 것으로 전망했다.

중국 정부에서도 코로나19로 어려움에 빠진 농가와 소비자를 연결해서 내수를 진작하기 위해 라이브 커머스를 적극적으로 활용하

고 있다. 중국의 상무부, 저장성, 광저우시 등에서 라이브 커머스를
통해 농식품 판매 사업을 수행했으며 인기 마이크로 인플루언서인
왕홍과 함께 라이브 커머스 행사를 열기도 했다.

라이브 커머스에서는 일반 소비재뿐만 아니라 자동차, 부동산 등
의 고가 제품까지 판매되고 있다. BMW, 아우디Audi, 샤오펑小鵬, 창
안長安 등의 자동차 회사들도 라이브 커머스를 통해 판매 실적을 올
리기 위해 마케팅을 펼치고 있다. 2020년 춘절 기간 동안 1,500곳
이 넘는 자동차 대리점이 타오바오 라이브 채널을 통해 온라인으로
자동차를 판매했다. 특히 4월 30일에는 둥펑东风 자동차가 인기 1순
위의 왕홍 웨이야薇娅를 초대해서 생방송으로 판매를 했는데 7분 만
에 1,700대 이상의 매출을 올렸다.

중국의 기업가들이나 고위 관료들도 라이브 커머스 방송에 직접

네이버 '라이브 커머스' 화면(출처: 네이버)

TV홈쇼핑 vs 라이브 커머스 비교

TV홈쇼핑	라이브커머스
전문 쇼호스트가 진행	판매자가 직접 방송 출연
방송 스튜디오에서 촬영	시간과 장소 관계없이 스마트폰으로 촬영
콜센터를 통한 소비자 상담	판매자와 시청자가 채팅을 통해 실시간 소통
생방송 놓치면 다시 보기 어려움	생방송이 종료돼도 재시청 및 구매 가능
TV 시청층인 중장년층 이상 세대	유튜브 동영상 플랫폼에 익숙한 밀레니얼 Z세대

(출처: 조선경제)

나섰다. 심지어 우한시의 부시장급 고위 간부인 리창李强 우한시 당 조성원이 라이브 커머스 방송에 출연했다. 코로나19로 타격을 받은 우한의 기업들을 위해 라이브 방송을 했는데 4시간 만에 후베이성의 특산품을 완판해서 총 1,793위안의 매출을 올렸다. 중국에서는 라이브 커머스가 연령, 계층, 직업을 불문하고 광범위하게 확대되는 분위기다. 중소 브랜드들도 유통 활로를 모색하고 소비자에게 제품을 알릴 수 있는 좋은 기회가 되고 있다.[63]

우리나라에서도 라이브 커머스가 새로운 유통 트렌드로 빠르게 자리 잡고 있다. 카카오, 네이버 등의 포털 업체도 라이브 커머스를 다음 세대의 커머스 플랫폼으로 지목하고 많은 투자를 하고 있다. 네이버는 자사 중·소상공인 쇼핑 플랫폼 '스마트스토어'에 입점한 판매자들에게 라이브 커머스 기능을 제공하고, 라이브 방송 중 채팅창 하단의 링크를 통해 물건을 구매할 수 있게 했다. 롯데 백화점도 2019년 12월부터 하루에 두 차례 실시간으로 제품을 판매하는 라이브 방송을 하고 있다. 현대 백화점도 2019년 3월부터 네이버 라이브를 통해 백화점 판매 제품을 실시간 영상으로 판매하고 있다. 티몬은 2017년부터 업계에서 가장 먼저 라이브 커머스를 시작했는데, 최근에는 개인이 직접 물건을 판매할 수 있는 개인 방송 플랫폼 '티몬셀렉트'를 시작했다. 2019년 2월에 오픈한 모바일 라이브커머스 '그립Grip'은 2020년 4월까지 누적 다운로드 70만 건을 기록했으며 2,000개의 업체가 입점해 있다. 코로나19로 해외 수출길이 막힌 천혜향, 한라봉 등의 과일을 그립을 통해 방송했는데 한 시간 만에 3톤이 판매되는 기록을 세웠다. 이처럼 라이브 커머스는 판매자와 소비자가 실시간으로 대화하는 방식이기 때문에 구매에 대한 신뢰를 더 견고하게 형성할 수 있다.[64]

중국에서는 코로나19 이후에 집에 머무르는 시간이 증가하면서 온라인 소비가 급증하는 현상을 가리켜 '자이징지宅經濟, 재택 경제'라는 신조어가 생겼다. 자이징지가 대세가 되면서 라이브 커머스는 유통의 지평을 크게 넓히고 있다. 중소 브랜드뿐만 아니라 영세 상인들에게도 큰 기회가 될 수 있기 때문이다. 중국 후베이성의 농촌에서 차茶 농장을 운영하는 농민 란전유 씨는 코로나19 이후 큰 타격을 입었다. 우한발 코로나19가 확산됨에 따라 후베이성 전역이 봉쇄되었기 때문이다. 관광객과 거래 업체가 다 끊기면서 수입이 3분의 2 이상 줄었다. 위기를 극복하기 위해 여러 경로를 모색하던 중 중국의 유명 온라인 쇼핑몰인 '타오바오'의 생방송 쇼핑에서 차 예약 판매를 시작했다. 란 씨는 새벽에 찻잎을 수확하고 오후 11시에 물건을 발송하기까지의 전 과정을 생중계했다. 그는 비록 서툴지만 직접 수확한 찻잎을 보여주며 차의 향과 맛, 차의 유래, 마시는 방법까지 친절하게 설명해주었다. 그 결과 매일 평균 1만 위안(약 170만 원)어치의 차를 팔 수 있었다. 라이브 커머스가 란 씨와 같은 영세 상공인들에게 잠재력이 매우 큰 유통 활로를 제공하게 된 것이다. 이처럼 진입 장벽이 낮은 라이브 커머스는 소상공인들에게 큰 기회의 장이 될 것이다.[65]

라이브 커머스는 Z세대에게 어떻게 공감을 얻고 있는가?

라이브 커머스는 소비자들이 전송하는 수많은 질문에 실시간으로 답해야 한다. 제품의 구체적인 사양에 대한 질문도 다양하게 들어오는데, 판매자는 이에 대해 솔직하게 답변하게 된다. 홈쇼핑처럼 고객 센터의 응답을 기다릴 필요가 없다. 이와 관련하여 '온택트 마케팅Ontact Marketing'이라는 신조어가 생겼다. 유통 기업은 언택트 흐름으로 인해 소비자와의 접점이 줄어들게 되자, 오히려 유튜브나 라이브 방송을 통해 소비자의 반응을 즉각적으로 확인하는 온택트 마케팅에 더욱 노력을 기울이게 되었다.

라이브 커머스는 일종의 쇼핑 스트리밍Shopping Streaming 서비스다. 판매자와 구매자 간의 상호작용을 통한 체험이 강조되며 실시간으로 모든 것이 방송을 통해 송출된다. 구매자들끼리도 하나의 판매 방송 콘텐츠를 보면서 채팅창으로 활발하게 소통한다. 기존 구매자들이 남긴 후기에 대해서도 적극적으로 반응하기 때문에 마치 실시간 리뷰를 보는 듯한 느낌을 받을 수 있다. 제품의 품질에서부터 판매자, 브랜드의 진정성까지 방송을 통해 가감 없이 드러날 수 있는 것이다.

라이브 커머스에는 다양한 인플루언서Influencer(SNS에서 영향력이 큰 사람)가 등장한다. 실제로 Z세대들은 자신이 좋아하는 인플루언서가 출연하는 라이브 커머스 방송을 보기 위해 접속하는 경우가 많다. 물건을 구매하기 위해 방송을 보는 것이 아니라 좋아하는 인플루언서와 소통하기 위해 라이브 커머스에 들어오는 경우다. 그래서 젊은 소비자들은 라이브 커머스를 마치 예능을 보는 느낌이라고 묘사한다. 이렇게 방송을 지켜보다가 판매자인 인플루언서와 공감과 소통이 잘 이루어지면 구매로 이어질 가능성이 높아진다.

홈쇼핑은 전화를 통해 주문하는 방식이 기본이지만, 라이브 커머스는 결제 방식도 간단하다. '네이버페이' 같은 간편 결제 시스템을 이용해 결제할 수 있다. 따라서 라이브 커머스는 모바일 결제 시스템에 익숙한 Z세대에게 더욱 편리하게 다가올 수 있다.[66]

디지털 스토어의 시대

유통 분야에도 AR과 VR 기술의 도입이 가속화되고 있다. AR·VR 기술을 활용한 오프라인 매장은 '피지털 스토어Phygital Store'라는 명칭이 부여된다. Pygital은 'Physical'과 'Digital'을 합성한 용어로, 물질 세계와 디지털이 결합된 용어이다. 피지털 스토어에서는 가상현실을 통해 현장 경험이 더욱 강력하고 풍부해진다. 이러한 기술적 진보로 인해 오프라인 매장에서 소비자들은 감정적·인지적·물리적·관계적·감각적·상징적인 차원에서 이전보다 한층 진보된 체험을 할 수 있게 된다.

현재 오프라인 매장에서 활용되는 AR·VR 기술은 의류 매장에서 가상으로 옷을 입어 보거나 화장품 매장에서 화장을 해보는 방식으로 사용되고 있다. 이러한 기술은 향후 더욱 확대되어, 소비자들이 오프라인 매장에서 제품을 선택하고 구매하는 과정에서 새로운 경험의 장을 열게 할 것이다.

첨단 기술은 오프라인의 물리적 한계를 극복하게 하여 실제 제품 진열 선반에 없는 물건들도 가상으로 분류하고 지정하여 구매할 수 있게 만들 것이다. 또한 매장에서의 판매와 프로모션 진행은 더욱 개인화되어 제공될 것이다. 이러한 과정에서 AR·VR 기술은 온라인과 오프라인의 경계를 허물고, 소비자들로 하여금 제품 쇼핑에 더 쉽게 접근하게 하며, 크게 확장된 상품 경험을 하게 만들어줄 것이다. 이렇게 고객들이 제품을 구매하기 전에 가상으로 해당 제품을 체험해보면 유통 기업 입장에서도 손해 위험이 없는 비즈니스를 할 수 있고, 소비자의 입장에서도 더욱 스마트한 구매 의사 결정을 할 수 있게 될 것이다.[67]

언택트 쇼핑 심리학

온라인으로 쇼핑을 할 때 소비자가 얻을 수 있는 이점은 무엇일까? 일반적으로 생각해보면 빠른 구매, 편리한 배송, 시간과 노력의 절약 등이 장점이 될 것이다. 특히 생필품과 같은 저관여 제품Low-Involvement Product의 온라인 구매에는 빠른 배송이 무엇보다 중요하기 때문에 심야 혹은 새벽 배송이 큰 호응을 받게 된다.

그러나 제품을 구입하는 과정에서 시간과 노력을 많이 들이는 고관여 제품High-Involvement Product을 구매하는 소비자들의 심리는 미묘하게 다르다. 큰 금액을 지불하고 구입한 물건에 대한 소비자의 기대감이 매우 크기 때문에 단순히 빠른 배송만을 원하지 않는다. 소중한 선물을 기다리는 사람의 마음처럼 자기 물건이 안전하고 정확하게 배송되는 것을 가장 중요하게 여긴다. 이렇게 온라인을 통해 고관여 제품을 구매한 사람들이 배송을 기다리는 것은 일종의 소비 의례Consumption Ritual 행위에 가깝다. 상품의 도착을 기다리는 동안 오히려 심리적 만족이 더욱 커지는 경험을 하게 되는 것이다.

물건의 도착을 기다리는 과정을 통해 '만족 지연Delayed Gratification'의 보상 회로가 작동하여 고객의 만족도를 극대화시켜준다. 만족 지연은 심리학 원리로, 온라인 쇼핑을 촉진하는 동기로 작동하며 상품에 대한 만족감을 더욱 배가시킬 수 있다.

지연된 만족은 미래에 더 큰 보상을 얻기 위해 초기 보상을 미루는 것으로 정의되며 이는 강력한 뇌 반응을 가져온다. 신경학자들의 분석에 따르면 온라인에서 '구매' 버튼을 누를 때 우선적으로 도파민 분비가 일어나고, 이후 도착할 때까지 배송된 제품을 추적하고 주문한 사이트를 확인하는 과정에서 추가적으로 뇌의 보상 회로가 활성화된다.[68]

온라인 쇼핑에서는 이처럼 만족 지연을 통해 구매의 즐거움을 느끼고, 배송된 물건을 뜯는 과정을 통해 만족의 극치를 경험하게 된다. 소위 언박싱Unboxing, 제품 개봉이라는 개념이 온라인 쇼핑에서 중요한 소비의례로 자리 잡게 되었다. 그래서 많은 기업에서 소비자의 언박싱 경험까지 만족시키기 위해 노력한다. 이처럼 쇼핑 체험의 전 과정에서 재미와 즐거움이 배가될 수 있도록 노력한다면 고객들은 온라인 쇼핑에 더욱 큰 매력을 느끼게 될 것이다.

UX를 넘어 CX의 시대로

언택트 디지털 트랜스포메이션이 가속화되면서 이제 UXUser Experience, 사용자 경험나 UIUser Interface, 사용자 인터페이스보다는 CXCustomer Experience, 고객 경험 개념이 매우 중요해지고 있다. 언택트가 일반화되면서 첨단 기술을 활용한 서비스의 주체가 모두 고객Customer, 즉 소비자Consumer가 되고 있기 때문이다. 언택트 기술의 관점에서는 단순한 사용자가 아닌 고객의 관점에서 바라봐야 서비스의 본질적 발전이 가능하기 때문이다.

일본의 CX 서비스 향상을 위한 개발사 'KARTE'에 따르면 CX의 개념은 다섯 개의 요소로 구성된다. CX는 감각적인 경험 가치Sense, 정서적인 경험 가치Feel, 인지적 경험 가치Think, 신체적 경험 가치

Act, 사회적 연결·유대 가치Relate로 구성된다. 즉 언택트를 통한 고객 경험은 소비자로 하여금 오감을 일깨우고, 정서적으로 유쾌함을 불러일으키며, 인지 욕구를 만족시키고, 신체 경험을 통해 외부로 표현되며, 사회적 연결을 촉진하는 방식으로 극대화될 수 있다. 지금까지 소개한 원격 근무, 온디맨드 구독 경제, 초개인화, 라이브 커머스, VR·AR 리테일 등의 언택트 기술은 CX 관점의 개발을 통해 그 요소가 더욱 발전할 수 있다.[69]

#3 멘탈데믹

방역은 팬데믹 시대에 가장 중요한 개념이 되었다. 물리적 방역이 전염병으로부터 신체를 안전하게 지키는 것을 의미한다면, 심리 방역은 감염병 사태로 지친 마음을 위로하고 돌보는 것을 의미한다. 코로나19 상황이 장기간 지속되면서 신조어들이 많이 등장했는데, 그 중에 '코로나 블루Corona Blue'가 있다. 코로나 블루란 '코로나19' 와 '우울증Blue'이 합쳐진 신조어이다. 이것은 질병의 확산으로 인해 일상에 큰 변화를 겪으면서 발생하는 우울감, 불안감, 무기력증, 스트레스, 소외감 등을 의미한다. 팬데믹 상황이 지속되면서 사람들은 모두 집단적인 트라우마를 경험하고 있다. 이를 가리켜 멘탈Mental 과 팬데믹Pandemic을 결합한 '멘탈데믹Mentaldemic'이라는 용어도 등장했다. 코로나19가 장기화되면서 향후 감염병 대응에서 심리 방역의 중요성은 더욱 커지고 있다.

코로나 블루, 심리 방역으로 치유하다

코로나19 이후 상당수 시민들은 다양한 정신적 문제를 호소하고 있다. 특히 전염병으로 인한 정신적 트라우마는 일반 국민뿐만 아니라 의료진의 정신 건강에도 위협이 되고 있다. 전문가들은 바이러스 감염 치료는 정신 건강을 치료하지 않는 한 완전한 종식은 어렵다고 강조한다. 심리 방역과 트라우마 극복을 위한 다양한 노력이 필요한 시점이다.[70]

이러한 심리적 불안감은 일종의 대리 외상 증후군으로 이어지기도 한다. 전염병의 직접적인 피해자가 아닌 사람들이 재난에 대한 정보를 매체를 통해 간접적으로 경험하면서 마치 그 일이 자신에게 일어난 것처럼 불안해하는 것이다. 이는 실증 연구를 통해 검증되기도 했다. 미국 캘리포니아 대학교 어바인 캠퍼스의 앨리슨 홀먼Alison E. Holman 교수 연구팀은 2013년 '보스턴 마라톤 폭탄 테러 사건'에 따른 미디어 수용자의 태도를 분석했는데, 시청자들이 지속적으로 테러 관련 뉴스에 노출되면 실제 사건 목격자보다 더 극심한 긴장과 스트레스를 받는다는 연구 결과를 발표했다.[71]

사람들이 TV와 같은 매체에서 전달하는 전염병 관련 정보에 의존하게 되면서 해당 정보에 심리적으로 압박을 받는 상황에 놓이게 되기도 했다. 유명순 서울대 보건대학원 교수 연구팀이 진행한 '코로나19 관련 국민위기 인식 설문' 조사 결과, 사람들은 지속적인 정보에 의한 스트레스를 겪고 있었다. 설문 중 "최근 일주일 동안 코로나19 정보·뉴스를 얼마나 자주 '직접' 찾아봤는지" 묻는 문항에 '찾아봤다'고 응답한 사람은 1차(1월 31일~2월 4일)에는 86퍼센트, 2차(2월 25일~28일)는 95.7퍼센트, 3차(3월 25일~28일)는 92퍼센트로 나타났다. 이처럼 빈번한 뉴스 검색으로 인해 사람들의 스트레스는 지속적으로 증가하는 경향을 보였다.

연구팀에 따르면 코로나19 초기 한 달간 코로나 관련 뉴스 보도가 50퍼센트에 달했다. 이렇게 정보량에 심리적으로 압도당하면서 사람들이 느끼는 감정은 서서히 공포심에서 슬픔으로 바뀌어갔다. 감정의 비율에서 슬픔은 1.6퍼센트에서 3.7퍼센트, 7.2퍼센트로 지속적으로 증가했다. 반면 공포심은 21.6퍼센트에서 18.1퍼센트, 12.6퍼센트로 점차 낮아졌다. 이는 코로나19 사태 장기화에 따라 사람들의 공포심이 무뎌지는 한편 우울한 감정은 높아지는, 전염병 상황의 전형적인 감정 변화 양상을 보여준다. 특히 불안의 감정은 52.8퍼센트로 높기 때문에 심리 방역의 필요성은 더욱 커지고 있다.[72]

정서적 우울함은 난생 처음 겪어보는 바이러스의 위협에서 오는 불안감으로부터 시작되지만, 시간이 흐를수록 사회적 거리두기나 격리 생활로 인한 스트레스로 바뀌어 간다. 의학 저널 《랜싯The Lancet》의 최근 보고서에서는 사회적 격리 조치가 사람들로 하여금 우울증, 정신장애, 과민증, 불면증, 혼란, 분노, 외상 후 스트레스 장애 등으로 이어질 수 있음을 지적한다. 더욱 심각한 것은 이러한 증상이 전염병이 종식된 후에도 장기간 영향을 줄 수 있다는 것이다.

이러한 현상은 전 세계적으로 나타나고 있다. UN에 따르면 캐나다 의료 종사자의 47퍼센트가 심리적인 지원이 필요한 상태이며, 중국 의료 종사자의 50퍼센트가 우울증이라고 조사되었다. 특히 확진환자들의 정신적 고통은 상대적으로 매우 크게 나타났다. 우리나라 중앙사고수습본부 '코로나19 통합심리지원단'의 발표에 따르면, 심리 상담을 받았던 확진자의 68퍼센트, 확진자의 가족 53퍼센트는 정신건강 상태가 매우 취약했고, 일상생활을 수행하는 데 어려움을 느낀 것으로 보고되었다. 상담을 받은 사람들 중에 62.5퍼센트는 정신건강 상태가 호전되었지만 여전히 재감염에 대한 우려나 무력감에 더해 사회적 낙인에 대한 스트레스가 매우 큰 것으로 나타났다.

특히 확진자와 그의 가족, 의료진 등은 사회적 낙인과 차별에 노출될 수 있다. 감염병의 대응에서 모든 낙인과 차별은 사회심리적으로 정신건강 상태를 매우 악화시킬 수 있는 요소이다. 이로 인해 심한 갈등이 유발될 수 있고, 낙인이 찍힌 자들은 정신적 고통을 더욱 크게 겪을 수밖에 없기 때문이다.

이것은 사회학 용어로 '스티그마 효과Stigma Effect'라고 한다. 스티그마는 오명 또는 낙인을 의미한다. 미국의 사회학자 하워드 베커Howard Becker가 주장한 이론으로, 처음 범죄를 일으킨 사람에게 범죄자라는 낙인을 찍으면 결국 범죄자로서의 정체성을 가지게 되고, 이후에도 재범을 저지를 가능성이 높아진다는 것이다. 이처럼 특정 대상에 대해 잘못된 편견을 가지고 부정적 인식을 하게 되면 그 당사자는 계속 더 부정적인 생각에 빠져들 가능성이 높아진다.

따라서 코로나19에 감염된 사람들을 과도하게 비난하거나 색출하려는 시도를 자제해야 하며 무엇보다 사회적 통합을 이루기 위해 노력해야 한다. 이러한 관점을 '사회 전체 대상 접근법Whole of Society Approach'이라고 한다. 코로나19 이후에 도처에서 갈등이 터져 나오는 것도 낙인과 비난의 악순환이 만들어졌기 때문이다.

심리 방역의 주체는 의료 기관이나 정부 기관만이 아니다. 사회 구성원 전체가 심리 방역의 주체가 되어야 한다. 무엇보다 사회 구성원 모두가 재난에 대처할 수 있는 효과적인 방안을 발견하고 치유하는 과정에서, 우리 사회의 회복 탄력성에 대해 자부심을 느끼게 하는 것도 큰 도움이 될 수 있다. 사회 구성원들이 보이는 연대와 협력을 통해 위기를 극복하고 사회적 통합을 이루어낼 수 있다.

무엇보다 멘탈데믹 시대에는 노약자인 고령자들이 감염병 스트레스에 효과적으로 대처할 수 있도록 돕는 것이 중요하다. 또한 장애인 등의 취약 계층에 대한 배려와 소통의 노력이 중요해질 것이다.

아동들 역시 성인과는 다른 종류의 스트레스를 받는다는 점을 고려하여 이들에게 맞춤화된 심리 방역이 이루어질 수 있도록 해야 할 것이다. UN의 조사에 따르면 이탈리아와 스페인에서 77퍼센트의 아이들이 집중력이 떨어졌으며 39퍼센트는 안절부절못하는 신경증적 증상을 보이고 있었다. 이외에도 38퍼센트는 초조함을 느꼈고, 31퍼센트는 고독감으로 힘들어하고 있었다. 코로나 블루의 사각

지대인 아동들의 정신 건강에 관심을 기울여야 함을 보여주는 결과다.[73, 74, 75, 76]

사회적 재난에 따른 갈등 심화

재난시 심리 변화 6단계

재난 전문가들은 사회적 재난이 닥쳤을 때, 공동체의 감정 반응에 따른 심리 변화를 총 6단계로 나눈다. 먼저 재난 상황이 닥쳤을 때 대중의 심리 반응 변화가 심하고, 긍정적 감정과 부정적 감정의 수준의 격차가 매우 크게 나타난다.

재난의 심리 단계

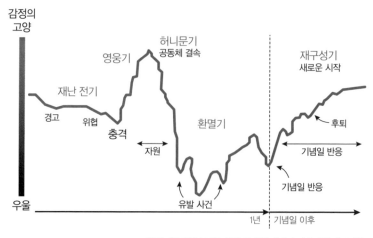

(출처: 〈소아청소년을 위한 감염병 재난시 마음지침서〉 31쪽)

1) 재난 전기_ 불확실성으로 인한 두려움의 감정이 나타난다. 대중은 자신과 가족을 보호할 수 없다고 생각해 통제력 상실을 느끼고, 위험 신호에 주의를 기울이지 못한 것을 자책할 수 있다.

2) 영향 단계_ 재난으로 인한 반응은 심리적 충격에서 극심한 공황 상태에 이르기까지 다양하게 나타난다. 초기의 불신과 혼란은 일반적으로 자신과 가족을 보호하는 데 관심을 쏟는 과정에서 발생한다. 이 단계는 일반적으로 6단계 중에서 가장 짧다.

3) 영웅 단계_ 이타주의에 기반해, 사회 구성원들이 놀라운 연대와 협력 활동을 보여준다. 도움이 필요한 사람들에 대한 발 빠른 구조 행동이 일어난다. 코로나19 기간에 우리 사회에서도 의료진의 희생과 영웅적인 구조 활동, 시민들의 모금 활동, 유명인의 기부 등이 이어지며 순간적으로 공동체의 결속력이 높아지는 시기가 있었다. 그러나 이 과정에서 재난에 대한 정확한 위험 평가가 이루어지지 못하면, 곧바로 다른 위기를 맞게 될 가능성이 높다. 영웅 단계는 빠르게 4단계로 넘어가게 된다.

4) 허니문 단계_ 감정의 극적인 변화가 보인다. 이 단계에서는 공동체의 결속이 매우 강해지고 재난에 대한 지원을 쉽게 받을 수 있게 된다. 앞으로 모든 것이 빠르게 정상으로 돌아올 것이라는 지나친 낙관주의가 자리 잡기도 한다. 결과적으로 지원을 하는 주체와 지원 대상자들이 빠르게 연결될 수 있는 충분한 기회가 산재하는 시기다. 그러나 이 시기는 짧은 기간에 지나가고 곧이어 환멸기가 오게 된다.

5) 환멸 단계_ 급격한 감정적 하강이 발생하는 시기이다. 이 단계에서는 지역사회와 개인이 재난 지원의 한계를 깨닫게 된다. 낙관론이 줄어들고 스트레스가 계속되면 신체적 소진이나 약물 혹은 알코올 남용과 같은 부정적인 반응이 나타난다. 필요한 자원과 지원 수준 사이에 격차가 벌어지면서 방치된 느낌을 가질 수 있다. 전염병으로 인한 재난이 지나가도 사회·경제적으로 다양한 문제가 후유증처럼 지속될 수 있다. 이런 환멸 단계는 몇 달 혹은 몇 년까지 계속될 수 있다.

6) 회복 단계_ 개인과 지역사회는 자신의 삶을 다시 구축하기 시작한다. 사람들은 새로운 일상에 적응하면서도 한편으로는 상실감에 슬퍼한다. 재난 관리는 공동체의 회복 탄력성을 향상시키기 위한 조치로서 최종 회복 단계로의 빠른 진입을 목표로 한다.[77]

코로나19는 이제 초기의 혼란과 불안을 거쳐 공동체 연대의, 시험의 장이 되고 있다. 국가의 재난지원금 지원과 의료 지원이 이어지면서 숨통이 트이기도 했지만, 전염병이 끝나지 않고 지속될 경우에는 환멸 단계로 빠르게 진입할 가능성도 배제하기 어렵다. 특히 재난을 겪은 사람들이 향후에도 정신적 후유증으로 어려움을 겪을 가능성이 높아지고 있다. 심리 방역에 대한 대응과 대비가 더욱 요구되는 시점이다. 또한 환멸의 단계가 길어지면서 대중이 겪게 되는 심리적 불안과 우울을 위로해주는 일이 무엇보다 중요해질 것이다.

사회적 갈등의 심화

전염병의 장기화로 인한 심리적 불안과 우울은 사회의 안정감을 해치고, 갈등 상황을 만들기도 한다. 코로나19 기간이 길어지면서 전혀 예상치 못한 곳에서 부작용이 발생하기도 한다. 재택근무가 늘어나면서 부부가 같이 보내는 시간이 많아졌는데, 이로 인해 부부간 의견 충돌이 많아지면서 갈등의 골이 깊어지기도 했다. 근무와 양육, 가사일 등에 대한 갈등이 커지자 다툼이 일어나고, 급기야는 이혼하는 사례가 급증하고 있다. 이러한 풍경을 빗대어, 코로나와 이혼의 합성어인 '코로나 이혼Covidivorce'이라는 신조어가 등장하기도 했다.

갈등 양상은 가정을 넘어 사회로 번지는 분위기다. 미국에서는 사회적 거리두기와 관련한 갈등이 커지면서 폭행과 살인 사건이 일어나기도 했다. 2020년 4월 8일, 미국 켄터키주에 거주하는 한 의사가 사회적 거리를 준수하지 않는다면서 10대 소녀들과 말다툼을 벌이다가 18살 흑인 소녀의 목을 조르고 폭행한 혐의로 체포되기도 했다. 또 사회적 거리두기 문제 때문에 발생한 다툼으로 80대 노인이 사망하는 상황까지 벌어졌다. 30대 여성이 할머니가 자신에게 너무 가까이 다가온다는 이유로 할머니를 밀쳐냈는데 그만 바닥에 머리를 부딪혀 사망하고 만 것이다. 사회적 거리두기와 관련한 사고들이지만 그 이면을 들여다보면 코로나19가 촉발한 세대 간 갈등의 불씨가 폭발해버린 것으로 볼 수 있다.[78]

우리나라에서도 세대 간 갈등이 문제되고 있다. 2020년 5월에는 이태원 클럽에서 20대 확진자가 대거 나오면서, 사회적 거리두기를 무시하고 유흥을 즐긴 일부 젊은이들에 대한 기성세대들의 혐오 감정이 커졌다. 반면 극히 일부이기는 하지만 젊은이들의 행태를 지적하는 언론 기사 아래 전염병에 취약한 노인을 비하하는 댓글이 달리기도 했다.

심지어 미국에서는 주로 고령자들이 코로나19로 인해 희생되는 것에 빗대어 '베이비부머 세대를 제거한다'는 의미를 담은 '부머 리무버Boomer Remover'라는 신조어가 번지기도 했다.[79] 이에 대해 미국의 시사주간지《뉴스위크Newsweek》는 사회·경제적으로 강자의 위치에 있는 베이비부머와 젊은 세대 간의 갈등이 낳은 부정적 결과라고 분석했다.

이러한 갈등을 해소하기 위해서는 원인에 대한 정확한 분석을 통해 문제를 근본적으로 해결할 수 있도록 지원하는 것이 중요하다. 심리적 불안과 우울이 일종의 트리거Trigger, 방아쇠로 작용해 갈등의 원인이 되고 있는 지금, 사회적인 차원에서의 심리 방역 실행이 무엇보다 중요하다. 또한 세대 간 갈등을 해소하고 세대 통합을 이룰 수 있도록 공감의 장을 다양하게 만들려는 노력도 필요할 것이다. 사회적 통합을 위한 다양한 교류의 장이 더욱 절실해지는 시기이다.

정신 건강을 위한 멘탈 케어 산업이 뜨다

멘탈 케어 산업의 부상

WHO는 코로나19가 팬데믹을 넘어 엔데믹으로 자리 잡을 수 있다고 지적했다. 이런 때일수록 신체 건강과 함께 정신 건강을 중요하게 다뤄야 한다. 현대인들에게 안정과 휴식은 무엇보다 중요한 가치이며, 정신 건강을 위한 다양한 지원이 그 어느 때보다 절실하다. 이처럼 정신적 안정과 심리적 치유를 도와주는 멘탈 케어의 중요성이 커지고 있다.

사람들이 정신적으로 스트레스를 받고 있다는 사실은 빅데이터 분석을 통해서도 나타난다. 미국에서 3월 구글 검색량을 분석해보니 밤 11시에서 새벽 3시 사이에 '휴식' 관련 검색이 최고치를 기록했다. 이는 활동량이 크게 줄어 스트레스와 우울감이 연쇄적으로 오면서 심야에 숙면을 취하지 못하는 사람들이 그만큼 늘고 있다는 의미로 해석된다. 이 시기에 정신적으로 불안정한 사람들을 위한 멘탈 케어 서비스가 얼마나 필요한지 보여주고 있는 수치다.

코로나19 이후 앱 이용 추이를 살펴보면, 멘탈 케어 관련 앱의 성장세가 뚜렷하다. 불안과 우울을 달래기 위한 목적으로 사용하는 명상 앱 이용량도 크게 증가했다. 명상 앱은 조용한 음악을 배경 삼아, 명상 전문가의 편안한 목소리로 앱 사용자가 명상에 들어갈 수 있도록 이끌어준다.

국내에서 사용자가 가장 많은 명상 앱인 '코끼리'는 2019년 8월에 출시되었는데, 2020년 3월 가입자가 20만 명을 훌쩍 넘었다. 명상 앱 '마보'도 일 사용자 수가 크게 늘어나고 있다. 직원들의 정신 건강을 챙기려는 회사의 단체 구매 문의도 많아지고 있다. 유튜브 콘텐츠 중에서도 숙면을 도와주는 영상이 인기를 끌고 있다. 대표적인 콘텐츠로 '브레이너 제이의 숙면 여행'을 들 수 있다. '수험생, 공시생을 위한 최적의 수면 관리 가이드' 등 대상과 상황에 맞춘 다양한 숙면 도움 콘텐츠가 인기를 끌면서 하루에도 몇천 명씩 구독자 수가 증가하는 모습을 보였다.

중국에서도 코로나19 기간 동안 심리 상담 플랫폼인 이신리壹心理를 활용한 상담자가 2만 2000여 명에 달했다. 실제로 코로나19 기간 동안 심리 상담의 45퍼센트 이상이 플랫폼을 활용한 화상 상담으로 전환되었다. 이렇게 전염병 위험이 커지면서 심리 상담에서도 비대면 서비스가 등장하고 있다. 공공 기관이나 학교에서도 언택트 심리 상담을 제공하기 시작했다.[80]

모바일 심리 상담 서비스도 등장했다. 스타트업 '트로토스'는 면대면 상담을 부담스러워하는 사람들을 위해 익명 가입 서비스를 만들고 모바일을 통해 비대면 심리 상담을 할 수 있도록 했다. 24시간 운영으로 새벽에도 상담을 받을 수 있으며 사용자가 직접 심리 상담사를 고를 수 있게 했다. 또한 인공지능 기술을 활용한 챗봇이 사용자가 적어내는 상담 내용을 통해 공포, 좌절, 분노, 연민 등 8개 감정의 정도를 분석해낸다. '트로토스'는 그동안 오프라인으로는 부담스러워서 접근하기 어려웠던 심리 상담 서비스를 온라인으로 진행할

수 있게 만든 점에서 의의가 있으며, 향후 심리 상담이 활성화될 가능성도 높아지고 있다.[81]

미국에서도 다양한 기술적 아이디어가 동원된 정신 건강 관리 앱이 크게 인기를 모았다. '와이사Wysa'는 챗봇을 통해 우울이나 불안 증상에 대한 상담과 테라피를 받을 수 있는 서비스다. '해피파이Happify'에서는 간단한 게임을 통해 사용자의 심리 문제를 파악하고 전문가의 맞춤 코칭을 받을 수 있다. '샤인Shine'은 셀프 케어를 할 수 있는 정신 건강 앱으로, 매일 이용자에게 질문을 던지는 방식으로 앱 사용자 간의 채팅을 유도해 커뮤니티에 참여하도록 한다. '스티그마Stigma'는 텍스트 데이터 분석을 통해 시간의 흐름에 따라 개인의 감정이 어떻게 변화하는지 분석한다. 이용자가 앱에서 일기를 작성하면 그 글에서 감정이나 생각을 드러낸 단어들을 시각적으로 보여주는 방식이다.[82]

이외에도 백색소음이나 ASMR 콘텐츠는 심리 방역을 위한 콘텐츠로 꾸준히 인기를 얻고 있다. 향후에는 정신적 건강을 지원해줄 수 있는 가상 서비스인 '버추얼 스파Virtual Spa' 키워드에도 주목해야 할 것이다. 또한 수면의 질이 상당히 떨어져 있는 현대인들을 위한 '꿀잠 비즈니스', 즉 '슬리포노믹스Sleeponomics, 숙면 산업' 분야의 지속적인 성장을 기대해볼 만하다.[83, 84]

위안 음식의 인기

많은 사람이 코로나19로 인한 우울함을 음식을 통해 해소하고 있다. 소위 단맛이나 매운맛의 음식을 먹으며 스트레스를 해소하는 '위안 음식'의 개념이 주목받고 있는 것이다.

시장 분석 업체 크리테오에 따르면 코로나19 발생 초기에는 쌀, 밀가루, 통조림, 신선 과일, 야채 등 필수 식품 판매가 급격하게 올라갔다. 그런데 1월을 지나 3월로 들어서면서 캔디와 초콜릿 판매가 급증했다. 1월 첫 4주 동안과 비교했을 때, 영국에서는 779퍼센트 증가했고, 이탈리아에서는 736퍼센트가 늘었다. 격리 기간이 길어지자 높아지는 우울감을 해소하기 위한 단맛 제품 섭취가 급격하게 늘어났기 때문이다. 이 같은 위안 음식의 급격한 판매 증가는 소비자의 괴로운 심리를 극단적으로 반영하는 결과이다.[85]

재난 상황에서 단맛 식품이 잘 팔리는 이유에 대해 다른 관점에서 분석한 연구도 있다. 필수품을 사재기해 재난으로 물건이 부족해지는 상황에 대비하는 것처럼, 단맛 식품의 섭취를 늘리는 것도 향후 자원이 부족해지는 위기에 대응하려는 본능적 심리에서 기인한다는 분석이다.

2013년 줄리아노 라란Juliano Laran과 앤서니 살레르노Anthony Salerno의 심리 실험(2013)에서는 신제품 초콜릿의 맛 평가 테스트를 한다는 주제로 사람들에게 초콜릿을 마음껏 먹게 했다. 실험 대상자 한 그룹에서는 사람들에게 심리적 위기감을 느끼게 하기 위해 '생존', '견디기', '부족', '몸부림' 등의 단어가 벽에 붙어 있는 방에서 초콜릿을 시식하게 했고, 다른 그룹은 위기와 관련 없는 일상적인 단어들이 벽에 붙어 있는 방에서 초콜릿을 먹게 했다. 실험 결과, 위기와 관련된 단어를 접한 사람들이 그렇지 않은 사람들에 비해 더 많은 초콜릿을 먹었는데, 특히 이 초콜릿이 고칼로리라는 사실을 알게 될수록 더 많이 먹는 것으로 나타났다. 위기감을 느끼면 자연스럽게 고칼로리 음식을 선호하게 된다는 것이다. 이러한 결과에 대해 연구자들은 사람들이 자원이 부족해질 것을 대비해서 자기도 모르게 고칼로리 음식 섭취를 통해 에너지원을 비축해두려는 것으로 해석했다.

결국 위기 시에 생존에 필요한 자원이 얼마나 있는가의 여부가 칼로리 섭취량에 중요하게 작용한다고 분석했다. 실제로 같은 위기 상황에 있는 어떤 참가자에게 돈을 줬을 때, 그들은 고칼로리 음식을 특별히 선호하지 않은 것으로 나타났다. 특히 자원이 넉넉하지 않은 취약 계층의 사람들이 정크푸드 같은 고칼로리 식품을 선호하는 이유도 스스로 생존에 필요한 자원이 적다는 위기감 때문에 나타나는 현상이라고 분석한다. 결국 생존에 환경적 요소가 얼마나 중요한가를 보여준다.[86, 87]

기호품 소비 증가

위기 시에 단맛 제품에 대한 선호도가 높아지는 것과 유사한 맥락에서 술, 담배 등의 기호품 소비도 늘어난다. 하나카드 빅데이터 분석을 보더라도 유흥업종의 매출은 전반적으로 줄어들었지만 주류전문점 매출은 크게 늘어났다. 즉 전염병 위험으로 사람이 많이 모이는 곳에서의 음주 행위는 많이 줄어들었지만, 술을 구매해 집에서 마시는 이른바 '홈술족'이 많아진 것이다.

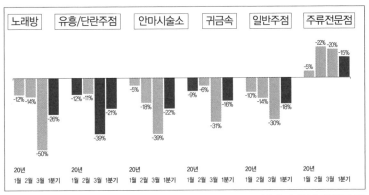

유흥/사치재 관련 업종 매출 증감률

(전년 동기 대비 매출액 증감률 기준)

| 노래방 | 유흥/단란주점 | 안마시술소 | 귀금속 | 일반주점 | 주류전문점 |

(출처: 하나금융경영연구소)

이러한 기호품은 코로나19에도 소비자들에게 변함없는 사랑을 받았다. 특히 코로나 사태 이후 전 세계적으로 주류 소비가 증가하는 현상이 나타났다. 미국 포스퀘어Foursquare 사용자의 이동 트래픽Foot Traffic을 분석한 자료를 보면, 패스트푸드점이나 다이닝 레스토랑, 바를 방문하는 고객들의 숫자는 크게 줄었지만, 술 판매점Liquor Store의 방문객은 전염병이 본격 확산되는 3월을 기점으로 오히려 증가한 것을 알 수 있다. 불안감이 엄습하는 시기에 주류를 소비하며 마음을 진정시키려는 심리가 작용한 것으로 분석된다. 실제 우리나라에서도 1분기 술 판매량이 늘어서 롯데마트에 따르면 1분기 가정용 맥주 판매량은 전년도 같은 기간보다 10.8퍼센트가 늘었다. 소주(6.7퍼센트)와 양주(4.2퍼센트), 와인(1퍼센트)의 판매도 모두 증가했다.

술과 같은 기호품 소비의 증가는 전형적인 '불황형 소비'의 특징을 그대로 보여주는 것이다. 기호품인 담배의 매출도 증가했다. 기획재정부의 자료에 따르면 1~3월 담배 판매량은 7억 2970만 갑으로 전년도 대비 5.7퍼센트 증가했다. 흡연은 코로나19 감염 시 매우 큰 위험 인자라는 면에서 우려되는 부분이다. 캐나다 등에서도 술, 담배 등의 소비의 증가는 국민의 정신 건강에 좋지 않은 영향을 미친다며 당국이 우려를 표명하기도 했다. 남아프리카공화국에서는 2020년 6월, 봉쇄 조치가 완화되고 술 판매가 허용되자 살인 범죄가 급격하게 치솟았다. 격리 해제 후 과도한 음주를 하게 되면서 충동적 살인이 많이 일어난 것이다.[88, 89]

보복 소비 심리

격리 기간 동안 억눌렸던 소비 욕망이 폭발하는 보복 소비Revenge Spending 현상도 주목받았다. 코로나19로 도시가 봉쇄되고 사람들이 집에 격리되어 있다 보니 소비 행동이 극도로 위축되었다. 이후 도시 봉쇄가 해제되자 사람들의 욕망은 드디어 임계점을 넘어갔다. 이러한 현상은 중국에서 특히 화제였다. 중국은 격리 해제 후 2020년 4월 11일에 광저우의 에르메스Hermes 매장이 재개장하자마자 하루 만에 270만 달러(약 33억 2000만 원)의 매출을 올렸다.

3월 중국의 일간지 남방도시보南方都市報 산하의 남도리서치센터가 중국인 2,495명을 대상으로 설문조사를 실시했다. 이 조사에서 코로나19 사태가 종료되면 과거보다 소비를 더 많이 늘리겠다는 응답은 57.8퍼센트로 집계됐다. 이 현상은 전형적인 보복 소비로, 억눌

렸던 소비 욕구가 분출되는 심리를 그대로 보여주고 있다.[90]

보복 소비는 과거 9·11테러, 사스, 신종플루 등의 위기 상황이 왔다가 사라지면 종종 나타나던 소비 현상이다. 이는 소비자의 감정에 영향을 받는 지출 행동이다. 하버드 대학교 교수 제니퍼 러너Jennifer Lerner는 '슬픈 감정과 소비'에 대해 연구했는데, 18~30세 33명을 대상으로 슬픈 영화와 평범한 자연 다큐멘터리를 보여준 다음 물건을 구매하게 했다. 실험 결과, 슬픈 영화를 본 그룹이 30퍼센트가량 더 돈을 많이 쓴 것으로 나타났다. 슬프고 우울한 상황일수록 자신에 대한 가치 평가를 낮게 하게 되어, 값비싼 물건을 소비하며 보상받으려는 심리가 작동한다는 것이다. 실제 국내에서 성인 1,000명을 대상으로 조사한 결과에 따르면 직장, 인간 관계, 취업 스트레스 등의 부정적 감정을 '나를 위한 소비'로 해소한 적이 있다는 사람이 10명 중 9명인 것으로 나타났다.[91]

이렇듯 보복 소비는 지금껏 당해왔던 전염병에 보복하듯이 그동안 미뤄 놓은 소비를 한꺼번에 실행한다는 의미다. 코로나 때문에 집 안에만 틀어박혀 있느라 정신적으로 힘들었기 때문에 일종의 '보상 소비 심리'가 작동한다는 것이다. 중국 상하이에서는 5월 초 노동절 황금연휴에 보복 소비 심리를 내수 시장 진작에 활용해 '5.5 쇼핑 데이'를 기획하기도 했다. 우리나라에서도 5월 연휴 기간 동안 명품을 중심으로 보복 소비 현상이 나타났으며, 특히 외제 자동차 판매량이 늘어났다.

게임, #PlayApartTogether

심리 방역에서 게임의 역할이 주목받고 있다. 그동안 게임은 쉽게 중독을 일으키며, 폭력성이 강해 현실 범죄를 양산한다는 비판을 받아왔다. WHO는 게임 중독을 질병으로 규정하기도 했다. 그러나 WHO도 코로나19를 겪으며 게임의 순기능을 깨닫고, '**#PlayApartTogether**' 캠페인을 통해 전염병으로 인한 심리적 어려움에 게임이 도움이 될 수 있다며 이를 장려하고 나섰다.

코로나19 발발 이후, 닌텐도의 '모여봐요 동물의 숲Animal Crossing: New Horizons'이 큰 인기를 끌었다. 3월 20일 발매 후 일본에서만 300만 개 이상 판매될 정도로 높은 관심을 받았다. 이 게임은 가상의 섬에서 친구들과 시간을 즐기는 '슬로우 라이프'를 주제로 담고 있다. 게임 속에서 캐릭터들은 낚시를 하고 꽃에 물을 주는 등 자신만의 취미를 즐기며 유유자적한다. 게임 유저들은 가상의 섬에서 다른 캐릭터들과 교류하고 임무를 함께 수행하며 사회적 욕구를 충족시키기도 한다. 이 게임의 컬러, 속도, 분위기는 은은하고 차분한 명상 콘텐츠처럼 느껴진다. 의인화된 동물들도 유저의 공감 수준을 높이는 효과를 가지고 있다.

외국에서도 이 게임의 인기와 심리적 효과에 대해 집중적으로 조명하고 있다. 미국의 심리학자 에이미 다라무스Aimee Daramus는 게임은 코로나19로 인한 불안감을 다른 곳으로 돌릴 수 있는 효과가 있어서 정신적으로 큰 도움이 될 수 있다고 강조한다. 또한 게임하는 것 자체만으로 사람들에게 정신적인 휴식을 제공할 수 있다. 즉 게임은 팬데믹 상황에서 생겨난 정신적인 불편과 걱정, 저하된 기분으로 힘들어하는 사람들의 스트레스와 불안을 줄여주고 마음의 평정을 가져오게 할 수 있다.

게임 속 유저들과의 관계는 격리 기간이 길어지며 할 수 없었던 사회적 행동을 대신하는 효과가 있다. 줌의 사용이 사회적 상호작용을 대체하는 효과를 가질 수 있지만, 이는 실제 만남 이상으로 스트레스를 줄 수 있다. 하지만 게임은 즐거운 방식으로 사회적 교류를 하는 또 하나의 수단이 될 수 있다.

즉 게임은 긍정적인 사회적 교류의 효과가 있다. 노팅엄 트렌트 대학교Nottingham Trent University의 심리학 교수인 마크 그리피스Mark Griffiths가 롤플레잉 게임을 하는 45개국 900명의 사람들을 대상으로 한 설문조사에서 응답자의 약 75퍼센트가 게임을 하며 좋은 친구를 사귄 것으로 나타났다. 심지어 연구 참가자의 10퍼센트는 게임에서 만난 한 명 이상의 사람과 로맨틱한 관계로 발전한 경험이 있었다. 추후 연구팀의 주제 중 하나가 '월드 오브 워크래프트World of Warcraft에서 만난 사람과의 결혼'이라는 사실도 흥미롭게 다가온다.

게임은 스트레스를 유발하지 않으면서도 사람들과 함께 있는 느낌을 줄 수 있다. 커뮤니케이션 연구가인 제임스 아이보리James Ivory 박사는 게임을 하게 되면 다른 사람들과 공공장소에 함께 있는 것 같은 경험을 할 수 있다고 강조한다. 이 과정을 통해 사회적 거리두기로 가중되는 외로움을 완화할 수 있다. 실제로 게임에 적극적으로 참여할수록 사회적 정체성 의식이 공고해진다는 연구도 있다. 이것은 자존감의 향상과 함께 사회적 유능성을 높일 수 있다. 영국 요크대 연구팀은 게임 속에서 형성된 관계들이 결국 사회적 연대와 협력, 신뢰를 향상시켜주는 사회적 자본으로 발전할 수 있다고 강조한다. 이처럼 상대방을 죽이거나 경쟁에서 이겨야 하는 게임이 아닌, 슬로우 라이프를 즐기며 사회적 교류를 하는 '로우테크Low Tech' 게임이 앞으로도 계속 주목받을 것이다.[92, 93, 94, 95]

집, 위로의 공간이 되다

심리적 어려움이 지속될 때 유일하게 위안을 얻을 수 있는 공간이 바로 '집'이다. 코로나19로 인해 집이라는 공간이 중요해지면서 북유럽 라이프 스타일이 다시금 조명받고 있다.

한 심리학자는 해가 짧고 겨울이 긴 북유럽에서 집에 박혀 안락함과 평온함을 즐기는 생활 방식이 현재 코로나19로 집콕하는 일상과 매우 비슷하다고 말한다. 미국의 제임스메디슨 대학의 제이미 커츠 Jamie Kurtz 박사는 최근 심리학 전문지《사이콜로지 투데이Psychology Today》에 "코로나19의 영향으로 우울과 불안을 호소하는 사람들이 많아지는 상황에서, 쉽게 기분을 전환할 수 있는 좋은 방법이 덴마크식 휘게Hygge 감성의 적용"이라고 강조한다. 휘게는 따뜻함, 편안함, 안락함, 아늑함을 의미하는 덴마크어·노르웨이어 명사다. 휘게라는 용어 자체가 '사랑하는 사람들과 함께하는 시간을 소중하게 여기며 소박한 삶의 여유를 즐기는 라이프 스타일'을 뜻한다. 이는 일상 속의 소소한 즐거움과 편안한 환경에서 오는 행복이 그 무엇보다 중요하다는 뜻이다.

휘게적 감성은 자연의 요소를 집안에 접목하는 인테리어가 거주자의 심리적 안정에 효과를 발휘하는 것과도 연결된다. 무엇보다 현대인들에게는 평온하게 머물 수 있는 공간의 중요성이 커지고 있다. 더군다나 집과 같이 심신의 휴식을 위한 공간을 잘 조성해주는 것이 무엇보다 중요하다.[96, 97] 따라서 신경건축학이 중요한 의제로 떠오를 수 있다. 집을 휴식과 충전을 위한 최적의 장소로 만드는 것이 중요하다. 신경건축학은 사람이 건축이나 공간을 대할 때 사람의 뇌가 어떻게 신경 반응을 일으키는지 분석하는 학문이다. 예를 들어 스트레스를 느낄 때 분비되는 '코르티솔'이나 행복한 감정을 느낄 때 나오는 '세로토닌'을 측정해서 공간 건축 등에 반영하는 방식이다.[98]

또한 집의 공간을 반려식물로 꾸미는 플랜테리어Planterior, 식물 인테리어도 중요해질 것이다. 코로나19 기간 동안 식물 재배 수요가 크게 늘어난 것도 이러한 이유 때문이다.

마음의 안정을 위한 사운드 디자인

코로나19로 인해 사람들의 스트레스가 증가하면서 각종 사건·사고가 계속 이어지기도 했다. 사람들이 집에 머무는 시간이 많아지면서 층간 소음 갈등이 심화되기도 했다. 집에 머무는 것은 정서적으로 안정을 취하기 위해서인데, 원치 않는 소음의 유입은 큰 스트레스를 유발하기 때문이다. 또한 나아지지 않는 전염병 상황 때문에 심리적으로 불안정한 가운데 불쾌한 소리까지 더해지면 신경은 더욱 예민해질 수밖에 없다. 그렇기 때문에 주변의 소음을 차단하는 기술이 더욱 중요해지고 있다. 집에서의 고요한 휴식을 취하는 소위 'DDDo not Disturb'족을 위한 노이즈 차단 기술이 필요하다.

노이즈 캔슬링Noise Cancellation, 외부 소음 감쇄 기술 기능을 가진 이어셋(이어폰과 마이크가 달려 있는 헤드셋)은 자신만의 시공간을 즐길 수 있도록 도와줄 것이며, Q마크Quiet Mark(조용한 가전 인증 마크) 가전은 고요한 집안 환경을 조성하는 데 도움을 줄 수 있을 것이다. 앞으로는 소음에 민감한 이들을 위해 고요함의 가치를 내세우는 제품이나 서비스가 주목받을 가능성이 높다.

더 나아가 새로운 소리를 디자인하는 사운드 디자인Sound Design이 중요해지고 있다. 외부로부터 단절된 가운데 적막을 깨뜨리는 소리는 우리의 뇌를 먼저 자극하기 때문이다. 사람들은 사운드 스케이프Sound Scape, 소리 환경를 최적으로 관리하고 싶어한다. 이를 위해서는 귀에 거슬리는 불필요한 소리를 제거하는 작업이 선행되어야 한다.[99] 이 작업이 사용될 수 있는 영역은 무궁무진하다. 전자 제품이든, 수면을 위한 제품이든, 자연을 느낄 수 있는 백색소음이 되었든 미묘한 소리의 차이까지 세밀하게 제어하는 사운드 디자인이 더욱 주목받을 것이다. 또한 지금까지 세상에서 듣지 못했던 전혀 새로운 종류의 소리에 대한 니즈도 더욱 커질 것으로 보인다.

적정 공포의 중요성

───

코로나19의 심리 방역에서는 무조건 불안감을 줄이는 것은 바람직하지 않다. 너무 느슨하지도, 지나치게 긴장하지도 않는 적정 불안 수준을 유지해야 한다는 의미다. 감염 공포가 너무 지나치면 부적절한 행동이 나올 수 있다. 생필품 사재기 등의 이상 구매 행동이나 타인에 대한 지나친 혐오 행동이 그 예다. 또한 집 밖으로 절대 나오지 않아 고립과 단절에 빠지기도 하고, 거짓 정보나 엉뚱한 소문에 휘말려서 잘못된 의사 결정을 하기도 한다. 반면 미국에서의 전염병 대규모 확산은 사람들의 과소 공포에 기인하는 바가 크다.[100]

미국의 심리학자 로버트 여키스Robert Yerkes와 존 도슨John Dodson에 따르면 너무 심한 불안 수준은 작업 수행 능력을 저하시키지만, 적당한 수준의 불안은 업무 능력을 최고로 발휘하게 한다. 이를 가리켜 '여키스-도슨 법칙Yekes-Dodson Law'이라고 한다. 중요한 일에 직면하여 적당한 수준의 불안을 느끼면 오히려 최적의 결과를 만들어낼 수 있다는 결과를 볼 수 있다. 지금의 위기를 극복하기 위해서는 대중들의 공포를 적절하게 관리할 필요가 있다는 것을 시사하고 있다.

미국의 정치 전문 매체 폴리티코Politico는 코로나19로 인해 대중들은 '기분 전환에 대한 갈망A Hunger for Diversion'을 가지게 될 것이라고 분석했다. 재난 등의 격변기 이후 대중들은 스트레스에서 탈출하고 안정감을 추구하며 공동체로 회귀하고자 한다. 이는 새로운 문화를 창출하는 계기가 되기도 하는데, 실제 1918년 스페인 독감과 제1차 세계대전 이후 많은 미국인이 자동차를 즐겨 타게 되고, 라디오를 통해 새로운 오락거리를 찾았다. 미국 수정헌법 19조에 따라 투표권이 부여된 젊은 여성들은 단발로 머리를 자르고 춤을 즐겨 췄다. 위기 상황이 잦아들자 경제가 빠르게 반등하면서 이후 10여 년간 경제 번영을 누렸다. 멘탈데믹 시대에 코로나 블루를 겪으며 어려운 상황이 이어지겠지만, 100년 전 인류가 재난 이후 다시금 활기를 찾고 새로운 희망을 찾아 나선 것처럼 우리도 이 어려움을 이겨낼 수 있을 것이다. 위기는 곧 기회라는 말처럼 위기 이후에 다가올 넥스트 노멀의 시대에 꼭 필요한 정책과 비즈니스, 상품과 서비스가 무엇이 있을지 곰곰이 생각해야 할 시기이다.[101]

여키스-도슨 곡선

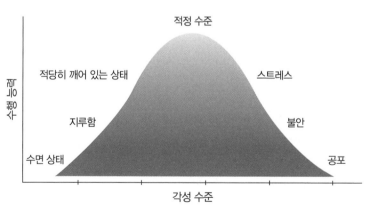

(출처: MEDIA SK)

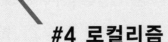

#4 로컬리즘

코로나19가 등장한 이후 지구촌 곳곳에서는 빠르게 탈세계화Deglobal
-ization 과정이 진행되고 있으며 보호무역과 고립주의가 더욱 심화
되고 있다. 탈세계화는 향후 글로벌리즘Globalism의 흐름에서 벗어
나 로컬리즘Localism을 향해 가속화될 전망이다. 로컬리즘은 단순한
지역화를 넘어 다양한 로컬 경제 발전을 이야기하는 키워드이다.

탈세계화로 가속화된 로컬 소비

동네 상권의 부흥
코로나19 이후 소비자들은 멀리 가는 매장보다는 집 근처의 슈퍼나 편의점을 많이 찾게 되었다. 오픈서베이 황희영 대표는 코로나19를 기점으로 오프라인이 대형 유통 중심의 집중화 경향에서 중·소규모 유통으로 분산되는 파편화 경향이 나타나고 있다고 분석한다. 이러한 소비자 행동 패턴은 코로나19가 진정되더라도 오랫동안 지속될 가능성이 높다. 전염병에 대한 완전한 진압이 쉽지 않은 상황이라, 여전히 소비자들의 경각심이 높을 것이기 때문이다. 이러한 행동이 축적되면 앞으로 소비자들은 지역 상권을 중심으로 구매하는 로컬 소비에 대거 나설 가능성이 높다.[102]

이러한 예측은 지역 경제 인프라의 확장을 통해 더욱 강화되고 있다. 재난지원금 지급, 지역화폐의 등장, 제로페이 사용 등이 활성화되면서 로컬 경제에 대한 관심이 더욱 커지게 된 것이다. 또한 동네 슈퍼마켓 매출이 지속적으로 상승했고, 동네 반찬 가게 방문 빈도도 올라가고 있다. 코로나19로 인한 생활 반경 축소가 이러한 소비 행태를 만들어냈다. 지역 중고 직거래 플랫폼인 '당근마켓'이 인기를 끄는 것도 살고 있는 지역 내에서 수요와 공급을 매칭시키고자 하는 동네 주민들의 욕구가 커졌기 때문이다.

집 근처의 편의점 이용객 또한 크게 늘고 있다. 특히 편의점은 홈어라운드 소비의 중심이 되고 있는데, 일반 소비자의 생활 반경에서 가장 가까운 유통 매장이기 때문에 생활 밀착형 서비스가 가능하다. 하나금융연구소가 분석한 코로나19 이후 소비 행태 변화를 보면, 아웃렛 매장은 -31퍼센트, 가전전문 매장은 -29퍼센트, 백화점은 -23퍼센트, 대형마트는 -17퍼센트로 매출이 급감한 데 반해, 편의점과 슈퍼마켓은 각각 6퍼센트, 12퍼센트로 증가했다. 이처럼 자신에게 가장 가까운 매장을 이용하는 사람들이 늘어나고 있음을 알 수 있다.

재난지원금도 집 근처를 중심으로 소비되었다. 경기도가 5월 15일 1,000명을 대상으로 재난기본소득 소비 행태를 조사한 결과, 조사 대상 중 80퍼센트가 대형 마트 대신에 평소 방문하던 동네 상점을 이용했다고 응답했다. 새로운 동네 가게를 이용했다는 응답은 33퍼센트였고, 전통시장을 방문했다는 비율은 34퍼센트였다. 재난기본소득을 가장 많이 사용한 곳은 슈퍼마켓, 농·축협 직영 매장, 편의점 등 유통업 분야가 49퍼센트로 가장 많았고 식당, 주점, 카페 등이 31퍼센트였다. 이처럼 동네의 소규모 상점을 이용하는 소비자들이 크게 증가한 것으로 나타났다. 향후 더 많은 소비자가 근린형 유통 매장을 주로 이용하고, 간단한 필수품 등을 구매할 때는 편의점을 이용할 것으로 보인다.[103]

이번 기회를 발판 삼아 근린 상권이 도약해야 한다는 목소리도 높다. 실제로 2020년 5월 재난지원금이 교부되면서 동네의 맛있는 식당, 멋진 상점을 재발견했다는 사람들이 많았다. 이처럼 로컬이 가진 가치를 발견하고 이를 이용하는 사람들이 많아지면 지역 경제도 활성화할 수 있다. 로컬 상점들도 고객의 수요에 맞는 경쟁력을 갖추도록 노력해야 할 것이다.

대형 유통 체인이나 편의점에 동네 주민 고객들을 빼앗기는 건 지역 경제 활성화를 위해서는 바람직하지 않다. 실제로 코로나19 기간의 매출 분석 결과 편의점 프랜차이즈나 대형 체인 슈퍼마켓의 매출이 크게 올라가고 있는 것으로 나타났다.

골목 상권의 동네 상점들은 대형 프랜차이즈에서 경험할 수 없는 차별화된 체험 요소가 무엇일지 고민해야 할 것이다. 요즘 인기를 끌고 있는 동네 책방들은 이런 차별점을 잘 살린 사례이다. 동네 상점만이 가진 독특한 체험 요소를 발굴하여 소비자들에게 어필해야 할 것이다.[104]

로컬리즘과 로커보어

코로나19 이후 탈도시화 경향은 가속화될 가능성이 높다. 특히 코로나19의 갑작스러운 확산은 대도시병과 관련이 높다는 지적이 있어왔기 때문이다. 대도시병은 인구 밀집으로 인해 확진자의 격리가 쉽지 않고 관리에도 어려움을 겪게 된다는 의미를 내포한다. 편리한 교통으로 인해 인적 왕래가 잦아지고, 인구밀도가 높아지면서 감염병 확산이 빨라지고 있다. 때문에 포스트 코로나 시대에는 탈도시화에 이어 로컬의 중요성이 더욱 커지고 있다.

사회적 거리두기와 방역의 중요성이 강조되는 가운데 먼 거리를 이동한다는 것은 매우 부담스러운 일이 될 수밖에 없다. 그래서 생활의 편의를 해결하고자 하는 사람들 역시 원거리 이동을 지양하고 자신의 집 근처 가까운 곳에서 다양한 소비를 하려고 한다. 로컬리즘 소비를 지향하는 사람들을 가리켜 로커보어Locavore라고 부른다. 로커보어란 지역을 의미하는 로컬Local과 먹거리를 의미하는 보어Vore를 합성한 용어이다. 로커보어는 자신이 사는 지역에서 재배되거나 사육된 로컬 푸드를 즐겨 사 먹는 사람들을 의미한다. 향후에는 이처럼 로커보어 소비자들이 크게 증가할 것으로 보인다.[105]

소비자들의 구매 패턴에서도 로커보어 현상이 두드러지고 있다. 집에서 직접 식사를 준비하는 사람들이 증가함에 따라 가정용 식재료 구매가 증가했다. 로컬 푸드 직매장의 매출도 전반적으로 증가했는데, 2월 18일~3월 17일 농협 하나로 마트의 국산 축산물 판매량도 작년에 비해서 36.6퍼센트가 증가했다. 농협중앙회 충북 지역 로컬 푸드 매장 22곳의 매출도 1월에서 3월까지 석 달 동안 전년도 대비 59퍼센트나 늘었다. 이렇게 인원이 붐비는 대형 마트보다 상대적으로 한산하고 가까운 곳에 위치한 로컬 푸드 매장을 찾는 이가 늘어났다. 또한 로컬 지역 농산품의 깨끗하고 건강한 이미지가 소비자에게 각인되면서 좀 더 믿을 만하고 안전한 식품을 찾는 고객들이 크게 늘고 있다.[106]

농촌진흥청이 소비자 985명을 대상으로 설문조사한 결과 코로나19 이후 국산 농산품의 선호도가 높아졌다는 응답 비율이 33.5퍼센트로 나타났다. 이것은 선호도가 낮아졌다는 응답 4.6퍼센트보다 7.3배나 높다. 무엇보다 식료품을 고르는 기준 중 안전성이 가장 중요한 기준이 되고 있으며, 국산 제품 선호 현상도 '익숙한 것이 안전하다'는 믿음으로부터 시작된 것으로 보인다.

한국농촌경제연구원이 도시민 1,011명을 대상으로 실시한 4월 조사에서도 외국산 농축산물 구매량이 감소했다는 응답이 32.1퍼센트에 달했다. 이는 외국산 소비를 늘렸다는 응답자보다 네 배 이상

많은 숫자다. 이전보다 농산물의 안전성을 더 고려하게 되었다는 응답도 48.6퍼센트로 나타났다. 전염병의 시기에는 외지의 낯선 식품에 대해서는 반사적인 거부감을 가지기 때문에 외국산에 대한 선호도가 떨어진 것으로 해석할 수 있다.[107]

중국에서는 로컬 농산물을 효과적으로 팔기 위한 온라인 판매 비즈니스가 떠오르고 있다. 핀둬둬拼多多 그룹은 중국 농촌 지역 로컬 상품의 온라인 판매 프로그램을 가동하기 위해서 향후 5년간 500억 위안(약 8조 6700억 원)을 투자한다고 발표했다. 지역에 대한 관심이 로컬 식품에 대한 니즈를 더욱 커지게 할 것이라고 전망했기 때문이다. 이후에는 농촌의 좋은 농산품을 확보하고 이를 소비자들에게 바로 연결해주는 비즈니스가 매우 중요해질 것이다. 핀둬둬는 향후 5년 이내 중국 농산물의 온라인 매출 규모가 연간 8천억 위안(약 139조 원)에 이를 것으로 전망하며 대규모 투자를 계획하고 있다.[108, 109]

또한 핀둬둬는 생방송 라이브 마케팅을 통해 농업 지원 활동을 진행했다. 과거에는 중국 농산물 대부분이 중소 소매상, 도매상 등 여러 단계의 유통 경로를 거쳐야 해서 소비자에게 정상적으로 전달되지 못하는 경우도 많았다. 특히 전염병 기간에는 이러한 연결 고리 중 무엇 하나라도 잘못되면 농산물의 판로가 막혀버릴 수 있기 때문에 농민들의 걱정이 많았다. 이러한 새로운 농산물 온라인 판매 플랫폼은 농민과 소비자 사이를 효과적으로 연결시켜 주는 중요한 기회가 될 것이다.[110]

밀레니얼·Z세대가 이끌어갈 로컬라이즈드 콘텐츠

로컬 크리에이터의 시대

《골목길 자본론》모종린 연세대 교수도 코로나19 바이러스의 확산으로 지역사회와 동네 상권에 대한 관심이 커질 것으로 예측했다. 사람들의 생활 무대도 신뢰자본이 아직 살아 있는 동네와 지역으로 옮겨질 것이라고 분석했다.

지역화는 다양한 현상이 복합적으로 작용하여 더욱 강화될 것이다. 무엇보다 사회적 거리두기로 시작된 비대면 업무의 확대로 재택근무가 확산되면 사람들의 생활권은 자신의 동네를 중심으로 형성될 것이다. 이는 결국 동네 상권 강화로 이어질 수 있다. 회사 사무실로 출퇴근하는 체제에서는 직장과 가정이 서로 떨어져 있어서, 집을 중심으로 한 생활권이 형성되기 어려웠다. 그러나 원격 근무가 본격화되면 집을 중심으로 한 로컬 경제가 더욱 활성화될 것이다.

동네 상권 활성화, 로컬리즘에서 핵심 주인공은 다름 아닌 밀레니얼, Z세대이다. 이들은 지역 경제를 살릴 수 있는 주인공으로서 '로컬 크리에이터Local Creator, 지역 콘텐츠 창조자'가 될 수 있다. 이들에게는 지나가버린 구시대적 감성을 현대적 감각으로 되살리는 힘이 있기 때문이다. 낙후된 지역 상권을 핫플레이스로 재창조하는 것도 이들이다. 로컬 경제는 이들에 의해 새로운 시대의 감성을 담는 취향 저격 라이프 스타일 플랫폼으로 변화될 수 있고, 결국 지역 경제 산업이 활성화되면 지역 자체에서 고용을 창출하는 선순환 효과를 가

져오게 될 것이다.[111]

중소벤처기업부도 2020년 6월, 지역 경제를 활성화하기 위해 로컬 크리에이터 140개 팀을 선정했다. 중기부는 이들을 지역의 문화와 자원, 커뮤니티를 연결해서 새로운 가치를 창조해내는 소상공인으로 규정하고 최대 5000만 원을 지원받을 수 있게 했다. 선정된 로컬 크리에이터들 중 청년의 비율은 70.7퍼센트에 달했다. 주요 선정 사례로 지역 콘텐츠, 로컬 푸드, 지역 기반 제조, 디지털 문화 체험 등이 있다. 대표적인 사례로 제주도 자연 특산물을 활용한 식당 '해녀의 부엌', 나로호 우주센터의 유아 전용 콘텐츠, 서울 공포 체험 관광, 양평 두물머리 생태 활동, 낙동강 농촌 체험 활동 등 창조적인 로컬 사업들이 선정되었다. 이러한 다양한 체험 콘텐츠를 통한 창조적 로컬 경제의 활성화가 기대되고 있다.[112]

로컬라이즈드 콘텐츠와 하이퍼 로컬리즘

해외여행의 수요가 크게 줄면서 자연스럽게 국내의 근거리 여행이 주목받을 것이다. 이를 위해서 국내 여행 산업이 다양한 인프라 구축을 시작해야 하는데, 무엇보다 차별화된 숙박 시설을 구축해야 한다. 숙박 시설에서 지역의 특별한 콘셉트가 드러나지 않으면 재방문을 이끌어내기 어렵기 때문이다.

먼저, 대규모 호텔 체인의 히스토리를 넘어설 수 있는 힘이 무엇인지 고민해야 한다. 마을 호텔 사업은 색다른 관광 경험을 만들어낸 모범 사례로 제시할 수 있는데, 마을 골목길 사이사이의 스토리를 만들어가면서 우리 동네만의 브랜드를 탄생시킬 수 있다.

　마을 호텔의 대표적 사례가 일본의 '하나레Hanare 호텔'이다. 도쿄 예술대학 학생들이 아무도 살지 않는 목조 건물을 여행객을 위한 호텔 공간으로 리모델링한 곳이다. 일본의 옛 건축양식의 특징인 나뭇결, 좁은 복도와 대들보, 만듦새 등을 그대로 두었고, 호텔 서비스에 일본의 문화를 도입하여 제공한다. 다다미가 깔린 객실, 온천, 손님을 극진히 대접하는 일본의 접대 문화인 '오모테나시'까지 일본 현지의 문화를 그대로 체험할 수 있게 만들었다. 이 호텔은 마을 한가운데에 호텔의 로비 기능을 하는 곳을 마련하여 운영하고, 세탁, 목욕, 식사, 자전거 대여 등은 동네의 일반 업소에 위탁하여 운영한다. 호텔을 중심으로 로컬의 기능을 적극 활용하면서 투숙객들은 일반적인 여행과는 차별화된 경험을 하게 된다.[113]

　로컬 문화 체험과 숙소가 결합된 예로 미국 포틀랜드에 본사를 둔 '에이스 호텔ACE Hotel'을 들 수 있다. 동네 라운지 콘셉트를 표방하는 에이스 호텔은 로컬 브랜드를 만들어나가는 작은 도시의 핵심 플랫폼으로 기능한다.

　에이스 호텔은 호텔의 입지 선정부터 인테리어, 스토리텔링, 메뉴 등 거의 모든 분야에서 지역민들과 협업한다. 특히 마을의 로컬 아티스트나 로컬 크리에이터 등과 적극 협력해서 시너지를 낸다. 또한 에이스 호텔 주변에는 호텔과 비슷한 감성의 가게가 생겨나 해당 지역이 가진 특색이 잘 드러난다. 그렇기 때문에 관광객은 한 곳에서 세련된 호텔 숙박 체험과 함께 생생한 지역 문화를 경험할 수 있게

된다.[114]

　로컬의 중요성이 커지면서 우리나라에서도 이른바 로컬라이즈드 부티크 호텔Localized Boutique Hotel이 하나둘 성장 모델을 만들고 있다. 제주도 성산읍의 '플레이스 캠프'는 젊은 감성의 숙박 시설로 호텔 시설을 기반으로 한 다양한 콘텐츠를 제공한다. 이곳에서는 제주도의 자원을 활용한 미술, 요가, 칵테일, 해양 스포츠, 아웃도어, 심지어는 글쓰기 클래스까지 들을 수 있다. 강릉의 '위크엔더스', 속초의 '소호259', 제주의 '베드라디오' 또한 지역 커뮤니티와 연계된 체험형 콘텐츠를 제공하고 있다. 로컬의 가치는 차별화된 지역적 색채를 기반으로 한 생생한 체험에 있다. 여기에 젊은 감성을 더해 세대 간 공감과 소통의 효과를 극대화함으로써 세대 구분 없이 즐겁게 참여할 수 있다.

　로컬리즘은 도시 재생 기획·개발 사업과 보조를 맞추기도 한다. 지역의 정체성을 반영한 문화, 예술, 미디어 등의 복합 기능을 하는 곳을 만들어 지역 생태계의 선순환적인 연결 고리를 만들어가야 할 것이다. 로컬 크리에이터들이 만들 수 있는 콘텐츠의 종류는 무궁무진하므로 앞으로는 특정 지역만의 차별성을 살리는 로컬 매니지먼트Local Management 개념이 중요하게 떠오를 것이다.

　이제는 로컬리즘을 넘어 하이퍼 로컬리즘Hyper Localism에 주목해야 한다. 하이퍼 로컬리즘은 단순한 지역화를 넘어서 디지털 기술을 통해 연결되는 지역 콘텐츠를 의미한다. 온라인을 통해 지역 고객과 실시간으로 연결될 수 있는 플랫폼이 생기고, 그 안에서 로컬 콘텐츠를 향유하게 되는 것이다. 창의적인 오프라인 콘텐츠와 강력한 온라인 트래픽이 일으킬 시너지를 기대해볼 때다.[115]

세계화가 쇠퇴하는 슬로벌라이제이션 시대가 온다

식량 안보의 중요성 대두

전 세계적으로 지역화 현상이 심화되고 있다. 가장 주목해야 할 분야는 농업이다. 코로나19로 인해 전 세계 글로벌 식량 공급망은 붕괴되고 있다. 러시아, 베트남 등 일부 나라들이 자국의 식량 확보를 위해 곡물 수출을 제한하면서 식량 안보가 중요한 이슈로 부상한 것이다. 특히 농산물 수입 비중이 높은 나라들은 더 큰 위험에 처할 수 있다. 향후 자국의 먹거리를 스스로 해결해야 하는 상황에 직면할 수도 있기 때문에 식량 안보 문제는 매우 중요한 의제다. 과거 2차 세계대전 당시에는 식량 안보를 지키기 위한 일명 '승리의 텃밭' 운동이 벌어졌다. 전쟁 당시 약 2000만 개의 텃밭을 가꿔 전국 채소의 40퍼센트를 공급하기도 했다.[116]

식량 안보는 원래 천재지변, 전쟁, 인구의 증가 등에 대비해서 충분한 식량을 확보하는 것을 의미한다. 이 개념에 대해서는 1980년대 이후 이상 기후, 곡물 흉작, 국제 관계 변화 등과 관련하여 논의가 이루어지기 시작했다. 전 세계 국가들이 식량 안보를 수호하기 위해 여러 노력을 기울이고 있지만 코로나19 이후 위험에 노출된 나라들

제 2차 세계대전 당시 '승리의 텃밭' 운동

이 많아졌다. 특히 아프리카 같은 빈곤 국가에는 메뚜기 떼의 습격으로 대흉작이 예상되는 가운데 식량 공급의 양극화가 심화되고 있다. 빈곤한 나라에서는 농산물 가격이 급등해서 당장 굶주림을 우려해야 하는 상황도 벌어지고 있다.

코로나19 이후 캄보디아, 인도, 태국, 베트남 등은 쌀 수출 금지 조치를 단행했다. 대만도 의무 보유량의 세 배나 되는 쌀을 사들였다. 카자흐스탄도 설탕, 밀가루, 메밀 등의 수출을 중단했다. 아랍에미리트도 정부 주도로 상점의 식료품 재고량을 3개월 분량에서 12개월 치까지 늘렸다. 세계 최대 밀 수출국인 러시아도 7월까지 밀 수출을 중단하는 조치를 취했다.[117]

한국농촌경제연구원이 4월말 도시에 거주하는 사람들 1,011명을 대상으로 조사한 결과에 따르면 응답자의 74.9퍼센트가 코로나19 발생 이후에 식량 안보가 중요해졌다고 응답했다. 국민 경제에서 농업이 중요해졌다는 응답도 67.6퍼센트에 달했다.

실제 우리나라의 식량 자급률은 사료용 포함 21.7퍼센트에 불과하다. 특히 콩이나 보리, 옥수수 같은 주요 곡물은 13퍼센트에 그친다. 마스크나 식료품의 품절 사태를 겪으면서 농식품의 국내 생산 및 자급의 중요성에 공감하는 사람들도 크게 늘었다. 가뜩이나 부족한 식량 자급률에 지금과 같은 비상 상황이 겹치면서 더욱 민감한 인식을 보이고 있는 것이다.[118]

국산품 애용 운동 확산

이제 탈세계화에 이어 자국 중심주의가 확산되고 심지어는 국산품 애용 운동이 벌어지기도 한다. 1980년대 우리나라에서 볼 수 있었던 국산품 애용 운동이 현재 중국에서 펼쳐지고 있다.

중국 CCTV 뉴스는 '중국 브랜드의 날'인 5월 10일을 맞아 유명 앵커와 중국의 인플루언서인 리자치李佳琦가 팀이 되어 중국산 제품을 온라인 생방송으로 판매했다. 두 사람이 판매한 제품은 맥주, 두유, 에어컨, 스마트폰이었는데 모두 중국산 브랜드였다. 이날 소개된 중국제 머리빗 '탄무지앙'은 방송에 소개되고 2초 만에 1만 3000개나 판매되며 인기를 끌었으며, 방송에 동시 접속한 인원은 약 950만 명이었다.

최근 마이너스 경제성장률을 기록하고 있는 중국에서는 내수 시장 활성화를 위해 '신新국산품 구매 운동'을 벌이고 있다. 국산품 애용을 통해 침체된 경기에 활력을 불어넣자는 운동이다. 유명 전자상거래 업체들과 CCTV, 인민일보 등의 관영 언론들이 국산품 구매 운동에 적극 동참하고 있다. 핀둬둬, 티몰, 징둥닷컴 등의 기업들 또한 신국산품 구호를 외치며 대대적인 마케팅 행사를 벌였다.

핀둬둬가 펼친 국산품 구매 이벤트는 총 2억 명의 소비자가 참여하며 100억 개의 제품이 판매되는 실적을 올렸다. 이러한 중국산 제품 선호 현상은 Z세대로 내려갈수록 명확하게 나타난다. 이들은 중국 문화에 대한 자긍심이 매우 높은 세대로서 국산품 구매 운동을 선도하고 있다. 중국 시장조사 기관 '아이미디어리서치'의 설문에 따르면 30대 이상의 지우링허우(90后, 90년대생) 세대가 전체 국산품 브랜드 제품 구매의 35.64퍼센트를 차지하고 있을 정도로 강력한 영향을 미치고 있다. 그런데 이러한 애국주의 경향은 지우링허우 세대보다 어려질수록 더욱 강하게 나타난다.

그 주역은 '지우우허우(95년대생)'와 '링링허우(00년대생)'다. 지난해 티몰에서 판매한 중국 토종 간장 '하이톈 간장海天酱油'을 구매한 지우우허우는 무려 58만 명이나 된다. 이들은 시진핑 시대에 강화시킨 애국주의 교육을 체계적으로 받은 세대로, 중국이 세계 최강국으로서의 지위를 확보한 이후의 세계에서 자랐났기 때문에 국가에 대한 자부심이 남다르다.

적정 가격에 우수한 품질을 가진 로컬 브랜드를 선호하는 현상은 젊은 세대의 애국주의와 결합되면서 더욱 강력한 위력을 발휘하고 있다. 전자상거래 플랫폼 '왕이엔슈엔网易严选'은 "행복한 인생은 그리 비싸지 않다好的生活,没那么贵"라는 슬로건을 내세우며 젊은이들의 마음을 움직이고 있다. 코트라KOTRA 선양무역관의 보고서에 따르면 "90년대생이 시장의 주류 소비자로 등장하면서 가성비 중심의 소비 패턴이 더욱 분명해지고 있다"고 분석한다. 이것은 실용적 소비를 중시하는 전 세계 Z세대의 경향과 동일하다.

중국 젊은이들이 자국 문화에 대해 더욱 높은 자부심을 갖게 되면서, 최근 중국에서는 전통 복식과 화장법을 선호하는 '한푸汉服' 운동이 유행하고 있다. 중국 SNS '웨이보秋瓷炫'에서 '#한푸' 검색어는 21억 6000만 건의 클릭 수를 기록할 정도로 인기가 많았다. 이는 중국 내의 애국주의 흐름과 맞닿아 있다.

이러한 흐름에 맞춰 중국에서는 로컬 화장품 브랜드의 인기가 높아지고 있다. 최근 2년 사이에 중국에서는 토종 신흥 브랜드인 '홈페이셜프로HFP', '퍼펙트 다이어리完美日记', '라이트뮤직轻音乐' 등이 급부상했다. 티몰이 2019년에 행사를 연 '618 쇼핑 페스티벌'에서 중국 국산 화장품 브랜드 183개의 구입량이 1,000퍼센트 이상 증가할 정도로 폭발적인 반응을 얻고 있다.[119] 향후 중국에서 국산품 애용 현상은 젊은이들의 민족주의적 특성을 중심으로 더욱 기세를 떨칠 전망이다.[120]

보호주의와 고립주의 강화

코로나19 이후 세계화라는 견고했던 패러다임에 위기가 오고 있다. 포스트 코로나 시대에는 탈세계화가 중심 키워드가 될 것이다. 코로나로 인해 국제 교류가 단절되며 주요 선진국을 중심으로 다른 국가에 의존하지 않는 독자적인 생산 체계가 서서히 구축되기 시작했다. 특히 기업 공급망의 탈중국화 현상이 더욱 심화되고 있다. 글로벌 경제 분석 기관 '이코노미스트 인텔리전스 유닛EIU'은 중국과 미국의 무역 분쟁과 더불어 중국 내의 임금 상승으로 촉발된 탈중국화 현상이 코로나19를 계기로 더욱 빨라질 것으로 전망했다.

각국 정부도 자국의 산업을 보호하기 위해 독자적으로 정책 지원에 나서고 있다. 이제 국가 간에 서로 맞물려 돌아가는 공급과 수요의 경제 사슬도 서서히 끊어지고 있다. 독일의 베텔스만 재단Bertelsmann Stiftung 수석 고문 티스 페테르센Thieß Petersen은 코로나19 사태가 글로벌 보호무역주의 경쟁을 촉발하고 있다고 강조한다.[121, 122]

북한과 같은 고립 국가에서나 볼 수 있었던 국가별 자력갱생 구호가 앞으로 선진국 곳곳에서도 목격될 가능성이 높아지고 있다. 지금까지 전 세계는 국제 분업을 통해 경제 시스템을 운영해왔다. 개발도상국은 저렴한 임금의 노동력을 선진국에 제공해서 국민총생산 GDP을 끌어올릴 수 있었고, 선진국도 생산 비용을 줄일 수 있는 이점이 있어서 상호 이익이 되는 구조였다. 그러나 코로나 사태가 발생하면서 세계 노동 분업 현장이 근간부터 흔들리고 있다. 선진국을 중심으로 저임금 국가에 있던 생산 시설을 자국으로 빠르게 이전하는 리쇼어링Reshoring, 제조업의 본국 회귀 현상이 심화되고 있다. 자국 노동력의 임금이 높더라도 코로나 체제에서는 불가피한 선택이 될 가능성이 높다.[123]

하버드 대학교 경영대학원 로버트 카플란Robert S. Kaplan 교수는 블룸버그통신Bloomberg의 기고문에서 코로나19 바이러스를 "글로벌화 1.0과 2.0을 가르는 역사적인 표지판"이라고 규정했다. '글로벌 2.0' 시대에는 세계 각국이 공급체인을 분리하고 독재 체제가 부상하며, 군사력을 급속하게 증강하는 등 자국보호주의와 포퓰리즘이 득세하는 시대가 될 것이라고 전망했다. 무엇보다 경제 양극화로 인한 중산층 불안이 가중될 것이라고 분석했다. 또한 글로벌 교역이 국내 공급망으로 대체되면 대외 의존도를 줄일 수는 있지만 기업과 소비자에게 부담이 가중될 가능성도 크다. 코로나19는 국제적 역학 관계에도 새로운 표준을 만들어내고 있다.[124]

각자도생, 슬로벌라이제이션의 시대

각자도생各自圖生은 '제각기 살아날 방법을 꾀하다'라는 의미의 사자성어다. 각자도생 키워드가 이슈화되었던 시기는 2016~2017년도 즈음이었다. 특히 2016년 대한민국에서는 각종 화학제품 사고와 기록적인 폭염, 역대 최대 규모의 9·12 대지진과 강력했던 태풍 '치바'까지 사고와 재난이 연속됐던 한 해였다. 여기에 정부의 미숙한 대응까지 겹치면서 '내 목숨은 내가 지킨다'는 경각심이 높아졌던 시기였다. 이 시기는 '아메리카 퍼스트'를 외치는 미국을 중심으로 전 세계가 자국 이기주의의 소용돌이에 빠졌던 시기이기도 했다. 세계 경제도 보호무역과 고립주의의 흐름이 매우 거셌던 시기였다. 이후 경제 교류의 범위를 전 세계가 아닌 국지적 지역으로 좁히는 '블록화'가 심화되어 왔다. 영국 주간지《이코노미스트The Economist》에 따르면, 이제 세계는 글로벌라이제이션Globalization, 세계화의 시기가 가고 슬로벌라이제이션Slowbalization, 세계화 쇠퇴의 시대를 맞이하고 있다고 한다. 코로나19가 팬데믹 상황으로 확대되면서 각자 자국 이익을 우선시하는 소위 트럼피즘Trumpism이 전 세계적으로 확대되는 양상이다.

체험 경제 시대의 로컬 마케팅

미래학자 토머스 프레이Thomas Frey는 미래 시장은 소유보다 경험이 중심이 될 것이라고 전망했다. 경제가 성장하면 할수록 사람들은 더 많은 물질을 소유하려고 하기보다는 더 풍부한 경험을 원한다는 것이다. 코로나19로 언택트 마케팅이 중요해짐에도 불구하고 여전히 사람들은 생생한 로컬 현장에서 차별화된 체험을 하기를 원한다. 해외로 나가서 새로운 경험을 하기 어려운 상황이라면, 국내에서 참신한 체험을 할 수 있도록 만들어줘야 한다. 소비자들이 로컬 공간에서 다채로운 체험을 펼칠 수 있도록 특별한 콘텐츠를 구성해주는 일이 무엇보다 중요해지고 있다.

브랜드에 있어서도 이제는 정체성의 요소보다는 체험적 특성이 중요해지는 시대이다. 로컬 콘텐츠도 단순한 심미성이나 유희 요소만으로는 부족하다. 로컬만의 독특하고 개성 있는 스토리를 통해서 방문객들에게 차별적인 경험을 제공해야 한다. 이를 위해서는 체험 요소의 다양한 차원을 간과해서는 안 된다.

일반적으로 체험 마케팅이라고 하면 심미적인 디자인이나 오감을 자극하는 엔터테인먼트 요소를 주로 강조하지만, 파인Pine과 길모어Gilmore는 '체험 경제 이론'을 통해 경험 공간의 교육적인 차원을 강조했다. 번트 슈미트Bernd Schmitt 교수도 저서 《체험 마케팅Experiential Marketing》을 통해 체험 공간의 지성적 요소를 강조하고 있다. 공간의 교육적 요소, 즉 고객의 지적 욕구를 만족시키는 창의적인 공간 구성이 무엇보다 중요하다. 로컬에서 제공되는 엔터테인먼트 요소와 현지의 인적자원을 통해 연결되는 다양한 배움의 기회는 수많은 사람을 불러 모으는 킬러 콘텐츠가 될 것이다.

로컬 경제에 전문성을 더하는 공간 큐레이션은 체험 마케팅에서 우리가 간과해왔던 핵심 요소를 되살리는 길이다. 박물관이나 미술관의 전시물을 기획하고 실행하는 큐레이터처럼, 로컬 큐레이터는 전문성으로 무장하고 현지를 방문하는 관광객들에게 차별화된 경험을 제공해야 한다. 언택트 첨단 기술이나 감성적 디자인 요소만을 도입한다고 무조건 로컬 스페이스 브랜딩이 성공할 수는 없다. 고객들의 세분화된 니즈를 저격하는 전문성과 기획력이 무엇보다 필요하다. 이제 소비자의 라이프 스타일과 취향을 저격할 수 있는 감성 체험형 로컬 콘텐츠를 만들어나가야 할 것이다.[125]

#5 코로나 디바이드

요한계시록에 등장하는 '묵시록의 네 기사The Four Horsemen of the Apocalypse'가 있다. 그 넷은 붉은 말을 탄 전쟁의 기사, 검은 말을 탄 기근의 기사, 푸른 말을 탄 죽음의 기사, 흰 말을 탄 질병의 기사다. 이 네 기사는 칼, 굶주림, 들짐승과 흑사병으로 사람들을 죽음에 이르게 하는 존재로 묘사된다. 이것은 또한 세상의 종말을 의미하는 가장 두려운 사건들을 상징한다.

역사학자 발터 샤이델Walter Scheidel은 저서 《불평등의 역사The Great Leveler》에서 이 묵시록의 내용에 빗대어 '평준화의 네 기사'를 제시한다. 그것은 바로 '전쟁, 전염병, 혁명, 국가 붕괴'이다. 이 네 가지의 요소들은 역사의 과정 속에서 기존 질서를 붕괴시키며 구조적 불평등을 해소하는 결과를 가져왔다. 수천에서 수억 명이 목숨을 잃

〈묵시록의 네 기사〉, 빅토르 바스네초프, 1887년

게 되지만 이후 사태가 잠잠해질 때쯤이면 가진 사람과 못 가진 사람 사이의 간극이 크게 줄어들곤 했다.

중세 시대 흑사병이 유럽을 휩쓸면서 인구의 30퍼센트 이상이 목숨을 잃었다. 무려 7500만에서 2억 명의 목숨을 앗아간 이 재앙의 결과는 불평등의 완화였다. 수많은 사람이 사망하면서 노동력이 크게 부족해졌고, 결국 서민층이었던 노동자 계급의 실질임금이 대폭 상승한 것이다. 이러한 결과가 역사적으로 유사하게 반복되어 왔다는 것이 샤이델의 주장이지만 코로나19는 이와 정반대의 상황을 만들어내고 있다.[126]

코로나 이후 새로운 계급의 탄생

코로나 신新카스트

코로나19는 사회·경제적 불평등을 가속화하고 있다. '코로나 신新카스트'라는 용어가 등장할 정도로 전염병은 빈부 격차에 따라 완전히 다른 결과를 만들어내고 있다.《뉴욕타임스》는 "코로나19가 빈부간 격차를 심화시키고 계층을 나누는 새로운 카스트 제도를 만들어내고 있다"고 분석한다.[127]

미국에서도 흑인들의 코로나 감염률과 사망률이 백인보다 훨씬 높게 나타났다. 위스콘신주 밀워키의 흑인 인구는 전체의 26퍼센트에 불과하지만 코로나19 사망자의 70퍼센트가 흑인으로 보고되었다. 미국 전역에 걸쳐 보더라도 흑인이 많은 지역이 백인이 다수인지역보다 감염률이 세 배 높았으며, 사망률은 6배나 높았다. 이에 대해 흑인과 백인의 경제적 차이에 의한 결과로 분석하는 시각이 많다. 미국에서 흑인들은 건강 보험 가입을 못하는 경우가 많고, 백인보다 생활 수준이 낮으며, 기저 질환을 가졌을 확률도 상대적으로 높다.

전염병으로 인한 빈곤층의 경제적 피해는 더욱 크게 나타난다. 이들은 전염병의 위험을 무릅쓰고서라도 일자리로 복귀하기 위해 안간힘을 쓰고 있다. 미국에서는 서민층을 중심으로 도시 봉쇄 조치 장기화에 항의하는 시위가 연일 이어졌다. 여기에 더해 백인 경찰의 과잉 진압으로 비무장 상태였던 흑인 시민 '조지 플로이드George

Floyd'가 사망한 사건을 계기로, 미국 전역에서 폭동 수준의 항의 시위가 발생하기도 했다. 전염병, 빈부 격차 그리고 흑인 차별의 구조적 문제까지 결합되면서 미국 사회의 부조리함이 낱낱이 드러나고 있다.

코로나로 인한 사회 계급 분화

사회적 불평등을 연구하는 미국 캘리포니아 대학교 로버트 라이시Robert Reich 교수는 영국《가디언The Guardian》에 게재한 칼럼을 통해 코로나19로 인해 미국 사회에 새로운 '네 가지 계급'이 생겨나고 있다면서, 계급 불평등을 완화하기 위한 사회적 노력이 필요하다고 강조했다.

첫 번째 계급으로는 '원격 근무 가능 노동자들The Remotes'이다. 전체 근로자의 35퍼센트에 해당하는 전문직, 관리직 등의 인력이다. 노트북 등을 통해 장시간 업무를 할 수 있고, 화상 회의를 하거나 전자 문서를 통해 일을 처리할 수 있는 사람들이다. 이들은 코로나19 이후에도 거의 동일한 임금을 받는다. 현재의 코로나19 위기를 잘 이겨낼 수 있는 계급이라고 볼 수 있다.

두 번째는 '필수적 노동자들The Essentials'이다. 전체 노동자의 30퍼센트 정도이며 경찰관, 소방관, 운수 노동자, 의료 관련 종사자, 농장 노동자, 배달 노동자 등이다. 이들은 위기 상황에서 필수적인 업무를 수행하는 사람들로서, 일자리를 잃지는 않지만 전염병 감염 위험에 처해지는 사람들이다. 라이시 교수는 "수많은 필수 노동자가 장비 부족으로 곤란에 처해있다. 이들에게 보호 장비 제공은 물론 위험수당도 충분히 제공해야 한다"고 강조했다.

세 번째는 '임금을 못 받는 노동자The Unpaid'들이다. 이 계급은 소매점, 식당 서비스업 등에 종사하는 사람들로 코로나19의 위기 속에서 해고되거나 무급 휴가 등을 강요받는 사람들이다.

마지막은 불법 이민자, 재소자, 노숙인이다. 이들은 전염병 위험에 가장 취약한 사람들로서 '잊혀진 노동자The Forgotten'로 지칭된다. 이들은 집단생활을 하지만 사회적 거리두기가 불가능하여, 전염병에 걸릴 위험성이 가장 크다.

라이시 교수는 미국에서 첫 번째 계급을 제외한 나머지는 대개 흑인과 히스패닉이라고 말하며 이들을 그대로 방치하면 사회적 혼란에 직면할 수 있고, 종국에는 사회 전체의 안전도 장담하기 어렵다고 우려했다. 온라인 매체 '악시오스Axios'도 코로나19가 '가진 사람'과 '못 가진 사람' 사이에 명확한 선을 긋고 있다면서 앞으로는 원격근무 가능 여부나 의료보험 가입 여부 등에 따라서 삶과 죽음이 결정되는 시대가 도래한다고 분석했다.[128, 129]

코로나19로 인한 양극화 이슈로서 긱 노동자Gig Worker도 해결되어야 하는 문제다. 긱 노동자는 기업에 계약 관계가 있는 근로자가 아니라 플랫폼 비즈니스를 통해 그때그때 일거리를 받아 돈을 버는 사람을 말한다. 특정 근무 시간에 얽매여 일하지 않아서 개인 사업자와 유사하지만, 대부분의 수입은 자신의 노동으로부터 형성되기 때문에 특수고용직 노동자와 유사하다. 우버 등의 플랫폼 기업들이 많아지면서 긱 노동자의 수도 점점 많아지고 있는 추세다.

그런데 코로나19로 인해 수많은 긱 노동자가 일자리를 잃고 있다. 여행 가이드, 방과 후 교사 같은 대면 관련 노동자들은 수입이 크게 줄어들었다. 배달 관련 노동자들 같은 경우 수입이 오히려 늘어난 경우도 있지만 감염의 위험에는 더 많이 노출되는 함정이 있다. 쿠팡 물류센터 집단 감염 사례처럼, 식당 종업원, 배달원, 헬스 트레이너, 가사·육아도우미 등 많은 수의 긱 노동자들은 원격 근무가 불가능한 직업인 만큼 감염 위험에 더 취약해질 수밖에 없다는 근본적인 문제가 있다. 라이시 교수가 지적한 필수 업무 종사자나 임금을 받지 못하는 사람들이 상당 비율 차지하고 있어서 이를 해결하기 위한 대안이 필요해지고 있다.[130, 131]

우리나라에서도 코로나19에 따른 소득·소비 양극화 문제가 심화되고 있는 것으로 분석되었다. 통계청이 5월 21일에 발표한 1분기 가계 동향을 보면, 상위 20퍼센트 계층인 5분위 소득(균등화 처분 가능 소득)을 하위 20퍼센트인 1분위와 비교한 5분위 배율이 5.41배로 1년 전 5.18배보다 커진 것으로 나타났다. 미국의 사례처럼 임시직, 일용직 등 취약 계층의 일자리 사정이 악화되었기 때문이다. 상하위 경제 계층의 격차는 소비지출에서도 명확히 드러났다. 1분위 가구의 소비지출은 1년 전보다 10퍼센트 줄어서 2003년 통계 작성 이후 최대 폭으로 감소했다. 반면 이보다 상위층인 5분위 가구의 소비지출은 3.3퍼센트 감소하는 데 그쳤다. 저소득층에서는 음식, 숙박, 교육 등의 지출 감소폭이 크게 나타난 것이 반영되었다. 이러한 추세는 2분기에 본격화될 가능성이 높아지고 있다. 특히 청년층, 영세 자영업자, 임시 일용직 등을 중심으로 고용 불안정성이 높아질 가능성이 커서, 정책적 지원이 무엇보다 필요한 상황이다.[132]

코로나 이후 소비의 양극화

부유층

샤넬 오픈런

소비 양극화 현상은 소득 계층에 따라 극명하게 드러난다. 대표적인 현상이 사치품 소비 현상이다. 특히 억눌렸던 소비 욕망이 분출하는 보복 소비를 통해 소비의 양극화가 극적으로 나타나게 된다. 대표적으로 명품 소비에서 극명하게 나타나고 있다.

코로나19로 인해 패션 브랜드들이 어려움을 겪고 있지만 명품 브랜드는 나름대로 선전하고 있다. 최근 샤넬은 오히려 대폭적인 가격 인상을 예고했는데, 다음 날 수많은 사람이 백화점 샤넬 매장 앞으로 달려갔다. 이를 가리켜 '샤넬 오픈런Chanel Open Run'이라는 신조어가 등장했다. '오픈런'은 백화점이 개장하기 전부터 줄을 서 있다가 오픈 시간에 맞춰 매장을 향해 뛰는 것을 의미한다. 샤넬 오픈런 현장을 제보한 영상을 보면, 오전 11시에 백화점 문이 열리자마자 샤넬 매장과 가까운 곳에서 대기하고 있던 사람들이 일제히 매장으로 달려가는 모습을 볼 수 있다. 일부는 줄을 이탈하여 100미터 달리기하듯 달음질치기도 했다. 이 같은 명품 쇼핑은 '샤테크(샤넬+재테크)'라는 말로 대변되기도 한다.[133]

이러한 명품 소비의 역逆성장은 시장 데이터에서도 잘 나타나고 있다. 코로나19로 인해 전체적으로 소비 심리가 크게 위축되었음에도 불구하고 2020년 4월 수입차 판매량은 전년 대비 19.4퍼센트나 증가했다. 수입차의 상징과도 같은 브랜드인 메르세데스-벤츠 **Mercedes-Benz** E클래스는 3월 대비 판매량이 35.6퍼센트 증가해서 매출액 1위를 기록했다. 소비 품목의 대다수가 크게 위축되고 있는 상

백화점 3사의 해외 명품 매출 증감률

전년 동기 대비 기준, 4월은 1일부터 19일까지

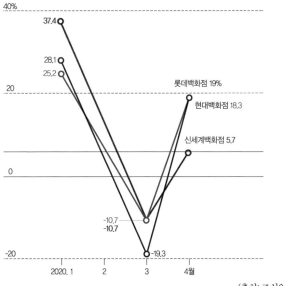

(출처: 조선일보[135])

황에서도 유명 브랜드의 고가 자동차 소비가 크게 늘어나고 있다.[134]

2020년 5월 연휴 기간 중 이러한 소비 양극화 현상이 명확하게 나타났다. 소비 심리가 주로 회복되었던 제품 카테고리는 명품과 가전 분야였다. 롯데쇼핑에 따르면 아웃렛 여섯 곳의 5월 연휴 기간 매출을 분석한 결과, 전체 매출 중에서 주로 해외 패션(35퍼센트), 생활가전(39퍼센트) 등의 상품군이 성장세를 나타냈다. 상대적으로 식품이나 패션은 매출이 부진한 편이었다. 앞의 그래프를 보면 코로나19 직후에는 명품 매출이 크게 하락했다가 보복 소비 심리로 다시 빠르게 회복되는 것을 볼 수 있다.

모바일 빅데이터 플랫폼 아이지에이웍스의 자사 솔루션 '모바일 인덱스' 앱 사용자 수 변동에 관한 자료를 보면, 이러한 명품 브랜드의 보복 소비 현상이 간접적으로 드러난다. 2020년 3월 기준으로 럭셔리 명품 플랫폼인 'SI빌리지' 모바일 앱의 월간 순 사용자 수MAU 6만 5997명은 지난해 3월의 2만 1131명보다 두 배 이상 증가한 숫자다. 이외에도 사치품 구매 플랫폼 '트렌비'의 MAU도 2020년 1월에는 1만 8684명이었는데, 3월에는 2만 103명으로 두 달 만에 7.6퍼센트 증가한 것을 볼 수 있다. 명품 브랜드들이 온라인, 모바일 등 다양한 매체에 대한 소비자들의 접근성을 개선하기 위해 노력하고 있으며, 이것이 온라인 사치품 시장에서도 반응이 일어나고 있음을 알 수 있다.

중국의 부유층도 전염병 때문에 하지 못했던 고가 명품과 부동산 사재기에 나서기도 했다. 중국 광둥성 광저우에서는 봉쇄 조치가 풀린 다음 다시 문을 연 에르메스 매장의 첫날 매출액이 1,900위안(약 33억 원)에 달할 정도였다. 이 금액은 해당 매장의 하루 최고 매출액이기도 하다. 미국 전기차 업체 테슬라Tesla는 2020년 3월 한 달간 중국에서 1만 160대의 판매고를 올렸는데, 중국 진출 이후 최대 실적이었다. 4월 27일 중국 상하이에서는 29억에서 134억 원에 이르는 고급 아파트 160채가 모두 팔리는 일이 생기기도 했다.

반면 대다수의 서민은 불확실한 시대에 대비해 저축을 늘리고 소비를 줄이는 모습을 보여주고 있다. 중국 국가통계국에 따르면 2020년 1분기 가계 저축이 작년 같은 기간보다 6조 4700만 위안이 늘고, 상승률은 6.59퍼센트로 나타났다. 일자리를 잃거나 급여가 깎인 이들이 많아지면서 사람들이 점점 지갑을 닫고 있다.[136, 137]

초부유층의 요트와 벙커

부유층은 코로나19 바이러스를 피해 좀 더 안전한 곳으로 빠져나가고 있다. 《뉴욕타임스》의 보도에 따르면 2020년 4월에 우체국 우편 주소지 변경을 신청한 뉴욕 시민 숫자가 8만 1000건으로 평소보다 두 배 이상 증가했다고 보도했다. 신청자의 절반은 부촌인 맨해튼에 거주하고 있었으며 60퍼센트는 새 주소지를 뉴욕시 외부의 지역으로 변경했다. 이에 반해 서민층의 주소지 이전은 현격하게 적었다. 여유가 있는 사람들이 위험을 피해 좀 더 안전한 곳으로 피하는 모습은 부의 정도가 클수록 극적인 모습으로 나타난다.[138]

초부유층은 코로나19 바이러스를 자신들의 '스테이터스 심볼Status

Symbol, 지위 상징'로 사용하고 있다. 이들은 바이러스 검사 설비와 개인 의사를 갖춘 호화 콘도에서 살며 여유를 즐긴다. 슈퍼 리치들은 집안을 돌보는 스태프들과 함께 무기한 격리 생활을 이어간다. 슈퍼 리치를 대상으로 고용인 알선을 제공하는 '말러 프라이빗 스태핑Maller Private Steping'에 따르면 도시 봉쇄 기간 동안 고객의 40퍼센트가 스태프와 함께 격리 생활을 하고 있다고 《월스트리스 저널The Wall Street Journal》은 전했다. 도시를 떠나 자연과 가깝고 더 넓은 공간을 사용할 수 있는 곳으로 피신한 것이다.

코로나19가 세계로 서서히 확산되던 2020년 2월 초부터 개인용 제트기를 구매하려는 사람들이 많아지면서 공급이 수요를 따라가지 못할 정도였다. 미국의 영화 제작자 데이비드 게펀David Geffen은 3월 인스타그램을 통해 5억 9000만 달러(약 7230억 원)에 달하는 요트 사진과 함께 '바이러스를 피해 카리브해 그레나딘 제도에서 격리 중'이라는 글을 올렸다. 대중들이 '억만장자가 코로나19로 인한 사회의 신음에 전혀 공감하지 못한다'면서 비난하자 해당 게시물을 삭제하는 일이 벌어지기도 했다.

요트를 가진 억만장자라면 코로나19에 감염되지 않은 승선 근무자와 보급품을 챙겨 몇 개월씩 배 위에서의 생활을 즐길 수 있다. 보급품이 부족하면 비행기로 받으면 되고, 바다 위를 여행하면서 격리 생활의 지루함도 덜 수 있다. 실제로 많은 고객이 요트 업체 등에 자녀들을 위한 홈스쿨링과 전용 요리사 등의 지원을 요구하고 있는 것으로 전해진다.

심지어 부자들은 자기들만의 벙커로 들어갈 준비를 한다. 이것은 보통의 가정집에 갖춰져 있는 일반적인 벙커와는 다르다. 이 벙커는 최첨단 기술을 통해 오염된 공기를 여과할 수 있는 특수 시스템을 갖추고 있다. 또한 무려 1년 분량의 식량과 용품을 보관할 수 있다. 2020년 3월 CNBC의 보도에 따르면 벙커와 방공호를 만드는 회사의 매출이 지난해 같은 기간 대비 네 배나 늘었다고 한다. 코로나19를 대비해 벙커를 제작하려는 부자들의 요청이 크게 늘었기 때문이다. 호화 벙커를 제작하는 데 드는 비용은 최소 15만 달러로, 한화로 약 1억 8400만 원에 달한다.[139, 140]

초부유층에게 새롭게 떠오른 부의 상징은 두 번째 여권(국적)이다. 예전에 만들었던 두 번째 여권은 대부분 경제적 이득을 얻기 위한 것이었지만 지금은 안전을 위한 것으로 바뀌었다. 코로나19로부터 멀어져 조금 더 안전하고 질 높은 의료 서비스를 받기 위한 장치인 것이다. 시민권 브로커 '헨리앤드파트너스Henley&Partners'에 따르면 2020년 1월~3월까지 3개월 동안 새로운 국적을 신청한 인원이 전년 대비 42퍼센트나 증가했다. 미국 블룸버그 뉴스의 4월 20일 보도에 따르면 미국 실리콘밸리 거주민들 상당수가 개인용 제트기를 타고 뉴질랜드로 떠났다. 뉴질랜드는 현지시간으로 지난 6월 8일 코로나19 종식을 선언했다.[140, 141]

프라이빗 이코노미

일반 시장에서도 불특정 다수와의 물리적 접촉을 꺼리는 소수 정예만을 위한 '프라이빗 이코노미Private Economy' 키워드가 주목받기도 한다. 프라이빗 이코노미는 소수의 VIP 고객만을 위한 서비스이다. 평소에는 사생활 보호를 위한 프라이빗 서비스를 제공하며 프리미엄의 가치를 내세웠지만, 현재는 '감염으로부터의 안전'에 초점을 맞추고 있다. 럭셔리 호텔 르 메르디앙 서울은 어린이를 자녀로 둔 가족 단위 고객을 위해 평소에는 공용 공간으로 제공되는 아이들 놀이 공간을 한 가족을 위한 독점 놀이 공간으로 이용할 수 있는 상품을 마련했다.

인터컨티넨탈 호텔도 최대 8인의 일행이 프라이빗 라운지에서 자기들만의 시간을 보내고 호텔 바로 옆의 영화관에서 일행끼리만 영화를 관람할 수 있는 상품을 내놓았다. 메이필드호텔도 프런트를 거치지 않고 체크아웃할 수 있는 '익스프레스 체크아웃' 제도를 운영하고 있다. 제주신라 호텔도 숲에서 프라이빗하게 트래킹과 삼림욕을 즐길 수 있는 서비스를 제공 중이다.

식당에서도 프라이빗 서비스를 만날 수 있다. 서울 종로의 한식당 '가가'는 낮과 밤에 각각 한 팀만 예약을 받아서 운영하는 '원테이블 레스토랑'이다. 이처럼 외부와의 접촉을 차단하고 안전을 보장받을 수 있는 프리미엄 서비스에 대한 수요가 부유층을 중심으로 확대될 것으로 보인다.[143]

대중 소비자

소비의 양극화 현상

부유층의 사치품과 프라이빗 이코노미 현상과는 대조적으로 일반 대중 소비자들은 얇아진 지갑 사정으로 인해 가성비 중심의 소비를 더욱 늘려갈 것이다. 이러한 현상은 우리나라뿐만 아니라 해외에서도 두루 관찰되고 있다.

중국에서는 2020년 3월 8일 부녀절을 맞아 설문조사를 했는데, 여성 소비자 중에 48퍼센트는 '가성비', 17퍼센트는 '브랜드', 23퍼센트는 '가격', 8퍼센트는 '물류 속도' 등의 순서로 중요 고려 사항을 뽑았고, 주요 도시에 거주하는 여성의 54퍼센트는 '가성비', 17퍼센트는 '브랜드', 18퍼센트는 '가격', 7퍼센트는 '물류 속도' 순으로 중요도를 매겼다. 특히 중국의 1선 도시 '베이상광선北上广深(베이징, 상하이, 광저우, 선전을 일컬음)'의 여성들은 명품 등의 사치품을 맹목적으로 선호하는 태도에서 상품 자체의 품질 대비 가격에 관심을 기울이는 가치 소비, 가성비 소비로 이동하고 있는 것으로 보였다. 중국도 고성장 기조가 꺾이면서 새로운 소비 문화가 나타나고 있다.[144]

2008년 세계금융위기 당시에도 가격이 저렴하면서도 적절한 품질의 제품을 구매하는 '트레이드 다운Trade Down' 현상이 가속화되었다. 이와 함께 PB Private Brand 제품 매출이 확대되고 이른바 돈값을 하는 제품이 시장에서 선호되었다. 장기 불황을 겪은 일본에서도 코스파 세대(비용Cost과 퍼포먼스Performance의 합성어로 비용 대비 품질을 중요시하는 젊은 세대를 뜻함)가 등장했던 것처럼 우리나라에서도 가격 대비 성능, 즉 '가성비'를 중시하는 젊은 소비자들이 이런 소비 트렌드를 견인하게 되었다.[145, 146, 147]

불황기에 기업이 구조 조정을 하듯 소비자도 소비에 대한 구조 조정 전략을 짠다. 소득이 줄어들면서 지갑이 얇아지는 일반 대중 소비자들은 변화된 경제 상황에 맞춰 자신의 소비 함수의 구조 조정에 돌입하게 된다. 가장 효율적인 소비 방법을 찾는 것이다.

대중 소비자들은 개인의 소비 함수 내에서 양극화된 소비를 하게 된다. 이는 일종의 '선택과 집중' 전략이다. 저렴하면서도 품질이 괜찮고 가성비 좋은 제품을 찾는 동시에 자신에게 만족을 주는 프리미엄 소비에 대해서도 아낌없이 지갑을 연다. 많은 사람이 마트에서는 100그램당 1원이라도 저렴한 제품을 찾는 한편, 자신이 관심 있거나 좋아하는 제품에 대해서는 돈을 아끼지 않고 지출하는 '작은 사치' 소비를 함께 보여준다.

불황이 깊어질수록 개인 소비의 양극화 현상은 더욱 심해진다. 과거에는 고가격 지향 소비자 집단과 저가격 지향 소비자 집단을 명확히 나눌 수 있었다. 하지만 이제 많은 사람이 소비 양극화 성향을 나타내기 때문에 명확하게 '고가격 지향' 대 '저가격 지향' 소비자로 고객 집단을 나누기가 쉽지 않다. 뒤의 그래프를 보면, 과거에는 사람들이 중간 가격대에 적당한 품질을 가진 제품을 많이 찾았다. 하지만 이제 사람들이 어중간한 가격대의 제품 구매를 지양하고, 저가격과 고가격 제품을 각각 상반되게 추구하는 소비 양극화 현상이 두드

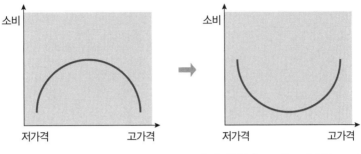

저성장기 소비의 양극화

소비

저가격　　　　　고가격

소비

저가격　　　　　고가격

(출처: 이준영, 《1코노미》, 21세기북스, 2017)

러지게 된다.

개인의 양극화 소비는 일종의 가치 소비다. 수식으로 나타내자면 '가치=혜택/가격'이다. 가치를 높이기 위해서는 두 가지 방법이 있다. 분모인 가격을 최대한 내리면 가성비 소비가 되고, 분자인 심리적·주관적 혜택을 최대한 높이면 가심비 소비가 된다. 스몰 럭셔리는 가심비 소비에 해당한다. 1,000원이라도 아끼려고 구내식당에서 밥을 먹지만, 디저트는 고급 카페에서 비싼 값을 내고 즐기는 식이다. 이렇게 고가, 저가 소비를 조합하는 크로스 소비는 코로나19 이후 소비 시장에서도 주목해야 할 키워드이다.[148]

재난지원금의 소비에서도 가심비 소비 행태가 나타났다. 사람들이 재난지원금으로 맛있는 먹거리를 많이 사 먹었는데, 그중에서 고급 식품 소비 증가가 눈에 띈다. 하겐다즈나 나뚜루 같은 고급 아이스크림의 매출이 전년도에 비해서 크게 늘어난 것이다. 실제로 프랜차이즈 편의점 '세븐일레븐'에서 나뚜루, 하겐다즈 등의 고가 아이스크림의 매출은 21.6퍼센트 증가한 반면, 일반 보통 가격대의 아이스크림 매출은 9.9퍼센트 늘어나는 데 그쳤다.

불황기에는 이렇게 소비가 가성비와 가심비로 양극화된다. 즉 가성비를 추구하더라도 한정된 예산에서 소비자들이 자기만의 작은 사치를 할 수 있는 통로를 만들어줘야 한다는 의미다. 향후 기업들은 소비자들이 한정된 예산에서도 소비를 통한 만족감을 최대로 끌어올릴 수 있는 방법이 무엇일지 다각도로 고민해야 할 것이다.

스몰 플렉스의 파노플리 효과

최근 스몰 플렉스Flex, 과시 소비 키워드가 주목받고 있다. 스트레스로 인한 우울한 마음을 달래주고 가격 면에서도 비교적 접근이 쉬운 기존의 스몰 럭셔리 트렌드는 최근 젊은 세대를 중심으로 한 플렉스 문화로 변화되어 나타나고 있다. 이는 작은 아이템 하나라도 명품 브랜드를 쓰려는 심리를 통해 발견할 수 있다.

롯데닷컴 온라인 쇼핑몰에서는 2020년 2월 명품 화장품 매출이 전년 대비 40퍼센트 증가했다. 명품 브랜드 제품 중에서 고가 브랜드인 디올Dior의 매출도 136퍼센트 증가했다. 오픈마켓 플랫폼 옥션에 따르면 명품 신발 매출도 2020년 2월 기준 전년 대비 173퍼센트 증가했다. 명품 의류나 패션 소품 매출도 각각 117퍼센트, 110퍼센트 증가한 것을 볼 수 있다.[149]

수천만 원대의 가방을 제작하는 에르메스도 2020년 3월부터 에르메스 컬렉션 립스틱을 출시하며 스몰 플렉스 시장에 진출했다. 샤넬이나 디올에 이어 뷰티 분야의 경쟁에 본격적으로 뛰어든 것이다. 샤넬이나 디올의 립스틱이 4만 원대인 데 반해서 에르메스는 이보다 훨씬 높은 8만 원대였는데, 이것은 오히려 '에르메스를 갖고 싶다'는 심리에 편승한 전략으로 볼 수 있다.[150]

이러한 스몰 플렉스 소비 심리는 '전이된 의미론'에서 그 배경을 찾을 수 있다. 사람들은 지위와 위신을 높이기 위한 상향 지향 소비를 하지만 현실적 접근 가능성이 없다면 쉽게 포기한다. 그러므로 다양한 럭셔리 제품 중에서 접근 가능성이 높은 물건에 다리를 놓으면 구매하게 되는 것이다. 수많은 명품 제품 중에서 현실적으로 구매 가능한 물건을 구매하여 다리를 놓는다는 이론이 '전이된 의미론'이다. 특정 물건을 통해 부유층의 라이프스타일을 잠시 향유해보는 방식이다.

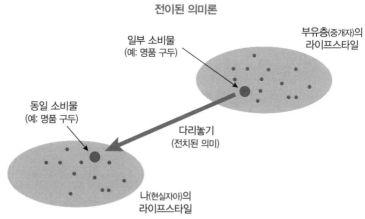

전이된 의미론

일부 소비물
(예: 명품 구두)

부유층(중개자)의
라이프스타일

동일 소비물
(예: 명품 구두)

다리놓기
(전치된 의미)

나(현실자아)의
라이프스타일

(출처: 김난도 지음, 《사치의 나라 럭셔리 코리아》, 미래의창, 2007[151])

이러한 명품 소비 심리는 '파노플리 효과Panoplie Effect'로 설명할 수 있다. 파노플리 효과는 '장난감 놀이 세트'라는 의미로서 자신이 상징적인 명품을 사용하면 마치 부자가 된 것 같은 상상이 든다는 것이다. 스몰 플렉스를 위해 구매한 자그마한 명품이 일종의 지위 상징물Status Marker로 기능하는 것이다. 소비의 강력한 동기는 상징화와 기호성이기 때문에 이런 설명은 더욱 설득력 있게 다가온다.

디지털 디바이드, 정보 격차를 발생시키다

언택트 디바이드

코로나19는 디지털 트랜스포메이션을 가속화하고 있다. 이러한 가운데 디지털 언택트 서비스 이용이 급증하면서 소비자층에서도 양극화 문제가 발생하고 있다. 코로나19로 인해 온라인 상거래가 급증하고, 재택근무 등으로 화상 회의가 일반화되고 있는 시점에서 디지털 소외를 겪는 계층이 본격적으로 문제되기 시작했다. 이는 디지털 원주민과 디지털 이주민 사이의 정보 격차의 문제이다. Z세대는 디지털을 사용하며 자유롭게 역량을 펼치지만, 고령층 소비자는 그러기 어렵다.

바이러스 초기에 공적 마스크 부족 사태가 벌어졌을 때, 젊은이들은 스마트폰으로 미리 재고를 검색해서 기다리지 않고 바로 구매할 수 있었지만, 이를 잘 모르는 노인들은 오랫동안 기다리다가 재고가 떨어졌다고 하면 황망하게 돌아가야 했다. 디지털 활용 능력이 실질적인 소비자 역량의 차이로 나타나고 있는 것이다.

젊은이들은 집에서도 인터넷 게임과 넷플릭스 등의 OTT 서비스를 자유자재로 활용하지만, 디지털 기기 활용이 어려운 노인들은 TV 시청에 매달릴 수밖에 없다. 세대 간 미디어 소비 상황도 현격한 차이가 난다. 미국의 미디어 '비주얼 캐피털리스트Visual Capitalist'의 자료에 따르면 젊은이들은 온라인 비디오 콘텐츠를 주로 소비하고 다양한 매체를 즐기는 반면, 베이비부머 등의 고령자들은 TV 시청에만 치중된 미디어 소비 행태를 보였다. 디지털 리터러시Digital Literacy, 디지털 활용 능력의 격차가 미디어 소비 생활의 질에도 현격한 차이를 만들어내고 있는 것이다. 언택트 시대가 도래하고 이를 이용하는 능력이 소비자후생 수준을 결정하는 상황에서, '언택트 디바이드Untact Divide, 언택트 기술 활용 격차' 현상의 심화는 고령 소비자들을 더욱 어려운 상황으로 몰아가고 있다.[152]

디지털 정보 격차

과거에는 정보 격차의 실태를 조사할 때 PC나 스마트폰 등의 디지털 기기에 대한 접근 가능성 여부만 파악했다. 2000년대까지만 해도 인터넷을 사용하고 스마트폰을 다룰 수 있으면 정보 격차를 줄일 수 있었다. 그러나 디지털 트렌드가 생활 깊숙이 파고 들어오는 현재의 관점에서는 단순히 정보에 대한 접근성만 가지고 판단하기에는 부족하다. 실질적인 디지털 활용 능력의 유무를 통해 디지털 디바이드 문제에 접근해야 한다. 단순한 정보 격차를 넘어 디지털 정보 격차의 문제를 다루어야 하는 것이다. 과거에는 디지털 기술로 정보를 획득하는 수준에 그쳤지만 이제는 디지털로 생활의 편의를 해결하고 삶의 질을 높이며 경제적 활동 영역을 확장하는 데 디지털 기술을 활용한다. 디지털 기술을 제대로 활용할 수 있는지의 여부가 엄청난 생활의 차이를 가져오는 것이다.[153]

닐슨 코리아가 2019년 12월에 발표한 〈세대별 모바일 동영상 애플리케이션 이용 형태 분석 보고서〉를 보면 만 55세~69세의 베이비붐 세대의 유튜브 점유율은 80퍼센트가 넘었다. 스마트폰을 사용하는 60대들의 77퍼센트가 유튜브를 즐겨 본다는 조사 결과도 있다. 카카오톡을 이용하는 노년층은 이보다 더 많을 것이다. 수치를 보면 정보 격차라는 말이 무색하게 다가온다. 그러나 노년층은 디지털 기기를 가지고 동영상 콘텐츠를 소비하는 데 그칠 뿐이다. 젊은 세대처럼 디지털 기술을 활용해 다양한 활동을 하는 능력은 현저히 떨어진다.

온라인 쇼핑을 활용하는 비율을 살펴보면 그 차이가 명확하게 나타난다. 과학기술정보통신부와 한국정보화진흥원의 2018년 〈디지털 정보격차 실태조사〉 분석 결과를 보면 이러한 내용이 잘 드러난다. 전체 국민의 온라인 쇼핑 이용률은 62퍼센트인데, 20대는 96.4퍼센트, 30대는 91.3퍼센트가 온라인 쇼핑을 한다. 그런데 이 수치는 고령자일수록 현저히 떨어진다. 60대들은 17.5퍼센트만이 온라인 쇼핑을 한다. 70대 이상에서는 이용률이 11.2퍼센트에 그쳤다. 인터넷 뱅킹 이용률 차이는 더 크다. 30대 소비자는 93.3퍼센트가 인터넷 뱅킹을 이용하지만, 60대는 22.9퍼센트, 70대 이상은 5.4퍼센트만이 인터넷 뱅킹을 이용한다. 디지털 기술을 활용하는 능력의 차이는 더욱 크게 나타나고 있다. 세대 간 디지털 격차를 줄이기 위한 노력이 더욱 요구되는 시점이다.

디지털 멘토링과 디지털 서포터

고령층에게는 디지털 조력자Digital Supporter, 즉 디지털 기술이 필요할 때 사용법을 안내해줄 사람이 필요하다. 보통 조력자의 역할을 할 수 있는 사람은 가족인 경우가 많지만 상당수 노인들은 혼자 살거나, 부부가 함께 살더라도 자녀들의 도움을 바로 받기에는 어려운 경우가 많다. 이를 해결하기 위해서는 디지털 멘토링이 정착될 필요가 있다. 민간에서 해결하지 못한다면 정책적인 지원이 이루어져야 할 것이다. 젊은 세대가 고령 세대에게 디지털 역멘토링Reverse Mentoring을 해야 할 필요성이 더 커지고 있다.

디지털 활용 능력이 높은 시니어가 디지털 멘토링을 할 수도 있다. 노인 일자리 창출 차원에서 고령자 중 디지털 활용 능력이 좋은 사람이 다른 고령자의 디지털 조력자가 되어도 좋고, 청소년들이 필수 봉사 활동 시간을 디지털 조력으로 채우도록 하는 것도 대안이다. 언택트 사회가 빠르게 정착하고 있는 가운데 고령자들이 제대로 된 디지털 교육이나 멘토링을 받지 못하면 국가적 재난 상황에서 식자재를 구하지 못하거나 필수품을 사기 위해 긴 줄을 서야 하는 상

황이 반복될 것이다. 디지털 사회에서 소외되는 사람이 없도록 효과
적인 디지털 멘토링의 토대가 마련되어야 할 것이다.

양극화의 시대를 넘어
———

코로나19는 생산·노동·소비·기술 등 사회 경제 전 영역에 걸쳐서
양극화의 문제를 발생시키고 있다. 양극화는 필연적으로 인간 소외
의 문제로 나타난다. 빈곤으로 인해 의료 서비스를 제대로 받지 못
해 바이러스에 무방비로 노출되는 사람들, 경제 위축으로 일자리를
잃고 소득이 없어지면서 빈곤의 사각지대로 내몰리는 이들, 언택트
기술 속도를 따라잡지 못하고 힘겨워하는 노인들, 이들 모두 우리가
관심을 두고 돌아봐야 하는 존재들이다. 도움의 손길이 필요한 사람
들이 많이 생겨날 수밖에 없는 상황이기도 하다. 무엇보다 우리 사
회가 이들을 적극 포용할 수 있어야 한다. 정부의 제도와 정책, 기업
의 기술과 서비스를 활용하여 양극화에서 소외된 이들을 위해 적극
적인 지원과 도움을 제공해야 한다.

그러나 꼭 돈이 드는 방식으로만 이들을 도울 수 있는 것은 아니
다. 미국의 생필품 판매 기업인 '타겟Target', '홀푸드Whole Foods', '세
이프웨이Safeway' 등은 취약 계층을 위한 지원을 했다. 특히 노년층,
임산부, 장애인을 위해 공식적인 개장 시간 전에 따로 시간을 마련

해서 이들이 필요한 제품을 미리 구입할 수 있도록 배려했다. 이러한 작은 아이디어가 코로나로 인해 어려움을 겪는 이들에게는 소중한 도움의 손길이 될 수 있다.[154]

양극화의 심화는 결국 사회적 갈등의 심화로 귀결될 수밖에 없다. 양극화는 우리 사회와 경제의 발전에 있어서 심각한 장애 요소로 작용할 가능성이 높다. 코로나19 사태가 조기에 종료된다면 양극화 현상의 해소도 그만큼 빠르겠지만, 자칫 사태가 장기화되면 양극화가 심화되고 사회 갈등이 더욱 표면화될 것이다. 최악의 시나리오까지 상정하고 미리 대책을 마련하는 것이 중요하다. 무엇보다 소외된 취약 계층을 포용하는 사회적 관심과 정책적 지원이 요구된다.

#6 코로나 패러독스

"인류 역사상 최대 위기이자 가장 무거운 침묵"

"2,000년 만의 가장 슬픈 휴식"

2020년 4월 22일 지구의 날을 맞이해서 전 세계의 과학자들이 내놓은 메시지다. 코로나19 바이러스 감염증으로 인해 전 세계가 공포와 불안에 빠지고 인간의 활동이 빠르게 멈추게 되었지만, 역설적으로 지구의 환경은 점차 깨끗해지고 회복되는 모습을 보였기 때문이다. 프란치스코 교황은 영국의 언론 인터뷰에서 "코로나19의 세계적인 범유행은 인간의 위선적 모습에 대한 경고이기도 하다"라고 지적하며 과학자들의 의견에 힘을 실어주었다.[155]

코로나, 인간과 환경의 관계를 전복시키다

인류세, 신종 감염병 확산의 주범이 되다

바이러스학자 네이선 울프Nathan Wolfe는 인간의 주요 질병들은 상당 부분 동물에게서 기원했다고 주장한다. 상당수의 신종 전염병이 동물로부터 유래한 것이다. 인간은 약 3만 년 전부터 개, 소, 양, 말, 고양이, 낙타 등의 야생동물을 다양한 목적으로 가축화시켜 왔다. 전염병 메르스MERS의 매개체로 관심을 받았던 낙타도 중동 지방과 중부 아시아를 중심으로 3,000년 전에 가축화된 동물이다. 이들 가축은 수천 년 동안 같이 살면서 서로 병원체를 주고받아 왔으며 여러 세대에 걸친 교환을 통해 질병 저항력을 획득해왔다. 이를 가리켜 '병원체 평형 이론'이라고 한다. 이런 이유로 인간의 주변에 있는 가축은 사람에게 위협이 되는 신종 전염병의 숙주가 되기 어렵다.

최근 수백 년 전부터 인류의 급격한 인구 급증과 생활 수준 향상에 따른 가축의 육식화는 인간의 수보다 가축의 수를 더 많이 증가시켰다. 공장식 축산이 도입되면서 가축의 숫자가 기하급수적으로 늘어나게 된 것이다.

현 시대를 '인류세Anthropocene(인류로 인해 열린 새로운 지질시대)'로 정의하자는 과학자들의 주장이 나오는데, 인류세는 지구 온난화의 확대로 인한 생물 대멸종, 대량 플라스틱 쓰레기 배출, 대규모 닭 사육 증가의 특징을 가지고 있다. 공장식 축산이 확대되면서 2016년 기준으로 돼지는 15억 마리 소비되었고 닭은 무려 658억 마리나 소비되었다. 후세대가 지층 연구를 한다면, 인류세의 지층에는 닭뼈 화석이 가득할 것이란 말은 거짓말이 아니다.[156]

이러한 가축 수의 급격한 증가는 오랜 세월 유지되었던 병원체 평형 상태를 깨는 계기로 작용하고 있다. 여기에 더해 인류는 불의 발견과 더불어 음식을 익혀 먹기 시작하면서 위생 수준을 크게 향상시켰지만 인류 전체의 관점에서는 유입 병원체의 수와 다양성을 감소시키면서 병원체의 저항력이 현저히 약해졌다.

무엇보다 신종 감염병의 확산은 최근 수백 년 동안 이루어진 문명 개발과 도시화 과정에 기인하는 바가 크다. 급격한 도시화를 통해 인간은 자연 상태의 지역을 인간의 거주지로 편입시키는 과정을 거쳤다. 과거에는 인간이 거의 살지 않았던 원시적 생태계를 인위적인 개발을 통해 거주지로 편입시키는 현상이 빈번히 일어나게 되었다. 아프리카에서 발병한 치명적인 에볼라 바이러스도 인간이 원시 자연 상태를 훼손하고 주거지를 확장시켜나가다가 자연의 바이러스가 인간에게 옮겨왔다는 것이 학계의 정설이다. 이처럼 급격한 자연 파괴와 문명화가 인간 세계의 바이러스 확산을 가속화한 것으로 보인다.

원래 코로나19 같은 바이러스는 인간의 손이 닿지 않던 자연계 속에서 숙주를 옮겨 다니며 생존을 이어가던 존재였다. 그런데 인간이 자연을 파괴하고 생태계를 훼손하면서 숙주의 수가 급격하게 줄었고, 바이러스가 생존을 위해 변이를 일으켜서 인간을 감염시킬 수 있게 된 것이다. 또한 자연 생태계가 파괴되는 과정에서 자연스럽게 박쥐와 같은 야생동물과의 접촉이 많아지면서 변종 바이러스가 더욱 확산되었다. 인간의 면역 체계는 이제껏 전혀 경험하지 못했던 신종 바이러스에 무방비로 당할 수밖에 없었지만, 코로나19의 창궐에 대해 인류 스스로도 책임을 자각해야 한다는 목소리가 커지고 있다.

그린피스Greenpeace도 기후 변화로 인한 전염병의 확산 문제를 지적한다. 기후 변화로 산불, 가뭄, 홍수 등이 빈발하여 자연이 파괴되고, 서식지를 잃어버린 야생동물이 사람이 거주하는 곳으로 이동하면서 인수공통전염병에 노출될 가능성이 높아진다고 분석했다. 식용을 위해 야생동물을 무분별하게 수렵해서 전염병이 발병되었다는 가설도 있다. 코로나19의 숙주로 거론되는 박쥐나 천산갑을 식용으로 하는 식문화의 문제점을 지적하기도 했다. 결국 인간의 무분별한 환경 파괴와 잘못된 건강 지식, 과도한 욕심이 부른 재앙이라는 측면도 간과할 수 없다.

여기에 더해 공장식 축산은 AI나 구제역과 같은 가축 전염병의 주요한 원인으로 의심받고 있다. 좁은 면적에서 밀집된 방식으로 가축을 키우는 방식은 가축 질병을 일으키기 쉽기 때문이다. 또한 대량의 가축 항생제 남용도 문제로 지적되는데, 이는 가축에게 내성균을 유발하여 사람에게도 내성 박테리아를 옮길 수 있다는 위험이 있다. 내성을 지니게 된 박테리아는 일반 항생제로 치료될 수 없다.[157]

유럽과 미국에서는 공장식 축산 시스템이 전염병 확산의 원인이 되었다. 유럽과 미국의 주요 대형 육류 가공 공장이 코로나19의 확산 발원지가 됐기 때문이다. 미국의 사우스다코타 돼지고기 가공공장에서 850명, 아이오와주에서 730명, 워털루 공장에서 1,031명, 독일의 육류 공장에서는 3,000명 이상의 노동자가 코로나 확진 판정을 받았다. 햇빛이 없고 춥고 습한 실내 구조를 가진 육류 가공 공장은 바이러스가 생존하는 최적의 공간이었다. 여기에 값싼 고기를 만들어내기 위해 효율성만을 강조하던 공장 시스템은 전염병 위험에 취약한 근로 환경을 만들고 말았다.[158]

코로나 역설, 깨끗해진 지구

인도에서 전 국민 자가 격리 조치가 이루어진 지 15일째 되던 날, 인도 북부의 히말라야 산맥이 모습을 드러냈다. CNN에 따르면 인도에서 히말라야 설산을 육안으로 볼 수 있게 된 것은 30년 만에 처

맑아진 하늘 아래 모습을 드러낸 히말라야 산맥(출처: 셔터스톡)

음 있는 일이었다. 히말라야 산맥으로부터 150킬로미터 떨어진 펀자브 지방의 사람들은 너무나도 오랜만에 풍광을 드러낸 히말라야 산맥의 모습을 바라보며 놀라움을 금치 못했다. 이들이 찍은 히말라야 산맥의 사진이 SNS를 통해 실시간으로 공유되었다.

환경 개선 효과는 중국에서도 극적으로 나타났다. NASA에서 촬영한 항공사진이 이를 증명해준다. 2020년 1월 23일에 코로나19 발원지인 우한이 봉쇄되면서, 2월 중국의 이산화질소NO^2 농도가 30퍼센트 감소했다. 3월에는 이탈리아의 이산화질소 농도가 40~50퍼센트 이상 감소했다. 한국도 중국의 오염 감소와 함께 사회적 거리두기 정책이 시행되면서 3월의 초미세먼지 농도가 전년도에 비해 46퍼센트나 감소했다.

맑아진 공기는 의외의 효과를 거두고 있다. 대기오염은 연간 700

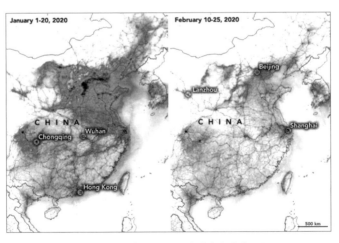

코로나19 이전(좌)과 이후(우) 중국의 대기질 사진(출처: NASA)

만 명의 조기 사망자 수치와 관련이 있다. 스탠퍼드 대학교 마셜 버크Marshall Burke 교수가 발표한 시뮬레이션 예측 결과에 따르면, 중국의 미세입자 배출 감소로 인해 두 달 동안 4,000명의 어린이와 7만 3000명의 노인들을 구할 수 있었다고 한다. 전염병으로 인해 사람들의 활동이 중단되면서 관찰된 자연 환경 개선 효과는 실로 엄청난 것이었다.[160]

팬데믹 사태를 계기로 그동안 이익 추구에만 몰입해왔던 소비사회에 대한 성찰이 필요하다는 목소리가 커지고 있다. 고려대 박기수 환경의학연구소 교수는 앞으로 '지구적 건강 관점Planetary Health Perspective'이 중요하게 부상할 것이라고 주장한다. 이는 인류에게 발생한 문제의 본질을 직시하고 지속가능한 공존의 세상을 만들기 위해 모두 노력해야 한다는 뜻이다.[160]

그린 뉴딜의 시대가 온다

포스트 코로나 시대에는 경제 개발의 목표가 더 이상 지구 생태계를 파괴하는 방식이 아니라 지속가능한 성장 관점으로 모색되어야 한다는 인식이 확산되고 있다.

정부도 한국형 뉴딜 정책으로 '그린 뉴딜'을 강조하고 있다. 인간과 자연이 조화를 이룰 수 있는 발전 방식을 모색해야 한다는 뜻이다. 2020년 4월 그린피스가 19세 이상 남녀 1,600명을 상대로 설문조사를 했는데, 응답자의 61퍼센트 이상이 코로나로 인해 침체된 한국과 세계 경제의 경기 부양에 그린 뉴딜 정책이 도움이 될 것이라는 응답을 내놨다.

　실제로 유럽도 코로나19 이후의 '그린 딜Green Deal'을 중장기 정책 비전으로 제시했다. 시민사회뿐 아니라 각 나라 주요 정당에서도 포스트 코로나 시대를 대비하는 중요한 정책 방향으로 그린 뉴딜을 제시하고 있는데, 미국의 대선 과정에서도 그 모습을 볼 수 있다. 이제 코로나19를 빠져나가기 위한 뉴딜의 세 축으로 디지털 뉴딜, 휴먼 뉴딜, 그린 뉴딜이 중요하게 다뤄지고 있다.[161]

　많은 전문가는 코로나19를 계기로 새로운 친환경 기술의 산업적 배치와 에너지 수요의 감소가 이루어질 수 있다고 강조한다. 영국 랭캐스터 대학교의 가일 와이트먼Gail Whiteman 교수는 전 세계의 정부들이 보건·의료 위기에 처했을 때 경제보다 사람을 중시하는 정책을 폈다고 강조했다. 앞으로의 친환경 정책도 이와 동일한 맥락에서 고려되어야 할 것이다. 경제 논리에 의해서 환경 문제에 접근하는 것이 아닌, 인류 공동의 생존과 건강을 위한 길이 무엇일지 고민하면서 말이다.

윤리적·환경적 소비로 생겨난 새로운 비즈니스 기회

윤리적 소비의 확대

　전염병으로 인한 심리적 충격은 소비자들의 구매 행동에도 변화를 일으키고 있다. 맥킨지앤드컴퍼니McKinsey&Company는 4월 15일

'코로나19 이후 아시아 식품 소매시장의 재해석'이라는 제목의 보고서를 발표했는데, 한국에서는 식품 구매 변화가 뚜렷하게 나타났다. 다수의 한국 소비자들이 식품 소비 기준을 바꾸고 있는 것으로 분석되었다. 설문에 응답한 한국 소비자 1,500명 중에 72퍼센트가 '코로나19 이후 식품 안전에 대한 관심이 높아졌다'는 답변을 했으며, 특히 63퍼센트에 달하는 소비자들이 '코로나19 이후에도 친환경 식품을 구매할 것'이라고 답했다. 무엇보다 건강에 대한 관심이 커진 것은 환경의 역습이라고 판단되는 강력한 전염병의 확산이 소비자의 인식을 재고한 효과도 있는 것으로 해석된다. 식품 안전에 대한 관심과 더불어 건강과 면역력에 대한 높은 관심은 자연스럽게 친환경 제품에 대한 선호로 이어지게 되었다.

그에 반해 '외국산 식품을 구매할 것이다'라는 응답은 17퍼센트에 불과한 것으로 나타났다. 이는 국내산 식품에 대한 선호도 83퍼센트에 비해 크게 낮은 수치이다. 이것은 외부에서 전파된 전염병으로

코로나19 이후 한국의 식품 구매 변화

코로나19 상황 이후 식품 안전에 대한 관심이 높아졌다
5 2 13 11 30 39

코로나19 상황 이후에도 친환경 식품을 구매할 것이다
5 6 18 11 39 21

코로나19 상황 이후 외국산 식품을 구매할 것이다
2 4 11 19 33 32

단위: 퍼센트

● 매우 동의한다 ● 동의한다 ● 약간 동의한다
● 약간 동의하지 않는다 ● 동의하지 않는다 ● 매우 동의하지 않는다

(자료: 맥킨지앤드컴퍼니)

인해 외부 유입 요소에 대해 가지는 조건 반사적인 회피 반응 때문이다. 이는 외부의 낯선 것들을 회피하는 인간의 본능적인 행동 면역 심리 체계에서 기인한다.

중국, 호주, 태국, 인도, 일본, 인도네시아 등 조사 대상 7개국에서도 모두 코로나19 사태 이후 해외보다는 자국 식품 브랜드를 찾는 것으로 조사되었다. 이에 반해 코로나19 발병 근원지인 중국에서는 자국 브랜드보다 외국 식품이 인기 있는 것으로 나타나서 43퍼센트의 응답자만이 자국 브랜드를 선호한다고 대답했다. 오염원의 본능적 회피 전략이 식품 구매 행태에도 그대로 나타나는 것으로 보인다.[162]

브랜드워치Brandwatch는 팬데믹이 윤리적이고 지속가능한 제품과 로컬 쇼핑에 관한 소비자들의 욕구에 어떠한 영향을 미쳤는지 조사했다. 이 업체의 인터넷 빅데이터 분석 자료에 따르면, 2020년 3월에 2019년 12월에 대비하여 로컬, 친환경, 윤리 등 지속가능 제품의 온라인 쇼핑에 관한 언급량이 362퍼센트 증가했다.

자연 자원을 소모시키지 않는 지속가능한 제품에 대한 언급량도 12월 대비 3월에 217퍼센트나 증가했다. 이러한 언급 중 패스트 패션Fast Fashion(최신 트렌드를 반영한 의류)을 피하는 대신 구제 쇼핑몰을 이용하거나 옷을 재활용하는 활동에도 큰 관심을 보이는 것으로 나타났다. 이렇게 윤리적 구매에 관한 언급량은 12월에 비해 132퍼센트나 증가했다.

친환경, 윤리, 로컬 쇼핑을 선택한 소비자들의 배달에 대한 도덕적 딜레마 심리도 보인다. 코로나19 위기 기간 중 비필수 제품 등을 배달하는 노동자에 대한 걱정에 관련한 언급이 1만 9000건이나 관찰되었다. 윤리적 구매의 개념에는 제품 그 자체뿐만 아니라 배달 노동자 보호 이슈까지 포함되어 있다. 단순하게 친환경, 지속가능한 제품을 구매하는 것으로는 윤리적 소비로서 충분치 않다는 소비자의 인식이 반영된 수치라고 볼 수 있다. 소비자들은 실제 배달 공급 체인에서 배달 근로자 등을 위험에 빠뜨리지 않아야만 기업의 윤리적 경영의 조건이 완성되는 것으로 생각하고 있었다. 이제는 기업의 상품 생산부터 유통, 배달까지 공급 과정 전반에 윤리적인 프로세스가 세심하게 정립되어야 진정성 있는 기업으로서 인정받을 수 있다.[163]

세계적인 자산 운용사인 블랙록Blackrock의 로런스(래리) 핑크Laurence D. Fink 회장도 주주 서한을 통해 코로나19가 단순히 금융시장의 변화를 넘어 '적시 공급망Just-In-Time Supply Chains'을 둘러싼 투자자의 심리와 기업 및 소비자 행동에 큰 변화를 가져올 것이라고 전망했다. 많은 소비자가 코로나19에 의해 시장 질서가 무너지는 상황을 경험하게 되면서, 제품 구매 전 더 많은 시간을 고민하게 되었다. 결국 소비자들의 제품 구매는 앞으로 보다 총체적이고 구체적인 관점에서 이루어질 가능성이 높다. 제품의 구성이나 성분에 대해서도 꼼꼼히 따져보고, 생산지, 생산자 정보, 친환경성 여부에 대한 정보도 세심하게 수집해서 살펴보려 할 것이다. 소비자들이 기업에 투명한 정보를 더 많이 요구할 가능성이 높다. 친환경 소비 시대의 토

대가 되는 소비자들의 행동 심리 변화가 본격적으로 이루어지고 있다.[164]

제로 웨이스트 시대

전염병 사태는 전국적으로 막대한 쓰레기를 배출하게 만들고 있다. 1회용 마스크를 비롯해 택배, 배달 음식, 테이크아웃 음료 주문이 크게 늘어나면서 1회용 쓰레기가 쏟아져 나오고 있다. 여기에 해외 수출 길도 막히면서 국내에서도 쓰레기 처리 문제에 대한 우려도 제기된다. 쓰레기 처리 업체들도 도산이 이어지며 쓰레기 대란이 재현될 움직임이 보인다. 이러한 문제들은 오히려 다시금 환경을 보호하고 쓰레기를 최소화하자는 제로 웨이스트Zero Waste 캠페인에 더욱 힘을 실어줄 것으로 예상된다.

엑센추어Accenture 컨설팅이 15개국 3,000명의 소비자를 대상으로 한 2020년 4월 조사 결과에서도 소비자들의 심리는 유사하게 나타났다. 코로나19 이후에 소비자의 64퍼센트는 음식물 쓰레기를 줄이기 위해 더 노력하고 있으며 앞으로도 그렇게 할 것이라고 대답했다. 더 많은 소비자가 환경을 생각하고 쇼핑을 할 때 지속가능성을 염두에 두고 선택을 하고 있으며 앞으로도 그렇게 행동할 것이라고 말한다. 친환경 트렌드는 그동안에도 주목받아 왔지만 코로나19 사태를 계기로 윤리적 소비, 친환경 라이프스타일에 대한 소비자들의 관심은 더욱 커질 전망이다. 이러한 추세는 몇 년이 걸려 이루어질 속도를 몇 주 만에 압축적으로 빠르게 변화를 이끌어내고 있다. 엑센추어 컨설팅은 이러한 새로운 소비자 행동은 전염병 종식 후에도 오랜 기간 지속될 것으로 예상하며 1~2년이 아닌 10년 이상까지도 지속될 수 있을 것이라고 전망한다.[165]

한번 정착된 윤리적 소비 행동은 장기간의 관점에서 지속적으로 습관화된 행동으로 자리 잡을 가능성이 커진다. 이는 실험을 통해서도 증명되었다. 스위스 취리히 응용과학대학 연구팀이 실험을 했는데, 연구에서 사람들로 하여금 자동차 열쇠를 반납하고 2주간 전기 자전거를 타고 다니게 했다. 사람들은 실험 후에도 자동차를 덜 몰고 다니는 습관이 생겼다. 실험에서 사람들이 전기 자전거를 타면서 건강 효과와 동시에 시간을 절약하는 효과를 체험했기 때문에 이러한 행동이 습관화된 것이다. 동일한 맥락에서 사람들로 하여금 친환경적 행동의 이점을 경험하게 하고 이를 습관화시키면 윤리적 소비의 선순환이 지속될 수 있을 것이다.

지구상의 탄소 배출량은 지난 100년 동안 지속적으로 상승해왔다. 그렇지만 동시에 극단적으로 탄소 배출량이 감소된 때가 여러 차례 있었다. 탄소 배출량의 감소는 대체로 인류가 위기에 처할 때 나타나는 현상이었다. 2008년 세계경제위기 당시 탄소 배출량은 4억 5000만 톤이나 줄었다. 제2차 세계대전이 끝난 후에는 8억 톤이 줄었고, 1980년대에 있었던 석유 파동 당시에도 10억 톤이나 줄었다. 그리고 2020년 코로나19 사태로 인해 전 세계의 탄소 배출량도 크게 줄 것으로 예측되었다. 지난 세계경제위기 때보다 여섯 배에서 열 배에 가까운 수치로 감소할 것으로 예상된다. 사회적 거리두기와 격리조치 속에서 항공기 운항과 자동차 운행이 크게 줄면서 나타난 극적인 현상이다. 그러나 이러한 현상이 지속될지에 대해서는 회의적인 시각이 많다. 이전의 위기 상황에서 줄어든 탄소 배출량은 대부분 위기 이전으로 되돌아갔기 때문이다.[166] 많은 전문가는 이번 코로나 사태로 인해 환경과 과학에 대한 인류의 시각이 크게 바뀔 것으로 전망했다. 많은 사람이 인류의 환경 파괴 결과로 인한 지구 온난화의 악영향도 되돌릴 수 있다는 가능성을 직접 목격했기 때문이다. 다가올 넥스트 노멀 시대에 가장 중요한 것은 환경 인식의 변화와 이에 따른 라이프 스타일과 습관의 변화라고 할 수 있다.

무엇보다 친환경을 통한 자원 절약은 경제에 매우 긍정적인 효과를 가져올 수 있다. 글로벌 기후변화 대응 프로젝트 그룹인 '드로다

글로벌 탄소 배출량

연간 10억 톤의 이산화탄소

(출처: BBC코리아[167])

운Drawdown'은 전 세계의 가정에서 나오는 폐기물만 막아도 711억 달러(약 87조 8000억 원)를 절감할 수 있으며, 이를 통해 만들어지는 친환경 비즈니스 시장도 3669억 달러(452조 4000억 원)에 달할 것으로 분석했다. 코로나19가 만들어낸 역설적 환경 변화는 새로운 비즈니스 기회를 만들고 있다.[168]

오버투어리즘을 넘어 에코투어리즘으로

그동안 무분별한 관광객 증가로 인해 세계 유명 관광지는 몸살을 앓았다. 오버투어리즘Over Tourism으로 인해 관광지의 환경이 파괴되고 지역 주민이 피해를 보는 사례가 늘어갔다. 현지에 수많은 관광객이 방문하면서 쓰레기가 넘쳐나고 자연환경이 파괴되는 부작용이 생긴 것이다. 그런데 코로나19 발생으로 인해 관광지에 사람들의 발길이 끊기게 되자, 관광지의 현지 환경이 복원되기 시작했다.

대표적인 사례가 이탈리아 베네치아의 운하이다. 연간 2000만 명의 관광객이 찾던 베네치아의 운하는 항상 강바닥이 보이지 않을 정도로 짙은 녹색물로 탁했는데, 관광객의 발길이 끊겨 오가던 곤돌라 등의 배가 사라지면서 운하가 투명해졌다. 여기에 더해 사람들의 이동이 제한되고 평소에 비해 수상 버스와 보트 통행량이 줄면서 공기도 깨끗해지기 시작했다. 자연으로 되돌아온 동물들의 모습도 많이 목격되고 있다. 이탈리아 샤르데냐주의 칼리아리 항구에는 돌고래가 돌아왔고, 로마의 호수에서 백조가 나타났으며, 이탈리아 사르디니아섬에서는 야생곰이 모습을 드러냈다는 목격담이 SNS를 통해

화제를 모으기도 했다.[169]

이런 상황을 목격하면서 많은 이들이 여행의 방향성에 대해 다시 생각해보게 되었다. 무엇보다 여행이 자연을 파괴하고 환경을 오염시켜 왔던 사실을 돌아보는 계기가 되었다. 앞으로는 지속가능한 여행이 더욱 주목받게 될 것이다.

여행 트렌드는 심리 치유와 면역 증진을 위해 깨끗하고 조용한 자연을 찾는 방향으로 변화될 것이다. 코로나19로 인해 지친 몸과 마음을 치유하고 삶의 질과 건강을 향상시킬 수 있는 여행인 웰니스 관광Wellness Tourism이 더욱 주목받을 전망이다. 문화체육관광부는 2017년부터 '추천 웰니스 관광지'를 선정해왔는데, 이곳을 방문한 외국인 관광객은 2019년에 24만 5000명으로 전년도의 12만 7000명에 비해 93퍼센트 증가했다. 이렇게 많은 사람이 북적거리는 여행보다는 한적한 곳에서 아웃도어 활동을 즐기는 느린 여행을 선호하게 될 것이다. 결국 그동안 인기 있었던 유명 관광지의 방문은 많이 줄어드는 반면, 자연을 즐길 수 있는 관광지는 더욱 인기를 끌 것이다.[170]

특히 앞으로는 환경 파괴를 최소한으로 줄이고 현지에서 있는 그대로의 자연을 즐기고 보호하는 여행 방식인 에코투어리즘Eco-tourism이 지속가능한 관광 개념으로서 각광받을 전망이다. 에코투어리즘의 방향은 두 가지이다. 하나는 생태계를 보호하는 활동 자체를 체험하는 것이고, 두 번째는 생태계를 훼손하지 않고 여행하는 것이다. 이러한 에코투어리즘은 전 세계적인 흐름으로 자리 잡고 있다. 예를 들어, 하와이 현지의 모든 슈퍼마켓과 상점은 비닐봉지를 사용하지 않고 있다. 관광객들도 렌터카를 이용하는 대신 공유 자전거를 이용하며, 호텔들은 침대 시트 등을 재사용하는 식으로 자연 보호에 적극 동참하고 있다. 이러한 다각도의 노력의 결과 하와이 현지 관광지의 환경이 개선되고 길가에 보이던 쓰레기도 현저히 줄어들게 되었다. 우리나라의 대표적인 에코투어리즘 관광지인 순천만은 환경부와 지역 자치 단체의 관리를 통해 관광객의 수를 철저하게 제한하고 있다.[171]

친환경 소비, 효율성을 추구하다

앞으로 친환경 소비의 방향성은 어떻게 될까? 그동안 환경에 대한 관심은 '메가 트렌드Megatrends, 현대 사회에서 일어나는 거대한 조류'로서 최근에도 '필환경(필수로 환경을 생각해야 한다는 의미)' 등의 키워드가 부상하기도 했다. 한때는 '그린Green 마케팅'이 브랜드 이미지 메이킹 전략에 머물러 있었던 적도 있다. 하지만 2000년대 중반 이후로는 친환경 제품과 서비스를 직접 생산·유통함으로써 '녹색 성장'이라는 키워드가 본격적으로 자리 잡기 시작했다. 이후 2008년 세계경제위기를 전후로 친환경 소비에 미묘한 변화가 일어나게 된다.

불황 이전에 녹색 소비 트렌드는 '고급화 소비'를 의미하는 경우가 많았다. 웰빙과 녹색 소비는 프리미엄 이미지의 강한 연상 작용을 일으켰기 때문이다. 웰빙에 이어진 로하스LOHAS 소비도 건강한 프리미엄 이미지를 연상시켰다. 중산층 이상의 소비자들을 중심으로 상품의 가격이 다소 비싸더라도 프리미엄 가격을 지불하는 '그리니엄Greenium, Green+Premium' 또는 '에코 럭셔리 소비'가 유행하기도 했다. 《하버드 비즈니스 리뷰》에서도 이를 가리켜 '배지Badging 소비'라고 지칭했는데, 소비자들이 프리미엄 친환경 제품을 구매하고 이를 상징하는 그린 뱃지Green Badge를 과시하는 수단으로 사용했다고 분석했다. 윤리적 소비가 과시를 위한 수단이 되었다는 의미다.

그러나 세계경제위기 이후 경기 불황이 이어지자 녹색 소비는 효율성 있는 가성비 중심의 친환경 소비 개념으로 변화했다. 경기 불황으로 전체적으로 개인의 소득이 감소하는 상황에서 실용성이 중요해진 것이다. 삼성경제연구소도 2008년 세계경제위기 이후로는 친환경이라는 명분과 경제적 효율성을 모두 달성할 수 있는 '효율적인 그린 소비'를 추구하는 소비자들이 늘었다고 분석한다.[172]

2009년 HBR의 〈불황 이후 소비자의 이해Understanding the Postreces-sion Consumer〉 논문을 보면, 불황기의 소비자들은 친환경 제품에 추가 비용을 지불하기를 원하지 않는다. 오히려 저렴한 제품을 구매하는 트레이드 다운Trade Down을 추구한다고 강조한다. 과거에는 친환경 프리미엄 제품을 구매하는 데 일종의 과시 소비 심리가 작용했지만, 불황기 이후에는 저렴하고 신중한 소비로 전환된다. 그래서 소비자들은 쓰레기를 줄이고, 전기를 아끼고, 재활용을 하고, 물건을 덜 사는 방식으로 친환경을 실천한다. 소비를 통한 친환경 행동은 오히려 줄어들게 된다는 것이다. 이것은 결국 미니멀리즘 소비와 신중한 절약 소비 등이 늘어나는 방식의 그린 컨슈머리즘Green

Consumerism이 더욱 확장되는 결과로 나타난다.[173]

동일한 맥락에서 식문화도 변화를 맞게 될 것이다. 외식을 하기보다는 집에서 저렴하게 만들어 먹는 홈쿠킹에 대한 관심이 높아질 것이다. 특히 신선함과 청정함을 강조하는 식재료에 대한 관심이 커질 것이다. 이렇게 친환경과 자원 절약을 동시에 달성하기 위한 대안이 다각도로 모색되고 있다.

윤리적 소비 영역에서도 추가적인 소비를 늘리기보다는 비윤리적인 제품, 친환경적이지 못한 제품 구매를 줄이는 방향으로 움직일 가능성이 높다. 비윤리적인 기업의 제품에 대해서는 소비자의 과감한 불매 운동이 일어날 수도 있다. 이처럼 실천하는 친환경·윤리적 소비가 더욱 강해질 전망이다.

자전거 시대의 부활

2008년 세계경제위기 이후 자리 잡은 가성비 중심의 녹색 소비 트렌드는 주5일 근무제의 정착과 취미 열풍에 더불어 자전거 시대의 부활로 확산되었다. 자전거 출퇴근이 유행처럼 번지고, 주말에 자전거를 타는 동호인들의 모습이 크게 늘어났다. 이에 따라 자전거 관련 제품 시장도 크게 성장하게 되었다. 자신의 건강을 챙기면서 환경도 지키고 경제적 지출도 최소화하려는 심리가 작용하면서 자전거 열풍이 일어난 것이다.

이러한 관점에서 본다면 향후 친환경 소비는 비용을 많이 들이지 않고 즐길 수 있는 다양한 야외 활동에 집중될 가능성이 크다. 더군다나 감염의 위험성이 커지는 시점에서 실내 활동이 아닌 야외에서의 아웃도어 활동에 대한 니즈가 더욱 커질 것이다. 그 중에서도 특히 자전거는 친환경적이면서 대중교통에 비해 감염으로부터 가장 안전한 교통수단이기 때문이다.

전 세계적으로도 코로나19 이후 자전거 열풍이 불고 있다. 대중교통을 꺼리는 사람들 그리고 오랜 격리 생활로 심신이 지친 사람들이 스트레스에서 벗어나기 위해 자전거를 애용하기 시작했다.

자전거 이용자 비율이 극히 낮은 미국에서도 자전거 타기 열풍이 불고 있다. 뉴욕 시민 중에서 자전거로 통근하는 사람은 1퍼센트가 채 되지 않는다. 시민의 50퍼센트 가까이 자전거로 통근하는 덴마크의 코펜하겐 같은 도시와는 완전히 대조적인 모습을 보인다. 그러나 코로나19 이후 미국 사람들의 라이프 스타일이 완전히 바뀌고 있다. 시장 분석 업체 NPD에 따르면, 2020년 3월 미국에서 자전거 및 관련 장비의 판매 건수가 작년에 비해 두 배가량 상승했다. 통근용, 헬스용 자전거의 매출은 66퍼센트 증가했고, 레저용은 121퍼센트, 어린이용은 59퍼센트, 전기 자전거는 85퍼센트나 판매량이 늘었다.

이러한 현상은 영국에서도 나타나고 있다. 영국에서는 자전거 회사의 주가가 크게 오르는 한편, 3월 23일에 봉쇄령이 단행된 후 자전거 장비 판매량이 500퍼센트 증가했다고 BBC는 보도했다. 특히 영국에는 고용주를 통해 자전거를 빌려주고 세금 공제 혜택을 받는 '자전거 통근Cycle to Work' 제도가 있는데, 이용자 수가 크게 늘어나면서 관련 대응 직원 인원이 200퍼센트나 증가했다.

전 세계의 도시에서는 보행로나 자전거 도로를 확보하기 위해 노력하고 있다. '보행자 및 자전거 정보센터Pedbikeinfo'에 따르면 2020년 5월 27일 현재 전 세계 526곳에서 보행로나 자전거 도로를 설치하려는 계획이 수립되었거나 추진되었다. 많은 도시에서 자전거 친화적 도로망을 임시가 아닌 영구적으로 설치하려고 하고 있다.[174]

우리나라도 코로나19 이후 공유 자전거 이용률이 늘어났다. 서울시 '따릉이'의 경우에는 2020년 2~3월 이용객이 66퍼센트까지 증가했다. 중국에서도 공유 자전거의 수요가 서서히 살아나고 있다. 승객이 많은 버스나 지하철보다 혼자 타는 자전거가 안전하다는 인식이 퍼지고 있기 때문이다. 공유 자전거 업체들은 더 많은 이용객을 유치하기 위해 거치된 자전거를 수시로 소독하며, 이용객들은 비닐 장갑을 끼고 자전거를 이용한다. 손정의 회장이 이끌고 있는 소프트뱅크는 중국의 레전드 캐피탈과 함께 중국의 공유 기업 '디디추싱滴滴出行'의 자전거 사업 부문인 '칭쥐青橘'에 1억 5000만 달러(약 1845억 원)를 투자하기도 했다.[175, 176]

원헬스 원웰페어, 미래 시장의 기회를 열다

코로나19의 위기는 인간이 자연을 파괴하면서 나타난 부작용 중 하나이다. 인간과 자연, 인간과 동물이 분리된 존재라는 오만한 생각이 엄청난 재앙을 몰고 온 것이다. 이를 계기로 인간과 자연과 동물은 하나로 연결된 존재라는 '원헬스, 원웰페어One Health, One Welfare' 사상이 더욱 힘을 얻고 있다. 인간에게 발생하는 많은 질병이 동물에게서 유래되는 경우가 많아지고 있기 때문에 코로나19 이후 원헬스, 원웰페어 사상이 이후 더욱 설득력을 얻고 있다.

동물에게 가한 비윤리적이고 잔인한 행위들은 결국 인간에게 크나큰 해악으로 돌아올 수 있다. 특히 그동안 공장식 축산에 대한 비판은 채식주의 운동을 중심으로 진행되어 왔는데, 코로나19를 계기로 비판의 목소리는 더욱 커지고 있다. 동물 복지, 동물권의 개념도 다시 주목받고 있다. 이에 따라 식물성 대체육 시장은 더욱 주목받기 시작했다.

대체육 시장의 확대 속에서 식물성 고기 제조 업체인 '비욘드미트 Beyond Meat'의 빠른 성장세가 눈에 띈다. 비욘드미트의 2020년 1분기 매출은 전년도 같은 기간보다 141.40퍼센트 증가한 9707만 달러를 기록했다. 육가공 업체의 제품 안전성에 대한 의구심이 커지면서 대체육에 대한 관심이 매우 커진 것이다.

대체육 패티를 만드는 '임파서블 푸드Impossible Foods'도 코로나19 이후 새로운 전성기를 맞이하고 있다. 임파서블 푸드는 2020년 5월부터 1,700개 크로거Kroger 매장에 식물 단백질로 만든 채식 버거를 팔기 시작했다. 건강에 대한 의식이 개선되고, 동물 복지와 환경을 생각하는 소비에 대한 관심이 높아지게 되면서 소비자들은 대체육 시장에 더욱 큰 관심을 가질 것이다. 바클레이즈Barclays 투자 보고서에 따르면 대체육 시장은 전 세계적으로 기존 일반 육류 시장 점유율의 1퍼센트로 140억 달러(한화 약 17조 원)에 불과했지만, 2029년에는 열 배 증가한 10퍼센트로 1400억 달러(한화 약 171조 원) 수준으로 크게 성장할 것으로 전망했다. 기존에는 대체육 시장이 신기하고 생소한 마이크로 트렌드Micro-trend의 영역에 불과했지만, 미래에는 메가 트렌드Megatrend로 발전할 수 있는 가능성이 높아지고 있다.[177, 178]

공유지의 비극을 넘어
친환경 연대를 향해
———

무엇보다 친환경 트렌드가 사회에 성공적으로 안착하기 위해서는 사회 공동의 연대가 무엇보다 절실히 요구된다. 개인의 단기적인 이기심이 공동체의 장기적인 공익과 충돌할 때 사익을 추구하는 이기적 행동만을 하게 되면 공동체 전체의 손실로 이어질 수 있다. 개인이 환경보호를 위한 자신과 타인의 노력을 비교하게 되면, 개인이 기후변화 경감을 위해 노력하던 행동을 방해하게 되는 것이다. 이를 가리켜 '공유지의 딜레마Commons Dilemma' 또는 '공유지의 비극The Tragedy of the Commons'이라고 한다.

공유지의 비극은 미국 캘리포니아 대학교 샌타바바라 캠퍼스 UCSB 생물학과 교수인 개럿 하딘Garrett Hardin이 주장한 개념이다. 공유지의 비극은 100마리의 양을 기를 수 있는 한정된 공유지에서 시작된다. 100마리 이상의 양을 풀어 방목하면 결국 목초지는 과도하게 소진되어 재생산이 불가능해지고 점차 황폐화되어 아무도 쓰지 못하게 된다. 그런데도 목동들은 될 수 있는 한 많은 양을 풀어서 자신의 이익을 최대로 만드는 데에만 관심이 있다. 때문에 양을 계속 풀어놓기만 하고 그 수를 결코 줄이지 않는 결과가 나타날 것이다. 결국 황폐화된 공유지는 목동들 모두에게 손해를 보게 할 것이다. 이는 모두가 공익을 위해 협조하지 않으면 개인의 노력은 무의미한 결과를 가져올 뿐이라는 이치를 깨닫게 한다.[179]

공유지의 비극은 기후변화를 줄이기 위한 노력의 딜레마를 보여준다. 개개인이 아무리 노력해도 타인의 협조가 없으면 기후변화를 경감시킬 수 없기 때문에 오히려 무력감을 강화하는 결과를 가져올 수 있다. 그러므로 공유지의 딜레마를 극복하기 위해서는 최대한 많은 사람이 실천에 나서도록 이끌어야 한다. 친환경이 선택이 아닌 필수가 되어야 하며, 정부와 기업, 소비자가 함께 노력하는 과정을 통해서 공유지의 비극을 막아야 한다. 결국 친환경 생태계를 만들기 위해서는 사회적인 합의와 연대가 무엇보다 중요하다는 것을 알 수 있다.[180]

#7 코로나 리세션

코로나19 사태는 우리가 전혀 예상하지 못했던 변수였다. 몇 년 전부터 대규모 전염병 확산에 대한 경고는 계속 있었지만 전 세계에 걸쳐 감염병이 급격히 확산될 것이라고는 그 누구도 상상하지 못했다. 1918년 세계를 휩쓸었던 스페인 독감 이후 100년 만에 발생한 팬데믹으로 인해 전 세계는 급격히 패닉 상태에 빠져들었다. 이로 인한 경제적 피해는 상상 이상의 연쇄 반응을 일으킬 가능성이 높다. 과거 2008년 세계금융위기는 경제의 구조적 문제 때문에 발생한 불황이었지만, 지금의 경기 침체는 실물경제가 마비되면서 소비자 수요가 급격히 위축되는 동시에 시장 공급이 악화되는 경제 불황의 모습을 보이고 있다.

대면 소비가 마비되는 큐코노미 현상을 극복하려면?

트리거 효과와 블랙 스완

트렌드를 분석하고 예측하는 데 있어서 보통 '환경 스캐닝Environ-mental Scanning'을 한다. 환경 스캐닝은 트렌드 형성의 조건이 될 수 있는 사회·문화·경제·정치 등의 외부 영향 요소들을 자세하게 분석하는 방법이다. 이를 토대로 미래 트렌드를 분석하고 예측하는데, 종종 우리가 전혀 예상치 못한 사건·사고 등이 발생하게 된다. 특히 사건·사고의 양상이 크면 클수록 이후의 파급력은 상상을 뛰어넘는다. 트렌드 분석의 관점에서 이러한 것을 '방아쇠 효과Trigger Effect'라고 지칭한다. 총알이 격발되듯 시장에 엄청난 충격이 발생하고 이에 따라 트렌드 변화의 연쇄반응이 일어난다는 의미다. 이러한 충격은 이전의 환경 스캐닝을 통한 분석 방향을 완전히 바꾸거나 무의미하게 만들 정도로 큰 위력을 발휘한다.

전혀 예상하지 못한 일이 발생하는 것을 지칭하는 개념으로서 블랙 스완 이론Black Swan Theory이 있다. 흰 백조가 아니라 예상치 못했던 검은 백조가 눈앞에 등장하는 현상을 가리킨다. 오랜 세월 동안 유럽인들은 백조는 모두 하얗다고 굳게 믿어왔다. 그런데 1697년, 영국의 한 자연학자가 호주에서 검은 백조를 발견하면서 이 믿음은 완전히 깨지게 되었고 유럽인들은 상당한 충격을 받게 됐다.

이렇듯 블랙 스완 이론은 도저히 일어날 것 같지 않은 일이 발생하는 현상을 지칭한다. 과거의 경험을 토대로 많은 경우의 수를 예상해도 결국에는 그것을 완전히 벗어나는 일이 발생한다는 사실을 보여준다. 코로나19는 전 세계 모든 이에게는 블랙 스완 같은 존재다. 수많은 사람의 목숨을 앗아가는 전염병의 확산력과 전파 속도가 우리의 경험과 지식의 수준을 완전히 뛰어넘고 있기 때문이다.

큐코노미의 도래

'큐코노미Qconomy'는 '격리Quarantine'와 '경제Economy'가 합성된 용어로, 소비자들이 외부 접촉을 꺼리게 되면서 대면 소비가 마비되는 현상을 지칭한다. 이렇게 전염병으로 인한 불안 심리가 증폭되면 결국 소비가 위축될 수밖에 없다. 소비가 위축되면 소매 유통업부터 제조업까지 큰 타격을 입게 된다. 이러한 과정이 연속적으로 일어나면 국가 경제에 악영향을 주게 된다. 또한 소비가 줄어들면 공급이 위축되고 기업들은 연쇄 도산의 위기를 맞을 수 있다. 이로 인해 실업자가 양산되면 소비와 생산이 위축되는 악순환이 벌어지게 된다. 과거의 1998년 외환 위기나 2008년 세계금융위기는 대외적 불안에서 시작되었기 때문에 수출을 증대하거나 외환 보유고를 확충하는 등 대외 균형 회복 전략을 구사할 수 있었다. 그러나 큐코노미의 위기는 감염병으로 인한 급격한 소비 위축으로 생기는 특수한 형태의 경제 불황이다. 특히 코로나19로 인한 경제적 파급이 전 세계에 걸쳐 나타나고 있다는 점도 매우 우려스럽다.[181]

큐코노미의 위기는 시장에서 소비자들의 대면 소비가 살아나기 쉽지 않은 특징 때문에 정부가 돈을 풀거나 금리를 낮추는 정책이 실물경제에서 효과를 발휘하기 어렵다는 데 근본적인 문제가 있다. 이러한 상황에서 소비자들의 소비 심리를 되살릴 수 있는 방법이 무엇일지 다각도로 탐색해야 한다. 위기를 극복하는 대안을 모색하기 위한 방법으로서 그동안 우리가 경험해왔던 과거의 경제 위기나 불황시기 등을 상정하고 당시의 소비 트렌드 변화 양상을 구체적으로 살펴보는 것도 큰 도움이 될 수 있을 것이다.

불황기 소비자 반응의 변화를 파악하라

트렌드 다운데이팅

급격하게 위축되고 있는 경제 상황에서 트렌드 변화의 추이를 살펴보기 위해서는 과거의 유사한 사건을 분석해보는 것이 도움이 된다. 이를 위해 다운데이팅Down Dating 분석 방법이 유용하다. 이 방법은 과거에 있었던 사건들을 추적하고 분석해서 현재의 시각으로 향후 트렌드의 변화 양상을 예견해보는 것이다. 현재의 코로나19에 비견할 수 있는 과거 유사 사례를 분석함으로써 앞으로의 상황을 다각도로 예측해볼 수 있다.

다운데이팅 분석 대상으로서 가장 먼저 비교의 대상이 될 수 있는 사건은 2008년 세계금융위기이다. 이 시기에 벌어졌던 일련의 사건들은 세계경제에 광범위한 영향을 미쳤다. 경제 위기로 인한 연쇄 반응은 결과적으로 시장 트렌드의 변화를 크게 촉발시키게 된다.

2008년의 경제 위기 이후 발생했던 트렌드의 변화 양상을 분석한다면 코로나19로 인한 경기불황 이후 트렌드의 변화 방향성을 예측하는 데 판단의 준거가 될 수 있다.

불안 심리로 인한 방어기제 소비

불황기에는 불안 심리가 매우 커지며, 이런 불안감은 심리적 방어기제를 형성한다. 더군다나 코로나19의 전염병 사태 속에서는 불안 심리가 더욱 커질 수밖에 없다. 코로나19 이후 소비자들의 가처분 소득은 감소하고, 직업 안정성은 위협받으며, 집단적 동요 심리로 인한 더욱 큰 불안 심리를 경험하고 있다. 이러한 불안감은 실제 구매 행동의 양상을 크게 변화시킬 수 있다.

2008년 제일기획에서 발표한 불황기 소비 심리에 대한 기사를 불안 심리의 방어기제에 초점을 맞추고 있다. 이 기사에서는 불황기에 소비자가 느끼는 불안감으로 인해 몇 가지 특징적인 현상이 나타난다고 강조한다.

첫 번째, 소비자들은 더욱 강한 원초적 자극을 찾게 된다. 소비자들은 경제적 압박과 스트레스를 풀기 위해 이성적으로 사고하는 것보다는 감각적이고 본능적인 자극을 더 선호하게 된다. 이에 더해 두려운 전염병의 위기 속에서 현재에 더욱 집중하는 현상이 나타난다.

이런 집중 현상을 가리켜 '짧은 생애사 전략Fast Life Strategy'이라고 한다. 이는 즉 장기적 미래 예측이 힘들어질 때 주로 나타나는 삶의 방식이다. 짧은 생애사 전략은 투키디데스Thucydides의 《펠로폰네소스 전쟁사《The History of the Peloponnesian War》에서, 당시 역병이 돌던 기원전 430년 전후 아테네 사람들의 삶의 태도의 변화를 묘사한 글에서 엿볼 수 있다.[182, 183]

> "…과거에는 도덕이나 규범 때문에 은밀히 했던 행동을 이제 사람들은 당당하게 해치우게 됐다… 부와 건강도 언제나 오래도록 지속되는 것이 아니라는 생각으로 쾌락을 즐기며 한순간의 충동을 더 중요시했다. 더 이상 사람들은 명예를 지키기 위해 참고 인내하는 일 따위에는 흥미를 잃었다. 쾌락에 즐거움을 더하는 것이라면 무조건 유용하고 선한 것으로 받아들였다. 신에 대한 두려움도 사람이 만든 법도 모두 구속력을 잃었다."
>
> —투키디데스, 《펠로폰네소스 전쟁사》 중에서[184]

코로나19 사태가 장기화되어 사람들의 불안감이 더 커지면 순간적인 향락에 집중하고 장기 계획을 세우지 않는 분위기가 확산될 수 있다. 실제로 과거 불황기에도 원초적 본능에 소구한 마케팅이 인기를 끈 경우가 많았다. 가장 대표적인 사례가 2008년 소주 '처음처럼'이었는데, 이효리로 광고 모델을 바꾸면서 "흔들면 부드러워진다"라는 카피를 내세워 홍보하여 큰 효과를 거뒀다. 이 광고가 히트를 치면서 2005년에 7퍼센트에 그쳤던 '처음처럼'의 서울 지역 시장점유율이 24퍼센트까지 올라갔다. 향후에도 원초적이고 본능적인 소구를 하는 마케팅이 강조될 가능성이 높다.

두 번째, 위안형 소비가 증가한다. 불황기에는 소비자들의 보상 심리로 인해 위안형 소비가 증가한다. 대표적으로 술, 담배, 초콜릿 등의 기호품 소비가 크게 늘어난다. 이는 코로나19 기간 초기에 두드러지게 나타났던 현상이다. 소비자들은 불안감과 우울함에서 탈출하기 위해 위안 소비에 나서게 된다. 과거 세계적인 불황 속에서도 미국의 최대 주류 회사였던 안호이저-부시 컴퍼니스Anheuser Busch Companies의 매출도 크게 상승했고 담배회사인 필립모리스Philp Morris의 2008년 2분기 매출도 전년도에 비해 19.8퍼센트나 증가했다. 이러한 보상형 소비는 기분 전환을 위한 소비로도 나타나는데 대표적인 것이 옷을 구입하거나 근교 여행을 떠나는 것이다. 코로나19 기간에는 외출할 일이 별로 없어서 의류 소비가 매우 부진했다. 그러나 5월 연휴 기간 동안 보복 소비의 형태로 명품 등의 제품 소비가 급증해 매출이 반등했다. 결국 사회적 거리두기가 어느 정도 완화되면 의류에 대한 보상 소비 심리도 크게 상승할 수 있다. 또한 근교 여행이 더욱 큰 인기를 끌 것이다. 특히 해외여행 길이 전부 막히는 상황에서 국내 여행 수요는 크게 증가하게 될 것이다.

세 번째, 불황기 젊은 세대의 소비 전략에 주목할 필요가 있다. 보통 불황기에는 연령대에 따라 소비자 행동의 변화에 큰 차이가 나타난다. 부양할 가족이 없고 유행 민감성이 높은 젊은 소비자들의 소비 행동은 상대적으로 덜 위축된다. 실제로 2008년 당시 삼성전자의 '햅틱폰'은 70만 원대라는 고가에도 불구하고 5개월 누적 판매량이 50만 대를 훌쩍 넘었다. 당시 미국 드라마 〈섹스 앤 더 시티Sex and the City)가 젊은이들에게 인기를 끌면서 청담동, 압구정동, 이태원 등의 브런치 카페에는 1인당 2만 원이 넘는 브런치를 즐기는 20~30 대 젊은이들이 넘쳐났다. 이처럼 세대별로도 소비의 양극화가 나타날 가능성이 높다.

네 번째, 불황에도 가족을 위한 소비는 크게 줄지 않는다. 불황기에는 개인을 위한 소비는 줄어도 가족을 위한 소비는 크게 위축되지 않는 경향이 나타난다. 코로나19 시기에도 가족을 위한 소비는 오히려 늘어나는 모습을 보였다. 가족의 행복과 안전을 위해서는 아낌없이 돈을 지출하는 것이다. 삼성생명은 2004년 카드 대란이 일어났던 시기에 가족의 사랑을 주제로 한 광고를 대대적으로 집행했는데, 그때 브랜드 인지도가 크게 상승했다. 당시 닌텐도 위Wii도 가정용 또는 자녀 교육용 게임기로 컨셉을 잡고, 광고를 통해 가족과 함께 게임하는 모습을 강조함으로써 큰 효과를 볼 수 있었다.[185]

극단적 체험소비의 위축

불황기의 불안 심리는 행동 양식과 라이프 스타일에도 영향을 미친다. 《하버드 비즈니스 리뷰》의 〈불황 이후 소비자의 이해Understanding the Postrecession Consumer〉 연구를 보면, 불안 심리로 인해 '극한 경험을 추구Extreme Experience Seeking'하는 소비가 줄어든다고 지적한다. 또한 불황기 이전에는 물질적 소유에 더해서 여가나 익스트림 액티비티 등을 체험하려는 열망이 매우 강하게 나타났지만, 불황 이후에는 이런 모습이 많이 사라지게 된다고 보았다. 불황기 이전에는 이국적인 경험에 대한 열망이 크고, 위험한 액티비티나 환경을 파괴하는 극단적 활동에 대한 관심이 많이 나타났다. 대표적인 예로 레이싱 자동차를 몬다거나 값비싼 레저 여행을 하는 것 등을 들 수 있다. 실제로 1990년대 초반의 경제 불황기 기간 동안 장거리 여행이 크게 줄어든 반면, 단거리 여행은 크게 늘어났다. 불황기에는 소비자들이 심리적으로 안정을 추구하기 때문에 마음을 동요시킬 수 있는 소비를 자제하는 경향이 나타나는 것이다. 코로나19라는 강력한 심리적 장벽은 향후 소비자들의 행동에 상당한 제약이 될 것이다.[186]

중고품 경제, 리셀 마켓으로 확장되다

2008년 세계경제위기는 중고 시장이 급성장한 계기가 되었다. 사람들은 가처분소득이 줄어들게 되자 실용적 소비 가치를 중요하게 생각하게 되었다. 또한 기존에 가지고 있던 소유물의 가치를 최대한 활용하고 극대화하려는 니즈가 커졌다. 이러한 실용적 가치의 확대는 이후 공유 경제의 확산으로 이어지기도 했다. 중고 거래와 함께 공유 소비가 더욱 일반화된 계기가 된 것이다.

코로나19 이후에도 사람들의 소비 여력이 빠르게 줄고 있어서, 새 제품보다 중고 물품을 찾는 실속 수요가 늘고 있다. 현재 사용하지 않는 물품을 팔아 부족한 잔고를 채우려고 하는 사람이 많아지면서 중고 거래 플랫폼도 빠르게 성장하고 있다. 데이터 분석 플랫폼 '모바일인덱스'가 국내 안드로이드 스마트폰 사용자를 대상으로 조사한 결과, 2020년 3월 기준 중고 거래 앱 월간 순 이용자 수는 약 492만

5000명이었는데, 2019년 3월에 비하여 65.7퍼센트 급증한 숫자다.

특히 플랫폼을 기반으로 한 직거래 앱 '당근마켓'의 사용자가 크게 증가했다. 집을 중심으로 한 동네 기반의 중고 거래가 특히 활성화되고 있는 것이다. 당근마켓 이용자 수는 '번개장터'나 '중고나라'에 비해서 상대적으로 훨씬 큰 증가폭을 보였다. 당근마켓은 지역 거주민이 직거래를 하는 방식으로 특화되어 있는데, 이처럼 지역 경제 기반의 플랫폼도 앞으로 주목해야 할 플랫폼 유형으로 뽑을 수 있다.[187]

중고품 경제가 확대되는 현상을 우려하는 목소리도 있다. 중고 시장의 성장이 경제 성장에는 마이너스로 작용할 수 있다는 것이다. 사실 중고품 인기는 오랜 불황을 겪고 있는 일본에서 먼저 시작되었다. 작은 온라인 벼룩시장에서 시작한 기업인 '메루카리メルカリ'는 2018년 시가총액 5조 원 대의 기업이 됐다. 이용 고객이 한 달에 1000만 명을 넘어 일본 중고품 거래 금액의 60퍼센트 이상을 차지한다. 스마트폰 앱을 통해 판매하는 방식은 우리나라의 당근마켓처럼 매우 편리하다. 여기에 코로나19에 따른 경제 불황은 중고 시장의 성장 속도를 더 빠르게 만들고 있다. 중고품 시장은 경기가 후퇴해서 살림살이가 어려워질수록 더 성장하는 특징이 있기 때문이다. 일본의 장기 불황 시대에 태어난 '사토리 세대'처럼 우리나라의 젊은 세대도 새 물건을 소유하는 데 크게 욕심내지 않는다면 향후 중고품 시장은 더욱 커질 가능성이 높다.

중고품 경제의 확대는 소비자 입장에서는 실용적 소비를 통해 가계 재정을 건전하게 할 수 있는 방법이지만 국가 경제 전체에는 악영향을 줄 수 있다. 중고품 수요가 커지면 신제품 판매는 줄어들 수밖에 없기 때문이다. 일본의 다이이치第一생명경제연구소는 중고품 경제 확대로 인해 일본의 GDP가 0.2퍼센트포인트 감소한 것으로 분석했다. 대표적인 사례가 도서 시장이다. 우리나라에서도 도서 구입 수요가 계속해서 줄고 있는데, 이는 스마트폰 등의 사용 확산뿐만 아니라 기업형 중고 서점이 확산되면서 책을 저렴하게 살 수 있게 되었기 때문이다. 패션 의류 등의 분야에서도 중고품 시장의 성장은 신규 수요 창출에 도움이 되지 못한다는 분석이 있다. 기업을 하는 입장에서 중고 시장의 확장은 그리 반갑지 않은 일인 듯하다.[188]

중고품 경제는 이제 리셀Resell 마켓으로 새롭게 변모하고 있다. 가성비와 실용성을 중시하는 Z세대에게 리셀 마켓은 유니크한 개성을 가진 아이템을 획득할 수 있는 '보물찾기 공간'이다. 한정판을 구매해서 비싸게 되파는 리셀러Reseller들의 경쟁도 치열해지고 있다. '샤테크(샤넬+재테크)'와 '롤테크(롤렉스+재테크)'로 대표되는 명품 리셀에서 한정판을 팔고 사는 스니커테크(스니커즈+재테크)까지 빠르게 확대되고 있다. 미국 중고패션 판매 업체인 '스레드업ThredUp'에 의하면 전 세계의 리셀 시장 규모는 2018년 28조 원에서 2020년 48조원으로 크게 성장할 것으로 보인다. 특히 스니커즈 운동화 리셀은 희소성을 내세우며 MZ세대에게 큰 인기를 모으고 있다. 예를 들어, 나이키와 가수 지드래곤이 협업해서 한정판으로 21만 원에 출시했던 '나이키 에어포스1 파라노이즈'는 리셀 가격이 1000만 원을 넘어섰다. 이러한 상황에서 리셀 플랫폼 앱도 다양해지고 있다. 네이버는 스니커즈 운동화 거래 플랫폼인 '크림KREAM'을 출시했고, 미술품 경매 기업인 서울옥션도 스니커즈 리셀 플랫폼인 'XX블루'를 선보였다. 이제 밀레니얼·Z세대들에게 리셀 거래는 물건을 단순히 값싸게 구매하기 위한 방법에서 즐거운 '쇼핑 놀이'의 수단이 되고 있다.[189]

불황기에 마케팅으로 주목받는 법

답답한 일상을 달래는 펀 마케팅

경기 불황에 따라 사회적 스트레스가 가중되면 소비자들은 복잡하고 고단한 현실을 잠시나마 잊게 해줄 위로 콘텐츠를 찾을 것이다. 2008~2009년 당시 광고는 어려운 시대에 힘이 되겠다는 메시지와 함께 소비자들을 즐겁게 해주는 광고나 마케팅이 많았다. 유머러스하거나 감성적으로 어필을 하는 광고들이 소비자들에게 큰 사랑을 받았다. 대표적인 사례가 '집 나가면 개고생이다' 시리즈나 고단한 사람들을 위로하는 콘셉트인 '박카스' 광고 시리즈다.[190] 무거운 사회 분위기를 가벼운 유머로 순화하여 힘을 주는 내용의 광고가 사람들의 공감을 받았다.

불황의 시기에는 이렇게 유머로 소구하는 펀 마케팅Fun Marketing

이나 위로의 메시지를 전하는 진정성 마케팅이 주목받는다. 중국에서 코로나19 기간에 실시된 한 설문조사에서, 격리 기간 동안 사람들은 긴장감(29.7퍼센트)이나 공포감(16.1퍼센트)보다는 무료함(38.6퍼센트)을 더 많이 느낀 것으로 나타났다. 전염병 초기, 2주가 넘는 자가 격리 기간 이후에도 외출을 삼가는 상황에서 무료함을 달래주거나 즐거움을 주는 엔터테인먼트 요소를 찾게 되었다. 과거와 달라진 점이 있다면 이제 위로 콘텐츠는 기존과는 차별화된 영상 플랫폼을 통해 보다 다양하고 생생하게 전달된다는 점이다. 다양한 미디어를 활용하는 Z세대를 겨냥한 '틱톡TikTok' 같은 휘발성 강한 가벼운 콘텐츠는 소비자들에게 또 다른 위로와 재미를 선사하고 있다. 이러한 이유에서 사람들에게 보다 다양한 미디어를 활용하여 유쾌한 콘텐츠로 다가서는 것도 중요해지고 있다. SNS에서 각종 챌린지가 유행하는 것도 무료한 일상을 달래고자 하는 심리에서 생겨난 현상이다. 우울하고 답답한 마음을 위로할 수 있는 가벼운 유머나 놀이 소재의 콘텐츠가 가장 필요한 시기이다.[191]

다만 펀 마케팅을 실시할 때는 코로나19로 곤란에 처한 사람들의 어려운 마음도 잘 헤아릴 수 있어야 하며, 단순하게 억지 웃음을 주는 마케팅은 지양해야 한다. 예를 들어 코로나19와 이름이 같아서 고충을 치렀던 코로나 맥주가 펀 마케팅을 무리하게 구사하다가 사람들의 비난을 받기도 했다. 전 세계적으로 전염병이 퍼지던 시기에 "코로나가 곧 상륙한다Coming Ashore Soon"라는 문구의 광고를 선보였다가 대중들에게 큰 비난을 받으면서 브랜드 이미지가 추락하게 되었다.

이제는 코로나19로 인해 지친 사람들에게 웃음과 위안을 줄 수 있는 지혜로운 방법이 무엇인지 고민해야 한다. 이런 분위기 때문에 2020년 만우절에는 펀 마케팅을 실시하지 않은 기업들이 대부분이었다. 그렇지만 모든 사람이 공감할 수 있는 '집콕 놀이'처럼 함께 공감할 수 있는 소재를 활용한다면 브랜드 이미지를 개선하는 데도 도움이 될 수 있을 것이다.

단순하게, 코스토베이션하라

2008년 당시에도 컨버전스Convergence(기능 결합)보다 본질적인 기능에 중점을 두는 디버전스Divergence(디지털 독자 기능 확산) 제품에 대한 수요가 높아졌다. 정신적으로 고단한 시기에 복잡한 기능과 외관은 소비자의 관심을 끌기 힘들다는 것이다. 불황기 소비자들은 심플한 디자인과 기능에 열광할 가능성이 높다. 2008년 제일기획은 수도권에 거주하는 성인 남녀 300명을 대상으로 조사를 실시했는데, 응답자들 중 73.6퍼센트는 단순하고 감각적인 것에 끌린다고 응답했다. 불황기에는 경제적 압박과 스트레스를 해소하기 위해 복잡하고 심각한 것보다 단순하고 심플한 것을 선호하게 될 것이다.

2009년《하버드 비즈니스 리뷰》의 〈불황 이후 소비자의 이해〉 논문에서는 단순함에 대한 수요가 증가할 것이라고 분석했다. 경기 하락 기간 동안에 사람들은 스트레스를 많이 받게 되어 복잡한 것이 아닌 단순한 것에 대한 열망이 커진다는 것이다. 불황 이전에 소비자들은 선택의 다양성과 풍부함에 매료되어 왔지만 불황 이후에는 단순화시키는 것에 더욱 매력을 느끼게 될 것이라고 분석했다. 이러한 맥락 속에서 소매 유통에서도 전문가가 엄선한 제한된 종류의 제품을 제공하는 편집숍이 인기를 끌기도 했다.

단순함에 대한 욕구는 신뢰할 만한 브랜드에 대한 인기로 이어지기도 하며, 이는 소셜 네트워크부터 제품 랭킹 사이트까지 다양한 구매 조언자에 대한 니즈로 연결된다. 넘쳐나는 정보 과잉과 상품의 홍수 속에서 제품을 추천해줄 수 있는 조언자를 찾게 되는 것이다. 단순함에 대한 욕구에 부흥하려면 구매 결정 과정에서도 시간과 노력을 최대한 줄여주는 것이 중요하다. 넷플릭스처럼 소비자가 좋아할 것 같은 영화나 드라마 몇 편만 추천해서 제공해주는 것도 이러한 요구에 부응하는 서비스가 될 수 있다.[192]

무조건적인 제품 업그레이드는 중요 키워드인 가성비를 해칠 수 있다. 소비자가 기대하는 성능보다 지나치게 업그레이드해서 소비자의 외면을 받는 오류를 범하는 이른바 오버슈팅Overshooting의 함정에 빠져서는 안 된다. 지금 같은 시기에는 업그레이드보다 다운그레이드가 유리할 수 있다. 애플은 다운그레이드 전략을 선택해 단종된 '아이폰SE'를 보급형으로 내놓기도 했다.

가성비를 달성하는 방법으로서 스티븐 윙커Stephen Wunker가 주장한 '코스토베이션Costovation, Cost+Innovation'의 개념에도 주목할 필요가 있다. 코스토베이션은 불필요하거나 부가적인 것을 삭제하고 제품이나 서비스의 핵심 가치만 정확하게 전달할 것을 강조한다. 예를 들어, 미국의 플래닛 피트니스Planet Fitness는 꼭 필요하지 않은 시설을 과감하게 없앤 다음 회원권의 가격을 5분의 1로 낮췄다. 미국에서 피트니스 회원권의 평균 가격은 월 52달러 정도인데 플래닛 피트니스의 회원권은 10달러에 불과하다. 이곳은 700만 명 이상의 회원을 확보하고 1,100곳이 넘는 지점을 오픈할 정도로 큰 성공을 거두었다. 이렇게 고객의 만족도는 극대화하면서 비용을 최소화하는 혁신 방법을 '코스토베이션'이라고 한다.[193, 194]

신뢰 마케팅의 중요성

불황기에는 소비자들에게 신뢰를 주는 것이 무엇보다 중요하다. 불확실성이 높은 시대일수록 잘 알지 못하는 제품을 신뢰하기가 점점 어려워진다. 재난의 위기는 소비자들을 더욱 예민하게 만들고 상호 간에 신뢰 형성을 어렵게 하기 때문이다. 불확실성이 높아지는 시기에 소비자들은 믿음을 주는 브랜드를 선택할 가능성이 높아진다. 이는 불황기 소비자들의 불안 심리 때문이며, 무의식적인 불안감으로 인해 위험 회피형 구매 심리가 강해져 신뢰감을 주는 브랜드를 선택하게 되는 것이다. 이 시기에 소비자는 기업을 매우 높은 기준으로 판단하게 된다. 그리고 그 신뢰의 원천은 다른 소비자들의 평판과 구전에 의해 결정되는 경우가 많다.

불황기일수록 소비자들은 제품을 사기 전에 다른 이들의 평가를 꼼꼼하게 따져보고 구매하는 경향이 높아진다. 과거에는 신뢰 있는 브랜드가 광고를 통해서 만들어졌지만, 현재의 브랜드 신뢰는 소비자들이 기업에게 수여해주는 일종의 '계급장'이 되었다. 소비자들은 자신의 이익 여부와 가치 판단에 따라 브랜드를 교체할 것이다. 품질 문제, 고객에 대한 불성실한 태도, 공정성에 위배되는 기업 경영 등의 문제가 생기면 주저 없이 타 브랜드로 갈아탈 준비가 되어 있다. 불황기 소비 트렌드를 분석한 2009년《하버드 비즈니스 리뷰》에서는 이런 소비자들을 '까다롭고 변덕스러운 소비자Mercurial Consumer'라고 표현하고 있다.

　무엇보다 신뢰받는 브랜드가 되기 위해서는 제품 정보 등을 투명하게 공개해야 한다. 2008년 세계경제위기 당시에도 광우병, 조류독감, 멜라민 파동 등의 식품 안전사고로 인해 안전한 먹거리를 찾는 소비자들의 요구가 커졌다. 이후 식품의 원산지, 재료, 유통 과정 등 정보가 투명하게 제공되는 제품을 선호하는 현상이 두드러지게 나타났다. 이에 대응해 기업들은 유통기한뿐만 아니라 제조일자까지 표기하며 소비자들의 신뢰를 얻기 위해 다양한 노력을 기울였다. 불확실성의 시대의 소비자들은 투명하게 정보를 공개하여 신뢰감을 줄 수 있는 브랜드를 선호한다는 점을 기억해야 한다.[195]

　코로나19와 같은 전염병이 확산되는 상황에서 시장 불확실성에 대한 소비자의 인식은 극대화될 수밖에 없다. 그러므로 기업은 소비자들을 위해 자신의 제품이나 서비스의 안전성을 보증하는 정보를 지속적으로 제공해야 한다. 무엇보다 소비자들은 자신이 구매하는 제품이 바이러스로부터 안전한지 확인하고자 한다. 특히 소매 업체는 자신들의 유통 공급망이 효율적일 뿐만 아니라 신뢰할 만한 안전성을 확보하고 있다는 점을 고객에게 명확히 알려야 한다. 실제 소비자들은 자신이 구입하는 제품의 출처 등을 명확히 알고 싶어 한다. 그러므로 업체들은 자신들이 판매하는 제품이 바이러스 확산으로부터 어떤 영향을 받았는지 고객들에게 명확한 정보를 주는 것이 중요하다. 고객과 무엇보다 빠르고 시의적절한 커뮤니케이션이 이루어져야 한다. 예를 들어, 미국의 라이프 스타일 브랜드 '그루브 라이프Groove Life'는 바이러스 확산 피해가 심각한 지역에서 공급되는 상품에 대한 방역을 대대적으로 실시했는데, 이렇게 추가 방역 조치를 실행했음을 고객들에게 적극적으로 알렸다.

투명한 정보를 실시간으로 알려주기

위기 상황에서 기업은 소비자들에게 실시간으로 투명하게 정보를 제공할 필요가 있다. 특히 코로나19 이후, 사람들은 질병 대응에 필수적인 정보를 찾고 있으며 기업들이 유용한 정보를 제공할 것을 기대한다. 전자상거래 멤버십 기업인 '스라이브 마켓Thrive Market'은 면역력 증강 식품, 청소 청결 용품, 수요가 많은 식료품 등 판매량이 높은 제품의 재고량을 늘렸다는 소식과 함께 시장의 가격 폭등 추세에 편승하지 않겠다고 소비자들에게 알렸다. 이것은 소비자들에게 상세한 정보를 알려주는 동시에 고객을 위하는 기업이라는 명확한 인식을 심어주었다.[196]

안전을 염려하는 고객들의 신뢰를 얻기 위해 첨단 기술을 활용해 실시간으로 정보를 제공하기도 한다. 블록체인을 통해 제품의 생산과 유통, 판매 과정의 정보를 세세하게 기록하여 소비자가 모든 정보를 공유할 수 있게 만드는 것이다. 이것은 언택트 체제가 가속화되는 가운데 소비자의 신뢰를 구축하고 공급망을 체계적으로 관리하는 효과적인 방법이다.

대표적으로 미국 신선 해산물 공급 업체 '로 시푸드Raw Seafood'는 2019년 10월에 블록체인 기술을 활용한 IBM의 푸드 트러스트Food Trust 플랫폼을 도입했다. IBM 블록체인 기술을 접목해 해산물을 포획한 정보부터 판매까지의 기록을 모두 디지털 정보로 남기는 것이다. 해산물 포획 순간부터 이를 선별하고 포장하는 과정, 최종 목적지로 운송하는 정보 등을 위성을 통해 실시간으로 업데이트하는 방식이다. 일련의 데이터는 공급자, 유통 업체, 소매 업체 등과 공유되고, 소비자들은 소매점에서 QR코드로 해산물 정보를 열람할 수 있다. 특히 해산물은 생산지 정보가 불명확하고 원산지나 어종을 속여 판매하는 경우가 많아서 신뢰도가 매우 낮았는데, 블록체인 기술을 도입해 고객 신뢰를 획기적으로 높였다. 이를 통해 소비자들이 안심하고 구매할 수 있는 상품 유통 신뢰 체제가 확립될 수 있었다.[197]

고객 신뢰 형성을 위한 노력뿐만 아니라 브랜드 이미지 개선을 위한 다양한 시도도 필수적이다. 동서식품은 1998년 외환위기 때 경영이 어려워졌지만 주 고객층인 주부를 대상으로 브랜드 이미지 광고를 적극적으로 집행한 결과, 제품의 시장점유율이 크게 향상되었다.[198] 어려울 때일수록 브랜드의 긍정적인 이미지는 생존을 결정하는 최후의 보루가 될 수 있다. 실제로 중국의 제약 업계에서는 사스 전염병 사태를 계기로 브랜드 이미지를 제고하기 위한 마케팅을 적극적으로 펼쳤다. 브랜드 가치를 제고하는 활동에는 소홀했던 기존 중국 제약 업계가 사스 사태 이후에 본격적인 브랜드 경영을 펼친 것이다.[199] 무엇보다 요즘 소비자들은 단순한 광고보다는 일반 소비자들의 체험 스토리를 믿는 경향이 크다. 이러한 흐름에 맞추어 기업들은 자사 브랜드를 사용한 사람들의 긍정적인 구전이 널리 확산될 수 있도록 다양한 소셜·동영상 플랫폼을 적극 활용해야 할 것이다.

불황기 소비 지도

지금까지 논의한 불황기 소비 트렌드의 분석 내용을 요약하여 제시하면 다음의 도표와 같이 배치할 수 있다. 이 도표는 2009년 《하버드 비즈니스 리뷰》의 〈불황 이후 소비자의 이해〉에 나오는 그래프를 현재의 맥락과 본서의 논의 내용에 맞춰 수정하여 배치한 것이다. 이 도표에서는 소비 트렌드 차원의 X축을 감속Slowed과 가속Accelerated, Y축을 오래된 것Mature과 새로운 것New으로 배치하여, 각각 주류, 유망, 감소, 지체 트렌드의 네 가지 유형으로 분류했다.

도표의 내용을 보면 먼저 주류 트렌드로는 가족 지향 소비(가족 중심 소비), 원초적 소비(감각적이고 자극 지향적인 소비), 재미 추구 소비(편 마케팅과 기분 전환 소비), 심플 지향 소비(단순함을 추구하는 소비)

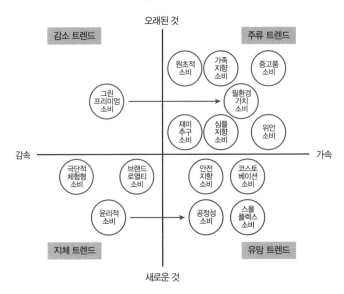

불황기 소비 지도

감소 트렌드 / 주류 트렌드 / 지체 트렌드 / 유망 트렌드

오래된 것 / 새로운 것 / 감속 / 가속

원초적 소비 / 가족 지향 소비 / 중고품 소비 / 그린 프리미엄 소비 / 필환경 가치 소비 / 재미 추구 소비 / 심플 지향 소비 / 위안 소비 / 극단적 체험형 소비 / 브랜드 로열티 소비 / 안전 지향 소비 / 코스토 베이션 소비 / 윤리적 소비 / 공정성 소비 / 스몰 플렉스 소비

등이 있었다. 무엇보다 대표적인 불황기 소비 현상인 중고품 경제는 실용적 소비 가치가 우선시되면서 더욱 확대될 전망이다. 그린 프리미엄 소비에서 과거의 친환경·녹색 제품은 일종의 프리미엄을 의미했으며 과시를 위한 일종의 '배지Badging 소비'였다. 이 소비 키워드는 2008년 불황 이후 매우 약화되었으며 가성비를 중시하는 친환경 소비 패턴으로 대체되었다. 현재의 필환경 가치 소비는 지속가능성에 대한 공적 의식의 제고를 통해 나타나는 소비 키워드로, 향후 더욱 중요해질 전망이다.

개인 차원의 윤리적 소비는 사회 차원의 공정성 소비로까지 확대되었다. 2008년 불황 이후 윤리적 소비의 흐름은 소비자의 구매력

위축으로 다소 지체되었지만, 현재의 공정성 소비는 사회적 차원의 가치 판단과 의사 표현에 적극적인 모습으로 더욱 확장될 것이다. 지체 트렌드는 브랜드 충성도가 줄어들면서 브랜드 선택에 유연한 태도를 가진 더욱 까다로운 소비자가 증가하는 현상으로 나타날 것이다. 무엇보다 안정을 추구하는 사회 분위기 속에서 익스트림 액티비티 등과 같은 극단적 체험 소비 니즈는 감속될 가능성이 높다.

유망 트렌드는 개인의 건강에 대한 불안감으로 인해 안전 지향 제품에 대한 소비가 크게 늘어나는 현상으로 나타날 것이다. 안전과 안심 키워드를 강조하는 제품에 대해서는 추가 지출을 아끼지 않는 소비자들이 대거 등장할 것이다. 또한 불필요한 부가 기능과 추가 요소를 제거한 코스토베이션 제품이 인기를 얻을 것이며, 중산층은 위축된 경제 상황 속에서도 스몰 플렉스를 향한 열망을 더욱 크게 가지게 될 것이다.

불황기에 인간의 모든 소비 욕망이 줄어드는 것은 아니다. 경제가 더욱 위축되더라도 위기에 대처하고 스스로를 위안하며, 자신만의 가치를 표현하기 위한 소비는 멈추지 않을 것이다.

3

미래를 향한
트러스트 이코노미

신뢰 자본

코로나19의 대확산은 우리 사회의 신뢰를 역사적 시험대에 올려놓고 있다. 감염병의 급속한 확산이 끊이지 않는 가운데 사회 구성원 간의 신뢰는 심각한 위협을 받고 있다. 세계 곳곳에서 사회적 신뢰 붕괴 현상이 목격되고 있으며, 국가와 기업에 대한 믿음이 무너지는 급격한 연쇄 효과를 초래하기도 한다. 신뢰는 사회의 기본적 토대이자 중요한 경제적 자본이다. 신뢰가 무너지면 경제 시스템에 미치는 악영향이 너무 크기 때문에 신뢰를 지키는 일은 재난의 시기에 무엇보다 우선되어야 할 것이다.

미국의 프랜시스 후쿠야마Francis Fukuyama 교수는 저서《트러스트 Trust》에서 '신뢰'는 가장 중요한 사회적 자본으로서 국가 경쟁력의 핵심 근간이라고 강조했다. 그는 사회적 자산으로서의 신뢰가 경제 번영의 성패를 결정 짓는다고 강조했다. 사회 구성원 상호 간의 믿음이 견고해지면 보다 건강한 국가 경제가 구축될 수 있다.

구성원 간의 신뢰가 높아지면 자원을 더욱 효율적으로 배분해서 경제 발전을 도모할 수 있다. 불신 풍조가 만연하여 서로 믿지 못하게 되면 하는 일마다 시간과 비용을 낭비할 수밖에 없다. 경제 활동의 편익은 줄어들고 비용은 늘어나서 경제적 성과가 저하될 수밖에 없는 것이다. 후쿠야마 교수에 따르면 강한 사회적 연대를 이룩한 사회는 신뢰도가 높지만, 공동체적 연대가 미약한 사회는 신뢰도가 낮다. 그는 전 세계의 국가들을 '고신뢰 사회High Trust Society'와 '저신뢰 사회Low Trust Society'로 분류했다. 후쿠야마는 일본, 미국, 독일 등을 전형적인 고신뢰 국가로 분류했다. 그런데 코로나19 이후 전형적인 고신뢰 국가였던 나라에서조차 정부에 대한 신뢰가 떨어지고 사회 구성원 간의 믿음이 붕괴되는 현상이 목격되고 있다. 일본 정부는 전염병 대처 미숙으로 인해 국민 신뢰가 저하되고, 미국에서는 아시아인에 대한 혐오에 이어 흑백 차별로 인한 폭동이 일어나는 등 사회적 신뢰에 커다란 위협이 되는 상황들이 지속적으로 펼쳐지고 있다.

정보 전염병으로 인한
신뢰의 위기

———

역사적으로 전염병이 돌 때는 공포심이 횡행하고 거짓 소문이 난무한다. 수많은 잘못된 정보로 인해 사회 혼란이 고조되기도 한다. 흑사병이 만연했던 중세 유럽에서 만인에게 공포심이 엄습하자, 전염병의 원인을 돌리기 위해 희생양을 찾아 응징하는 '마녀사냥'이 벌어졌다. 14세기에 흑사병이 대대적으로 유행했을 때에는 유대인들이 우물을 오염시켜서 전염병이 발병했다는 거짓 소문이 퍼지면서 수많은 유대인이 학살되었다. 19세기 유럽, 콜레라 대확산 시기에 여행과 교역이 통제되었는데 이로 인해 식료품 가격이 폭등하자 불만을 품은 빈민층이 폭동을 일으켰다. 1831년에 10만 명 이상의 사망자를 발생시킨 헝가리 콜레라 유행 시기에는 귀족과 의사들이 자신들에게 독을 퍼뜨렸다고 생각하는 이들을 무작위적으로 살인했다. 대대적인 전염병의 유행 시기에는 이렇게 유언비어와 마녀사냥이 대중의 불안 심리를 타고 번져나갔다. 전염병의 공포로 인해 사람 간의 믿음이 사라지고 사회의 신뢰 수준이 매우 낮아진 것이다.[1]

가짜 뉴스와 리스크 리터러시

인포데믹 현상

코로나19는 거의 모든 사람이 처음 겪어보는 미지의 전염병이다. 전염병에 대한 정보의 부재는 잘못된 정보의 전파로 인한 정보 전염병, 즉 인포데믹Infodemic의 범람을 초래하게 되었다. 인포데믹은 '정보Information'와 '전염병Epidemic'의 합성어로서, 잘못된 정보가 인터넷과 미디어를 통해 빠르게 확산되는 현상을 지칭한다. 최근에는 '가짜 뉴스'라는 용어로 잘 알려져 있는데, 특히 코로나19가 급속히 확산되었던 지역을 중심으로 가짜 뉴스가 빈번하게 등장했다. 동일한 내용이 언어만 바뀌어서 전 세계를 통해 반복 재생산되기도 했다.

코로나19와 관련해서 전 세계에 돌았던 가짜 뉴스로는 마늘 섭취, 소금물 양치, 콧속에 참기름 바르기가 감염 예방에 도움이 되며, 숨참기로 감염 여부를 자가 진단할 수 있다는 내용 등이 있다. 가짜 뉴스는 거짓으로 판명되기 전에는 대중들 사이에서 유행처럼 번지다가 시간이 지나서야 사실 검증을 통해 진실이 아니라고 판명되는 경우가 많다. 하지만 그 반대의 경우도 없지는 않다. 예를 들어, SNS에서 공유된 정보 중 신발을 집 밖에 내놓으면 바이러스 확산 위험성을 줄일 수 있고, 비말을 통해 바이러스가 튀어나오면 일반적인 환경에서 24시간 이상 생존한다는 정보는 진실로 밝혀지면서 혼란에 빠진 경우도 있었다.

바이러스보다 강력한 인포데믹의 위력

이러한 가짜 뉴스의 파급력은 어느 정도일까? 이탈리아 국립연구회 소속의 복잡계연구소는 2020년 3월, 가짜 뉴스의 전염력 강도를 분석한 연구 결과를 공개했다. 이들은 감염병 확산 예측 수학모델 'Ro(기초재생산지수, 감염자 한 명이 감염시키는 2차 감염자 숫자)'를 이용해서 SNS에서 코로나19 관련 정보가 전파되는 추이를 분석했다.

1월에서 2월까지 트위터, 유튜브, 인스타그램 등 다섯 개의 SNS 채널에 올라온 134만 건의 포스트와 746만 건의 댓글을 분석했는데, WHO가 전염병을 'Covid-19'로 명명했던 1월 20일을 기점으로 게시글 수가 폭증했다. 이 당시 다섯 개의 SNS에 게시된 전염병 관련 정보의 Ro 수치는 3.3으로 계산되었다. 심지어 인스타그램의 Ro 수치는 130에 달했다. 이는 코로나19의 Ro 지수인 2.0~2.5 수준보다 훨씬 높았다. SNS에서 신뢰할 수 있는 진짜 정보와 함께 미상의 가짜 정보도 함께 확산되고 있다는 것을 알 수 있다.[2]

코로나 19 사태가 추후 진정되더라도 향후 이러한 인포데믹 현상은 여러 가지 부작용을 낳을 수 있다. 앞으로 바이러스와의 기나긴 전쟁을 앞두고 있는 인류에게 가짜 뉴스는 전염병 이상으로 강력한 암적 존재들이다. 전 세계의 과학자들은 인포데믹에 대응하기 위해 대표적인 가짜 뉴스를 다양한 언어로 번역해서 알리는 '루머를 이기는 팩트 체크Facts Before Rumors' 프로젝트를 진행하기도 했다. 정보의 진위 여부를 가리기 위해서는 이러한 전문가들의 노력이 필수적이다.

온라인 확증 편향과 필터버블

　인포데믹이 SNS 등을 통해 급속히 확산되는 이유는 무엇일까? 이는 정보의 고도화에서 그 원인을 찾을 수 있다. 정보의 고도화는 다양한 정보의 유입을 가능케 하지만 자칫 잘못된 정보의 범람으로 이어질 수 있다. 잘못된 정보들은 SNS 등의 매체를 타고 일방적으로 온라인 확증 편향Confirmation Bias을 가속화한다.

　인터넷을 통한 정보의 다양화, 대량화가 개개인으로 하여금 열린 시각, 다양한 의견들을 수용하게 하는 것 같지만, 오히려 편향적 이념과 사상을 형성시킬 우려도 크다. 자신이 속한 그룹 내부의 정보에 얽매여 편향적으로 정보를 수용하면서 가짜 뉴스는 빠르게 확산된다.

　인터넷이 모든 정보를 다수의 사람에게 확산시키고 연결한다는 전제에 대해서도 회의적인 시각이 많다. 특히 온라인과 SNS에서는 자신이 보고 싶은 것만 보고 입맛에 맞는 정보만 골라 선택하는 경우가 많다. 이는 그룹 안에서 확대·재생산된 정보를 기반으로 자신의 이념적 정체성을 공고히 하는 이른바 '확증 편향'의 강화로 귀결된다는 것이다. 자유로운 연결을 지향하는 온라인 공간이 오히려 확증 편향을 강화하는 토양이 될 수 있다.[3]

　동영상 등에서 개인화된 추천 알고리즘 등은 '필터 버블Filter Bubble' 현상을 초래한다. 필터 버블은 개인화된 검색 정보의 결과물로서, 사용자의 위치, 검색 이력, 과거의 클릭 동작 등의 정보에 기반하여 사용자가 어떠한 정보를 보고 싶어 하는지를 추측한다. 이러한 알고리즘에 의해 자신의 의견과 일치되는 정보만 편식하게 되어 동의하지 않는 정보는 항상 걸러지게 된다. 이러한 과정은 자칫 사용자 자신만의 이념적·문화적 틀에 스스로를 가둘 수 있다는 우려가 제기된다.

필터 버블은 미국의 시민단체 '무브온Moveon'의 엘리 프레이저Eli Pariser 이사장의 《생각 조종자들The Filter Bubble》이라는 저서에서 등장했다. 정보를 필터링하는 알고리즘에 정치적이거나 상업적인 논리가 개입되면 필터링을 거친 정보만을 받아들이는 사용자들은 자기도 모르게 정보를 편식하게 되고, 이로 인해 타의에 의한 가치관 왜곡이 일어나는 것을 지적한 것이다.

알고리즘이 제대로 작동한다고 하더라도 필터 버블은 한정된 정보만을 지속적으로 제공해 상반된 견해를 가진 사람들의 글이나 정보, 뉴스 등을 접할 기회를 박탈하기 때문에 이용자들의 지식과 이념의 발전을 방해할 수 있다. 알고리즘에 의해 필터링되어 개개인의 취향에 맞춤화된 정보는 흡사 정크푸드와 유사하다. SNS와 동영상 플랫폼에서 이러한 필터 버블 메커니즘이 작동하면 온라인 확증 편향은 심화될 수밖에 없다.[4]

더 진짜 같은 가짜, 딥페이크

배우 톰 행크스가 영화 촬영을 하던 중 코로나19 확진을 받아 격리된 적이 있었다. 격리 기간 중에 한 매체에 이런 내용의 기사가 올라왔다. 호주 매체 '비투타 애드보케이트Betoota Advocate'는 톰 행크스가 치료를 받고 있는 골드코스트 병원 직원들이 그에게 배구공 하나를 선물했다고 전하며, 톰 행크스가 공을 들고 있는 사진을 올렸다. 그 배구공은 2001년 그가 주연을 했던 영화 〈캐스트 어웨이Cast Away〉에 나왔던 '윌슨'이라는 공이었다. 배구공 윌슨은 영화 속에서 톰 행크스의 유일한 말동무인 소품이었다. 매체는 〈캐스트 어웨이〉의 속편이 나온다고 보도하며, 코로나19로 인한 격리가 영화 속 무인도 상황과 비슷하다는 것을 보여주기 위한 깜짝 이벤트였다고 설명했다. 전 세계로 퍼져나간 이 소식은 가짜 뉴스인 것으로 판명되었다. 이미지는 병원 사진과 과거 톰 행크스가 공을 들고 있었던 사진을 합성한 것이었다.[5]

보이는 사진을 순진하게 있는 그대로 받아들이면 거짓이라는 사실을 알아채기는 정말 어렵다. 여기에 단순한 사진 합성을 넘어 영상에 첨단 디지털 기술이 접목된다면 진짜와 가짜를 구분하기란 불가능에 가까워진다.

인공지능을 이용해서 디지털 영상을 진짜처럼 위조하는 '딥페이크Deepfake' 기술이 급속도로 발달하고 있다. 딥페이크란 인공지능 딥러닝 기술의 '딥Deep'과 가짜라는 의미의 '페이크Fake'를 합친 단어이다. 특정 인물의 안면과 신체 부위를 전혀 다른 영상과 합치는 것인데, 인공지능 기술과 얼굴을 정교하게 매핑Facial Mapping하고, 안면을 교묘하게 바꾸는Face-Swapping 기술을 결합해서 진짜처럼 보이게 만드는 것이다.

딥페이크가 확산되면 사람들은 자신이 본 영상이 진짜인지 가짜

인지 확신하기 어려워진다. 의도적으로 영상을 조작하면 개인의 사생활 침해는 물론 여론 조작과 유언비어 유포 등의 문제가 발생할 수 있다. 이러한 딥페이크 영상은 국가 안보에도 위협적이다.

실제 인터넷에서 딥페이크로 제작된 가짜 영상이 공유되며 논란을 일으키기도 한다. 얼마 전 오바마 전 대통령이 "트럼프는 정말 아무짝에도 쓸모없는 사람"이라고 말하는 영상이 인터넷에 올라왔다. 그러나 이 영상은 딥페이크에 대한 경각심을 불러일으키기 위해 오바마 대통령의 사진과 코미디언의 목소리를 합성한 거짓 영상이었다.[6]

첨단 기술이 발전하면서 진짜와 가짜를 구분하는 것은 점점 어려워지고 있다. 이러한 거짓을 분별하는 다양한 기술이 나오고 있지만 이를 뛰어넘는 기술이 바이러스처럼 우후죽순 자라나고 있다. 이를 막기 위해서는 무엇보다 대중 스스로도 미디어의 정보를 주체적으로 해석하고 비판적으로 수용하는 미디어 리터러시Media Literacy, 미디어 해석 능력를 갖추도록 노력해야 할 것이다.

여기에 더해 포스트 코로나 시대를 살아가는 현대인들은 위험에 대한 민감도와 대처 능력을 두루 갖추어야 한다. 이를 가리켜 김호기 연세대 사회학과 교수는 '리스크 리터러시Risk Literacy'라고 지칭한다. 대중들도 이제는 위험을 제대로 판단하는 능력을 가져야 한다는 것이다. 이를 위해서는 전문가 집단이 사실을 전파하려는 노력이 선행되는 한편, 대중들도 올바른 정보를 숙지하기 위해 노력해야 한다. 국가에서 국가로 퍼지는 바이러스 못지않게 정보 전염병도 최선을 다해 막아야 우리 사회를 더 안전한 곳으로 만들어나갈 수 있을 것이다.

재난 공포 심리를 역이용한 마케팅

행동 면역 체계와 사회적 신뢰

팬데믹의 위험 속에서 인간의 면역 체계는 크게 두 가지 시스템으로 활성화된다. 첫 번째는 생물학적 면역 체계이다. 신체 면역 시스템이 외부 바이러스로부터 보호하는 기제가 작동하는 것이다. 또 다른 하나는 행동적 면역 체계이다. 이것은 외부에서 낯설거나 위험하다고 인식되는 존재가 다가올 때 회피하고 혐오하는 본능적 행동을 가리킨다. 전염병이 만연할 때는 기침하는 사람이 있으면 재빨리 피하게 된다. 중국 우한에서 전염병이 급속도로 퍼지기 시작했을 때 전 세계적으로 중국인에 대한 혐오가 매우 높아졌다. 이러한 행동 모두가 인간의 행동 면역 시스템이 민감하게 활성화되면서 나타난 현상이다. 즉 위험한 존재를 멀리하려는 위험 회피 반응이 강력하게 작동한 것이다. 이러한 메커니즘이 발현되면 전염병이 확산되는 과정에서 사람들이 서로를 믿지 못하는 현상이 심화될 가능성이 높다. 이는 건강한 사회적 신뢰 형성에 큰 위협으로 작용할 수 있다.

전염병이 만연하게 되면 질병의 위협으로부터 자신을 보호하기 위해 혐오 민감성Disgust Sensitivity이 높아진다. 그래서 사회적 거리 두기를 하며 배타적 태도를 가지게 되고, 차별이나 배척 행동까지 서슴지 않게 된다. 낯설고 위험해 보이는 것들을 철저히 배척함으로써 전염병의 위험에서 벗어날 수 있다. 하지만 사회적으로는 그 부작용이 상당히 클 수 있다. 배타적 태도는 소수 인종에 대한 혐오나 소수 집단, 특정 종교에 대한 배척으로 이어질 수 있기 때문이다.

실제로 덴마크의 연구 논문 〈질병 회피 수단으로서의 불신 전략 Distrust As a Disease Avoidance Strategy〉에 따르면 개인의 행동 면역 체계가 민감하게 작동할수록 사회적 신뢰 지수가 더 크게 떨어지는 것으로 나타났다. 질병에서 벗어나기 위한 심리가 회피 행동을 활성화해서 타인에 대한 믿음이 약해질 수밖에 없다는 것을 보여줬다. 팬데믹 상황은 인간의 행동 면역 체계를 작동시켜 타인 혐오를 강하게 만들고, 전반적인 사회적 신뢰를 크게 약화시킨다는 사실이 일부 과학적으로 증명되어 있다.[7, 8, 9]

미국의 한 연구에서 스페인 독감이 발생한 후에 18개 국가에서 신뢰 수준이 어떻게 변했는지 분석했다. 실제로 전염병을 최악으로 경험한 나라에서는 대인 관계의 신뢰도가 더욱 심각하게 감소했다. 생존자들은 전염병 극복 후에도 습득된 문화적 태도를 통해 그동안 조성된 불신감을 자신의 후손들에게 전달했다. 특히 스페인 독감을 경험한 사람들은 전염병을 관리하는 사회적 시스템의 실패를 경험했는데, 이는 사회 불신을 증대시키고 대인 관계의 상호 신뢰 수준을 크게 약화시켰다.

그 결과 스페인 독감 시기에 사람들은 서로를 더 불신하게 되었고, 전염의 두려움과 함께 서로에 대한 호혜적인 행동이 줄어들었다. 당시 스페인 독감의 대부분의 희생자들은 15~34세 사이의 젊은 이들이었다는 점에서 심리적 충격은 더욱 컸다. 특히 전염병 이후에 닥쳤던 심각한 경기 침체로 인해 사회적 신뢰에는 더욱 큰 균열이 생겼다.

경제적 신뢰가 제대로 형성되기 위해 은행은 기업이 돈을 제때 갚을 것이라고 믿고, 직장은 서로를 신뢰하며 일할 수 있는 안정적인 토대를 만들어야 하며, 소비자들은 양질의 상품을 원활하게 전달해주는 공급자들을 신뢰해야 한다. 그러나 재난에 따른 경제적 균열은 이러한 믿음을 훼손시킬 가능성을 높인다. 실제로 코로나19 기간 동안 미국에서는 유통 공급망에 대한 불신이 깊어지면서 대규모 사재기 소동이 벌어졌다. 전 세계적으로 경제가 불안정해지면서 해고와 실직의 불안감 또한 커지게 되었다.[10]

공동체적 연대를 통해 긴밀하게 협력하여 재난 대처에 성공한 나라들은 오히려 신뢰도가 상승할 가능성이 높다. 사회적 시스템이 성공적으로 작동할 때 사회 구성원들의 공동체적 신뢰 수준이 영구적으로 강화될 수 있다.

위기의 극복은 더 큰 사회적 연대와 연결, 공생의 힘에 대한 믿음의 향상으로 이어질 수 있다. 전염병 초기에 비교적 성공적으로 대처한 우리나라에서는 신뢰 붕괴 현상이 일어나지 않았다. 오히려 공적 기관에 대한 믿음과 사회 구성원 상호 간의 사회적 신뢰를 더욱 견고히 할 수 있었다. 신뢰 자본을 강조했던 후쿠야마 교수는 우리나라를 전형적인 '저신뢰 사회'로 분류했지만 우리는 위기 극복 과정에서 상대적으로 높은 신뢰 수준의 사회의 모범을 보여주었다.

미지의 바이러스 공포심을 극대화하다

사전 정보의 인지 유무에 따라 위험의 유형을 유형화하면 세 가지 정도로 분류할 수 있다. 첫 번째는 '알려진 예측 가능한 일Known Knowns'이다. 이것은 이미 사전 데이터가 충분하며 향후의 변화 추이를 알 수 있는, 어느 정도 예측 가능한 위험이다. 이러한 위험은 계절적인 추세 변동이나 인구 변화, 도시화 등의 장기적인 메가 트렌드의 변화를 예로 들 수 있다.

두 번째는 '알려진 불확실한 일Known Unknowns'이다. 위험에 대해 완벽한 정보나 예측은 쉽지 않지만 어느 정도 정확도를 가지고 미래의 위험을 예측하는 방식이다. 과거 데이터 분석을 통해 확률적 예측이 가능한 임의적 사건과 이벤트들을 상정한다. 미국의 허리케인이나 토네이도 발생, 기상이변 등에 대해 예측한 사례가 있다. 확률을 통해 위험을 예측함으로써 발생 가능성이나 영향력의 정도를 가늠할 수 있다. 과거의 경험을 바탕으로 대응 매뉴얼도 비교적 잘 갖춰진 편이다. 위험 요소의 확률적 수치도 어느 정도 정량화가 가능하기 때문에 보험 가입 등을 통해 미래에 얼마든지 대비할 수 있다.

세 번째는 코로나19와 같은 '알려지지 않은 불확실한 일Unkown Unkowns'이다. 사전 정보가 전혀 없는 그야말로 미지의 위험이다. 상황 전개와 파급력에 대한 사전 정보가 전혀 없으므로 전개 양상을 예측하기가 매우 어렵다. 이것은 위험 요소라기보다는 불확실성 요소다. 전혀 예측하지 못했다는 점에서 블랙 스완 이벤트에 해당하며, 엄청난 강도의 지진이나 동아시아의 쓰나미 같은 사례를 예로 들 수 있다. 일본에서 일어난 원전 폭발과 전력 중단이 이어지는 복합적 재난 사건 등도 이와 같은 위험에 포함된다. 2008년 서브프라임 모기지 사태도 이와 유사했다. 기업들은 국제 금융 시스템이 붕괴될 것이라고 상상하기 매우 어려웠으며, 과거의 경험과 데이터가 전혀 없었기 때문에 대처 방식과 대응 결과를 아무도 예상할 수 없었다. 현재 코로나19의 위험 양상이 바로 이와 같다. 미국의 도널드 럼즈펠드Donald Rumsfeld 전 장관은 전 세계 역사를 통틀어봐도 'Unkown Unkowns'에 대응하기는 매우 어렵다고 강조했다.[11]

코로나19의 위험은 대중에게 실제적인 위협으로 다가온다. 질병의 위험성이 높기도 하지만, 공포의 강도는 실제보다 더욱 강하게 인식된다. 미국의 폴 슬로빅Paul Slovic 교수는 '위험 인식Perception of Risk'에 대한 연구를 수행했는데, 실제 위험도와 일반인들이 받아들이는 위험도는 매우 다르다는 것을 증명했다. 다양한 분야의 사람들에게 위험 강도 순위를 매기라고 하자, 일반인들은 위험도를 '원자력 발전-자동차-총기-흡연' 순위로 평가했는데, 전문가들은 '자동차-흡연-음주-총기' 순으로 평가했다. 일반인들이 두려워했던 원자력 발전은 전문가들에게 20위 정도의 위험에 불과했다. 이처럼 일반인들이 체감하는 위험의 강도는 전문가들이 이야기하는 위험과는 전혀 다르게 다가온다. 무엇보다 코로나19는 사람들이 알지 못하는 미지의 영역에 있다. 많은 대중의 감염을 목격하는 가운데 결과의 끔찍함을 경험하고 있으며, 위험에 노출된 사람들의 수(실제 위험의 정도와는 무관)가 매우 많아서 미지의 질병에 대해 무시무시한 공

포를 더욱 크게 느끼는 것이다.[12]

재난을 틈탄 공포마케팅의 위협

이러한 두려움의 분위기 속에 공포 마케팅이 다양하게 출현한다. 바이러스가 완전히 종식되기까지 상당한 시일이 걸릴 것으로 예상되는 상황에서 공포 마케팅이 기승을 부릴 가능성이 높다.

실제로 코로나 사태가 정점에 달했을 때 도를 넘은 공포 마케팅이 비난을 받기도 했다. 예를 들어, 공기청정기 제조 업체들은 과도한 공포 마케팅으로 공정거래위원회로부터 경고를 받았다. 이들은 "세균 99.9퍼센트 제거", "바이러스 등 오염물질 깨끗하게 정화" 등의 광고 문구로 공기청정기 성능을 과장했다. 일부 인터넷 사이트와 SNS에서는 시민들의 불안 심리를 이용해서 예방 효과가 검증되지 않은 식품을 과장 광고하는 경우가 많았다. 이들은 심지어 유산균이나 음료 등이 모두 코로나19 전염을 예방할 수 있다고 광고했다. 그러나 이것은 아무런 근거가 없다. 한 보험회사에서는 '코로나19에 걸릴 경우를 대비해서 폐 질환 담보 보험에 가입하라'며 사람들의 공포 심리를 역이용했다는 비판을 받았다.

정치권에서도 공포 마케팅 전략을 사용하는데 흔히 FUD 전략이라고 지칭한다. 공포Fear, 불확실성Uncertainty, 의혹Doubt의 영문 첫 글자를 딴 FUD 전략이다. 향후에는 FUD 전략처럼 질병으로 인한 불안감을 자극하고 검증되지 않은 면역력 증강 등을 내세우며 구매를 조장하는 공포 마케팅이 다양한 방식으로 등장할 수 있다. 공포에 대한 유익한 접근은 지향하되, 이익을 위해 인포데믹을 조장하는 비열한 전략은 지양해야 한다. 무엇보다 소비자들에게 진정성 있는 기업으로 인정받기 위해서는 사실에 기반한 정보로 소비자들의 신뢰를 얻어야 하며, 그것이 불확실성의 시대에 가장 우선적 전략이 되어야 한다.

신뢰 경제를 향해서

디지털 신뢰의 중요성

코로나19 이후 언택트 서비스의 활성화와 급격한 디지털 사회로의 전환은 개인정보 침해나 사생활 보호에 대한 우려를 가중시키고 있다. 실제로 소비자들을 대상으로 조사를 해보면 기업의 디지털 서비스의 개인정보 보호 조치에 대한 신뢰도가 낮게 나타난다. 한국마이크로소프트와 시장 분석 기관 IDC가 공동 조사를 실시한 결과에 따르면 디지털 서비스 제공 기업의 개인정보 처리 방식을 신뢰한다는 비율은 18퍼센트에 그쳤다. 이 중 절반 이상의 응답자가 디지털 서비스 이용 중에 부정적인 경험을 할 경우에는 다른 서비스로 바로 갈아탈 것이라는 답변을 내놨다.[13]

특히 언택트 기술이 가속화되는 디지털 경제는 신뢰가 구축되지 않으면 제대로 구현되기 어렵다. 특히 디지털 신뢰가 없으면 데이터를 이용하거나 공유하는 것이 현실적으로 어려워진다. 인공지능에 대한 사용자의 신뢰도가 낮으면 인공지능을 이용한 알고리즘이나 로봇 서비스도 쓸모없어질 것이다. 우버나 에어비앤비 등의 공유 경제가 발전해온 것도 소비자의 신뢰가 전제되었기 때문에 가능한 일이었다.

실제로 소비자의 신뢰가 기업에 제대로 정착되면 기업 경영의 든든한 기반이 될 수 있다. 그러나 고객들에게 신뢰를 얻지 못하면 고객 유치나 신규 시장의 접근도 어려워지고 기존 고객도 이탈하는 재앙이 초래될 수 있다.

프로스트앤드설리번Frost&Sullivan이 작성한 보고서를 보면, 디지털 신뢰도가 높은 소비자 집단은 온라인 지출이 57퍼센트 증가한 데 비해, 신뢰도가 낮은 집단은 43퍼센트 증가하는 데 그쳤다. 조사 결과 무엇보다 소비자들의 86퍼센트 이상이 편리함보다 개인정보 보호가 더 중요하다고 응답했으며, 기업에 대한 디지털 신뢰도가 높을수록 상품 구매 의사도 높게 나타났다. 특히 온라인 서비스 선택 기준으로서 86퍼센트의 소비자들이 데이터 보안 수준을 우선적으로 고려한다고 응답했다. 결국 소비자들의 데이터 보안에 대한 인지도는 점점 높아지고 있으며 기업 데이터의 안전성은 서비스, 상품의 판매량, 고객 유치·유지와 직결되고 있음을 보여준다.

결국 디지털 트랜스포메이션 시대에 보안에 소홀한 기업은 큰 대가를 치러야 할 것이다. 고객들은 충분히 안전하다고 느끼는 기업을 이용하고 그렇지 못한 기업은 외면할 것이다.[14]

무엇보다 기업들은 사이버 회복탄력성Cyber Resilience을 갖춰야 한다. 만에 하나 개인정보 사고가 발생했을 때 이에 대처하는 회복 탄력성을 구축해야 한다. 또한 원격 근무로 인해 사이버 위험은 더욱 커지고 있어서, 향후에는 기업 정보 유출 등의 손해를 보전해주는 사이버 보험의 수요도 더욱 증가할 전망이다.

신뢰의 핵심 요소

위험의 시대에 기업들은 고객들의 안전을 위한 강력한 신뢰 강화 조치를 취해야 한다. 예를 들어, 대중교통은 전염병의 위험으로 많은 고객들에게 불안감을 주게 되었다. 그렇지만 통근을 위해서 불가피하게 버스 등을 이용해야 하는 승객들이 존재한다. 이들을 위해서 기업과 지자체가 확고한 안전 조치를 취한다면 대중교통은 고객들에게 강력한 신뢰를 얻을 수 있다. 버스 이용 시 체온 측정을 상시화하고 수용 인원을 제한함으로써 버스 내부의 인원 밀집도를 줄이려는 노력이 필요하다. 운전자에 대한 검역 조치를 강화하는 것도 방법이 될 수 있다. 이러한 과정을 통해 고객들의 신뢰를 회복한다면 비즈니스의 넥스트 노멀 시대로 진입할 수 있게 될 것이다.

보스턴컨설팅그룹Boston Cosulting Group은 위기의 시기에는 기업과 같은 조직에 네 가지 핵심 신뢰 요소가 필요하다고 강조했다. 첫 번째는 투명성이다. 기업 데이터가 적시적소에 세부적으로 투명하게 공유되는지를 확인해야 한다. 두 번째는 보안 및 개인정보 보호와 프라이버시이다. 개인이 데이터를 다수의 기업에 공유하는 가운데 개개인의 데이터를 얼마나 잘 지켜줄 수 있는지가 중요해지고 있다. 세 번째, 확신성과 신뢰성을 보장하는 것이다. 고객의 흔들림 없는 믿음을 강화하는 것이 무엇보다 중요하다. 그러나 고객에게 비현실적인 약속을 하는 것도 큰 부작용을 낳을 수 있다. 고객에게 못 지킬 약속을 하고 기대보다 실망스러운 결과를 주는 것은 바람직하지 못하다. 고객이 결과물을 받아보고 실망스러워할 수 있기 때문에 과도한 약속을 해서는 안 된다. 적절하게 실현 가능한 약속을 해야 한다. 마지막으로 친밀성과 접근성을 높여야 한다. 신뢰감을 주기 위해서는 고객에게 친밀하게 다가가야 하며, 고객이 보다 쉽게 접근하도록 시스템과 이미지를 구축해야 할 것이다.[15]

신뢰 경제를 향해서

사회 공동 목표를 향해 개개인의 행동을 조정하는 것은 매우 중요한 일이다. 개인에게 이익이 되는 합리적인 행동이 사회에는 최적이 아닐 수도 있다는 점을 인식해야 한다. 죄수의 딜레마Prisoner's Dilemma는 오로지 자기만의 이익을 위해 행동할 때 결국 모두의 이익이 줄어드는 부정적 결과를 만든다는 것을 보여준다. 이를 극복하기 위해서는 사회적 신뢰를 형성하는 선한 공동체 의식을 만들어가야 한다. 단기적인 혜택보다는 장기적인 영향을 우선 고려하며 개개인이 궁극적으로 합리적 행동을 할 수 있는 동기를 만들어줘야 한다. '결국 전체 경제가 안 좋아지면 나에게도 손해'라는 인식이 필요한 시기다. 장기적인 사회 공동의 목표와 이익을 위한 개개인의 신뢰 있는 행동이 더욱 필요해지는 시점이다.

기업은 무엇보다 고객, 직원, 파트너에 대한 신뢰를 강화해야 한다. 예를 들어, 코로나19 기간에 온라인 상거래 업체들이 환불, 교환 기간을 연장해주면서 고객의 신뢰를 높일 수 있다. 제품 방역이나 거래 과정상의 안전성을 높였다는 점도 투명하게 공개하면 소비자들의 믿음이 더욱 커질 것이다. 위기의 시기에는 기업 경영의 투명성이 그 어느 때보다 강하게 요구된다. 고객들이 안심하고 거래할 수 있도록 신뢰 프로세스를 만들어주고, 기업이 진정으로 고객을 위하고 있다는 점을 명확하게 인식시켜줘야 할 것이다.

기업은 또한 내부 고객인 직원에 대한 신뢰도 쌓아야 한다. 직원들에게 신뢰를 쌓으려면 무엇보다 직원의 안전을 최우선으로 여겨야 한다. 우리나라 물류센터 등에서 확진자가 크게 증가했던 사례가 있는데, 사무실이나 공장 등에서 일하는 근로자들을 대상으로 방역 점검이 철저하게 지켜져야 한다. 또한 근로 안정성에 대한 정확한 정보를 투명하게 전달해야 할 것이다. 업무 형태도 재택과 회사 근무를 유연하게 운영하는 지혜가 필요하다. 이를 통해 고객, 직원, 파트너 간 신뢰를 강화하여 전체적 기업 경영 프로세스를 건강하게 만들어야 할 것이다.

연대와 협력의 미래를 향해

코로나19의 재난은 우리 사회를 위기의 시험대에 놓고 있다. 분열될 것인가, 아니면 연대할 것인가. 서로 연대해서 위기를 극복하고 넥스트 노멀의 미래로 나아갈 것인가. 죄수의 딜레마에 빠져 자신의 이익만 챙기는 각자도생으로 갈 것인가. 우리는 이 두 가지 갈림길에 서 있다.

분열자로서의 재난과 촉진자로서의 재난

재난이 닥치면 사람들은 더 이기적으로 변할까, 더 이타적으로 바뀔까? 재난의 시기에 사람들이 보여주는 행동을 분석한 연구는 이

두 가지 상반된 가설을 동시에 보여준다. '분열자로서의 재난Disaster as Divider 가설'에 따르면 재난이 사람들을 더 이기적으로 변하게 만든다. 재난이 발생하면 필연적으로 자원 부족 현상이 생기고 사람들은 단기적인 이익에 더 민감해져서 타인을 배려하기 어렵게 된 것이다. 반면 '촉진자로서의 재난Disaster as Galvanizer 가설'은 재난이 인간을 더 이타적으로 변화시킨다고 설명한다. 재난이 발생하면 어려움을 극복하기 위해 연대와 협동의 긍정적인 행동이 더욱 촉진된다는 것이다. 힘든 재난을 극복하는 과정에서 서로를 더 이해하고 연대하게 된다는 것을 강조한다.[1]

이 상반된 두 가지 가설은 한 연구의 실험을 통해 실증적으로 분석되었다. 뉴질랜드 오클랜드 대학교의 바디Vardy와 앳킨슨Atkinson은 바누아투 공화국에 있는 서로 다른 종교 공동체에서 2014년 6월부터 이타적 행동에 대한 연구를 진행했다. 그런데 연구 진행 중이던 2015년 3월에 강력한 사이클론이 이 지역을 강타하며 큰 피해를 입게 된다. 이후 연구진은 태풍 피해 복구가 상당 부분 진행된 2015년 6월에 이 지역에 다시 들어가서 사이클론 피해 전과 후의 변화를 비교하여 연구했다.

연구 참가자인 주민들은 동전 열 개를 (A)자신과 동일한 종교 공동체 주민 사이에서만 나누는 과제, (B)자신과 다른 종교 공동체 주민과 동전을 나누는 과제, (C)자신과 동일한 종교 공동체의 사람과 다른 종교 공동체의 사람 사이에 동전을 나누는 과제를 수행했다. 이 중에서 C과제는 참가자들이 같은 공동체의 주민들에게 주는 동전의 개수가 얼마인지를 파악하여 내집단 중심적Parochial Altruism 성향의 정도를 파악하는 것이었다.

연구 결과 참가자들은 사이클론 피해 이전보다 그 이후에 동전을 나누는 과제에서 더 많은 동전을 가져갔다. 재난 이후에 더 이기적으로 변하게 된 것이다. 또한 두 종교 공동체 주민 사이에서 동전을 나누는 과제에서도 자신과 동일한 종교 공동체 주민에게 재난 이전보다 더 많은 동전을 주었다. 이는 재난 이후에 집단이기주의 성향이 커진 것을 보여준다. 이 결과만 보면 분열자로서의 재난 가설이 맞는 듯 보인다.

그런데 연구팀은 사이클론으로 인한 피해의 구체적인 내용을 개인별로 조사해서 피해 내용에 따라 재난 이후 이타적 행동이 어떻게 변했는지 분석했다. 연구 결과, 재산 피해가 심각했던 사람들은 재난 이후에 더 이기적이고 집단 중심적으로 변했다. 반면 재난 가운데 타인들이 고통받는 모습을 목격했던 사람들은 사이클론 피해 이후 오히려 더 이타적으로 변했다는 것을 발견했다. 이는 타인이 당하는 고통을 보는 것만으로도 공감이 증진되어 이타적 행동을 촉진하게 된다는 가설을 증명했다.

코로나19와 같은 재난의 과정을 극복하기 위해서는 무엇보다 사회 구성원들 간의 연대와 협력이 가장 중요하다. 이 연구는 이런 의미에서 재난의 위기 속에서 사람들의 이타적 행동의 원천이 어디에서 나오는지에 대한 시사점을 제공한다.

진화적 본능을 뛰어넘는 인간의 공감 능력

연대와 협력을 향한 인간의 공감 능력은 위협에 대응하는 인간의 본능에 배치되는 모순적 행동을 하게 만들기도 한다. 2020년 5월, 자연과학 학술지 《셀Cell》은 〈팬데믹과 강력한 진화적 불일치 Pandemics and The Great Evolutionary Mismatch〉라는 논문을 게재했다. 이 논문에서는 '인간은 위협에 어떻게 반응하는가?'라는 질문을 한다. 사람이 위험에 처하게 되면 스스로를 보호하기 위한 이기적인 행동을 하게 된다. 오염된 물질이나 감염된 개체를 회피하는 행동은 매우 자연스럽다. 이는 인간의 진화적 본능에 의한 행동이다.[2, 3]

그런데 팬데믹 상황에서 이러한 기본적인 위협 대상에 대한 혐오·거부 메커니즘이 진화적 원칙대로 작동하지 않았다. 전염병의 위험에도 오히려 서로 유대하기를 원하는 사람들이 많아지는 모순적인 현상이 나타났다.

사람들은 진화적 본능의 방향과는 반대로, 전염병의 위협에 처했을 때에도 그 위험을 감수하고 다른 이들을 기꺼이 도우려는 모습을 보여줬다. 이러한 과정에서 사회규범을 재조정해가면서 적극적으로 서로를 도우려고 했으며, 더욱 협조적인 모습을 보여주기도 했다. 특히 위험한 상황에 처하게 될수록 역설적으로 사회적 접촉을 더욱 긴밀하게 유지하려고 했으며, 교류가 사라지는 것에 대해 매우 불안한 감정을 드러냈다. 이러한 진화적 불일치 현상으로 인해 사회적 연대와 협력을 통한 긍정적인 결과를 만들어낼 수 있었다. 본능을 뛰어넘는 인간의 공감 능력은 사회를 지켜내는 토대가 될 수 있다는 것을 잘 보여준다.

연대와 협력을 향한 희망의 메시지

위기의 시기에 기업들은 소비자들을 안심시키고 사회에 선한 영향력을 주도록 노력해야 한다. 기업들은 사회적 위기의 시기에 단기적 매출 증대 목표에만 집착하지 말고 사회적 가치와 책임에 기여하는 '고차원 마케팅'을 펼쳐야 한다. 세계 최대의 화장지 제조 업체인 미국의 코트넬Cottonelle은 코로나19 이후 사재기 현상으로 인해 제품이 품절되는 사태가 일어났을 때, 불안한 소비자 심리를 이용해서 물건을 팔려고만 하지 않고 사람들의 불안감을 줄여주기 위해 노력했다. 코트넬은 고객들에게 "지금은 휴지를 사재기하는 대신, 더 많은 온정을 쌓아야 할 시기입니다"라며 **#ShareASquare**' 캠페인을 펼쳤다. 자신들에게 유리할 수 있는 기회를 악용하지 않고, 진정성 있는 마케팅을 펼친 것이다.

위기의 시기에 기업들이 낙담에 빠진 사람들에게 희망의 메시지를 보내는 것은 무엇보다 중요하다. 희망 가득한 유머와 위트는 위기를 극복해내는 원천이 될 수 있다. 해외 럭셔리 패션 브랜드들은 귀여운 일러스트로 위안과 연대의 메시지를 보냈다. 에르메스는 브랜드를 상징하는 말과 집에서 함께 스트레칭을 하고, 디올은 집에서 친구와 함께 홈베이킹을 하는 장면을 묘사한 재치 있는 일러스트로 공감을 이끌어냈다. 구찌도 집콕 놀이를 즐기는 사람들의 모습을 귀여운 그림체로 묘사하며 답답하고 우울한 이들에게 즐거움을 선사했다.[4]

아일랜드 맥주 회사 기네스Guinness는 코로나19로 인해 최고의 맥주 매출 대목 행사인 '성 패트릭데이St. Patrick's Day' 축제가 취소되어 큰 손해를 보게 되었다. 기네스는 이러한 부정적인 상황에서도 소비자들에게 긍정적인 에너지를 전달하는 희망의 캠페인을 펼쳤다. 전 세계의 사람들을 격려하기 위해 술잔을 높이 들며 서로를 격려하듯 축제의 의미를 기념하고 시련을 이겨내 희망의 날을 맞이하자는 인사를 광고 속에 내보냈다. 기네스는 실제로 지역사회의 서비스 업계 종사자들을 지원하기 위해 기네스 환원 펀드에 100만 달러를 기부하기도 했다.[5]

많은 기업이 각 브랜드만의 특기를 활용하여 코로나19 극복을 위한 활동에 나섰다. 뉴발란스New Balance는 미국식품의약국FDA의 승인을 받을 수 있는 고성능 마스크를 만들었다. 미국 현지의 의료기관과 협의해서 의료진이 안심하고 사용할 수 있는 마스크를 개발한 것이다. 뉴발란스는 '어제는 운동화를 만들었고, 오늘은 마스크를 만든다'는 슬로건을 내걸었다.

모엣 헤네시·루이비통LVMH 그룹도 산하 브랜드 루이비통 아틀리에에서 마스크를 생산하기 시작했다. 또한 LVMH의 산하 브랜드인 겔랑, 디올, 지방시의 향수와 화장품 생산 라인을 활용해서 손 세정제를 만들어 프랑스의 병원에 공급했다. 로레알L'Oreal 그룹은 의료진이 환자의 기관에 삽관을 할 때 감염을 막아줄 수 있는 인튜베이션Intubation 박스를 생산해서 미국 내 의료진들에게 우선 보급했다.[6] HP는 자사의 3D 프린팅 기술을 활용하여 진단 키트 제작에 기여했고, 다이슨Dyson은 자사 모터 기술 등을 활용해서 인공호흡기 제작에 힘을 보탰다. 지리정보 회사 ESRI는 자사의 맵핑Mapping 기술을 활용하여 전 세계의 감염병 확산 상황을 홈페이지를 통해 실시간으로 알리고 있다.

착한 소비, 인간의 선한 본성을 일깨우다

인간의 본성을 연구한 스티븐 핑커Steven Pinker는 인간의 마음에는 네 가지 선한 천사가 있다고 했다. 그것은 바로 감정 이입, 자기 통제, 도덕 감각, 이성 능력이다.[7, 8] 인간은 이러한 본성적 특성에 기반하여 선한 행동을 스스로 동기화시키게 된다. 앞으로 인류는 각자도생을 향한 진화적 본능과 연대를 향한 사회적 욕구 사이의 간극을 지혜롭게 메꾸어나가면서 다가오는 위협에 대응해야 할 것이다.

전 세계적인 이벤트로 열린 온라인 콘서트 〈원 월드: 투게더 앳 홈One World: Together at Home〉에서는 인간의 선한 본성이 어떻게 지혜롭게 펼쳐지는지 잘 보여주었다. 레이디 가가, 스티비 원더, 제니퍼 로페즈, 테일러 스위프트, 폴 메카트니, 엘튼 존 등 세계적인 가수들이 화려한 무대가 아닌 각자 집에서 콘서트를 이어가며 고난에 빠진 세계를 응원했다.

방역 최전선에서 사선을 넘나드는 의료진을 응원하는 캠페인도 국내외에서 다양하게 펼쳐졌다. 우리나라에서는 코로나19에 맞서 싸우고 있는 의료진을 향한 응원 운동인 '**#덕분에챌린지**'도 큰 호응을 받으며 사회적 연대의 분위기를 이어갔다. 외국에서도 대의를 위해 희생하는 의료진들에 대한 응원이나 감사의 메시지가 크게 늘어났다.

코로나19 기간 동안 전 세계의 구글 검색량을 살펴보면, '의료진들을 위한 응원' 메시지와 검색어가 크게 증가했다. 영국에서는 사투를 벌이는 의료 종사자들을 위해 '결속을 위한 순간Moment of Solidarity'의 시간을 갖고 이들을 응원했다. 모든 국민이 같은 시간에 함께 박수를 치는 이벤트가 전국적으로 열린 것이다. 영국 이외의 지역에서도 '꼭 필요한 일을 해주시는 분들에게 감사합니다Thank You Essential Workers' 등의 메시지가 온라인에서 크게 회자되었다.[9]

의료진뿐만 아니라 생필품 판매와 배달을 위해 최선을 다하고 있는 매장 내 계산원이나 배달 직원들에 대한 감사의 움직임도 주목을 받았다.

미국의 월마트Wallmart는 전 지역에 있는 직원들 중 영웅들을 뽑아서 이들의 노고에 고마움을 표했다. 이처럼 자기 주변에 있는 작은 영웅들을 돌아보고 이들을 위한 칭찬을 아끼지 않는 태도는 선한 영향력을 확대하는 효과를 가져올 것이다.

우리나라에서는 착한 소비 운동이 사회적 연대의 분위기를 이어갔다. 대표적으로 코로나19 사태로 인해 위기에 빠진 소상공인들을 돕기 위한 움직임이 나타났다. 코로나19 사태는 농수산물의 납품과 수출을 어렵게 만들었는데, 난관에 빠진 농가를 돕기 위해 '#드라이브스루마켓'과 '#로컬마켓'을 이용하는 소비자들도 많아졌다. 화훼 농가에서 코로나19로 각종 행사가 취소되어 어려움을 겪자, 꽃을 구매하고 선물한 꽃을 인증하는 '#부케챌린지'가 유명 연예인부터 일반인들에게까지 확산되었다. 여기에 지역상권 내에 음식점이나 카페를 운영하는 소상공인 또는 자영업자 업소에 선결제를 하고 재방문을 약속하는 '#착한선결제' 소비자 운동이 벌어지기도 했다.

자칫 각자도생의 분위기로 확산될 수 있는 시기에 다양한 사회적 연대를 통해 서로를 신뢰하고 지원하는 선순환 운동이 다양하게 일어난 것이다. 우리 사회가 비록 코로나19로 어려움에 빠졌지만 이렇게 서로를 돕는 과정을 통해 아픔을 딛고 더 건강한 사회로 갈 수 있는 기회를 만들 수 있을 것이다.

먹구름이 잔뜩 낀 현재 우리는 길고 긴 전쟁의 시간을 보내고 있다. 이런 때일수록 '먹구름 뒤에 가려진 희망의 빛'을 의미하는 실버 라이닝Silver Lining에 주목하고자 한다. 실버 라이닝은 영국의 작가 존 밀턴John Milton이 "모든 구름의 뒤편은 언제나 은빛으로 빛난다Every cloud has a silver lining"라고 표현해 생겨난 단어다. '이는 구름의 환한 언저리, 밝은 희망, 앞날의 광명'을 의미한다. 괴로운 시간 뒤에는 항상 희망의 빛이 비치고 있다는 사실을 잊지 말고 기억해야 한다.

붕괴는 새로운 시작을 의미한다. 넥스트 노멀 시대를 맞이하기 위해서는 연대와 협력 그리고 창조적 상상력이 준비되어 있어야 할 것이다. 이제 더 나은 미래를 현실로 만들어갈 준비를 하자.

1장 코로나19가 가져온 변화

1   양기화, 〈아시아와 유럽문명의 완충지, 발칸(15)〉, 《메디칼 타임즈》, 2016.4.25.

2   조유라, 〈물총 든 신부님, 드라이브스루 신자에 "성수 쏩니다"〉, 《동아일보》, 2020.5.19.

3   〈길거리 만찬 · 순례 실종… 라마단도 코로나19 방역 비상〉, 연합뉴스TV, 2020.4.24.

4   박용, 〈카드도 안 받던 133년 전통 스테이크가게 코로나 불황 길어지자 "배달까지 합니다"〉, 《동아일보》, 2020.5.20.

5   오윤희, 〈[글로컬 라이프] 배달 전문식당으로 바뀐 뉴욕 최고급 레스토랑〉, 《조선일보》, 2020.4.13.

6   김준규 외, 《코로나19가 바꾼 미국 소비 트렌드》, 코트라, 2020.6.9.

7   〈마스크, 패션이 되다… 70만원짜리 명품세트도 등장〉, 연합뉴스TV, 2020.6.8.

8   박주영, 〈'메롱'부터 샤넬까지… 패션이 된 마스크〉, 한국일보, 2020.5.16.

9   유현준, 〈[유현준의 도시 이야기] 배트맨과 조로가 마스크 대신 눈을 가리는 이유〉, 《조선일보》, 2020.5.21.

10 정도숙 외, 《포스트 코로나19 중국 유망 상품, 유망 서비스》, 코트라, 2020.5.6.

11 변종국, 〈자외선 램프로 차량내 살균… 항공기에 쓰는 공기필터 적용도〉, 《동아일보》, 2020.6.9.

12 장우정, 〈코로나에도 판매량 두자릿수 늘어난 가전, 키워드는 '살균'〉, 《조선일보》, 2020.4.21.

13 정도숙 외, 《포스트 코로나19 중국 유망 상품, 유망 서비스》, 코트라, 2020.5.6.

14 강휘호, 〈코로나19가 낳은 주택시장 변화…'안티 바이러스' 시스템 도입 바람〉, 《대한전문건설신문》, 2020.4.16.

15 "Fluid Landscapes Report 2020", Bompas & Parr, 2020.3

16 Yoo, Erika, 〈中 호텔, 서비스 로봇 속속 도입… '코로나19' 영향〉, 로봇신문, 2020. 3.10.

17 안영, 〈북한산의 세대교체, 레깅스족이 점령하다〉, 《조선일보》, 2020.5.13.

18 박대웅, 〈코로나19 이후의 여행은 어떻게 바뀔까〉, 《한국스포츠경제》, 2020.5.6.

19 〈에어비앤비, 코로나19 예방 위한 '청결 강화 프로그램' 도입〉, Airbnb, 2020.4.27.

20 손진석, 〈코로나 시대, 여름 휴가 필수아이템은 캠핑카〉, 《조선일보》, 2020.6.8.

21 성연재, 〈[길따라 멋따라] "캠핑카·요트 잘 팔린다"… 코로나19의 이면〉, 《연합뉴스》, 2020.4.11.

22 박순찬, 〈CEO가 부엌서 연설… '빌드 2020' 온라인으로 여니 참가 16배〉, 《조선일보》, 2020.5.20.

23 박형준, 〈日 '포스트 코로나' 성큼… 도쿄-홋카이도-오사카-나고야 '랜선 건배'〉, 《동아일보》, 2020.6.4.

24 김정은, 〈[김정은의 명품이야기] 영업 재개했지만… 우울한 글로벌 명품 업계〉, 한국경제, 2020.5.18.

25 박수호·정다운·나건웅, 〈빅데이터로 본 애프터 코로나…명품·성형 '보복소비' 꿈틀〉, 매일경제, 2020.4.24.

26 김은영, 〈"입어봐요 동물의 숲" 코로나에 뜬 e스포츠, 명품도 관심〉, 《조선일보》, 2020.5.17.

27 배준호, 〈우버, 코로나19 충격에 3000명 추가 해고…이달 들어 전체 인력의 25% 감원〉, 《이투데이》, 2020.05.19.

28 박순찬, 〈우버의 코로나 대처법… 영업방식 바꾸고, 구조조정, 배달업체 M&A〉, 《조선일보》, 2020.5.15.

29 김성현, 〈PC방이야? 영화관이야?〉, 《조선일보》, 2020.6.1.

30 김범석, 〈사토 과장이 대낮에 노래방에 가는 이유〉, 《주간동아》, 2018.3.13.

31 박형준, 〈日 '포스트 코로나' 성큼… 도쿄-홋카이도-오사카-나고야 '랜선 건배'〉, 《동아일보》, 2020.6.4.

32 신희철, 〈차 마시며 책 읽고 집라인까지… 여기 마트 맞아?〉, 《동아일보》, 2020.5.28.

33 조진서, 〈[DBR] 문구·철물점? 침대없는 팝업스토어 연 시몬스〉, 《동아일보》, 2020.4.22.

34 유지연, 〈침대는 1도 안파는 침대 매장… 오프라인 매장 반격 시작됐다〉, 《중앙일보》, 2020.4.26.

2장 넥스트 노멀 시대 소비 트렌드7

1 "COVID-19: Global Real Estate Implications", JLL Research & Strategy, 2020.4.19.

2 "Secnarios beyond COVID-19: REBOUND, REBOOT, REINVENT", Neilson, 2020.5.4.

3 "COVID-19: The need for Informed, Smart Decisions in Times of Crisis", Neilson 2020.3.26.

4 "The psychology behind why toilet paper, of all things, is the latest coronavirus panic buy", CNN, 2020.3.10.

5 강영범, 〈[기고] 왜 화장지부터 동날까?… '팬데믹'과 '사재기' 심리학〉, 《시장경제》, 2020.3.31.

6 김인호, 〈코로나19의 경제 심리학〉, 《패션포스트》, 2020.3.23.

7 김민주, 〈불안감 닦아준다? 선진국 두루마리 휴지 사재기의 심리학〉, 《일요신문》, 2020. 3.27.

8 'What's Going On in This Graph? | Pandemic Consumer Spending", The New York Times, 2020.4.24.

9 정훈,《"코로나19"가 가져온 소비 행태의 변화》, 하나금융경영연구소, 2020.5.

10 류종기, 〈포스트 코로나 시대의 생존조건 '상상도 할 수 없는 위험'에 대비하라〉,《동아비즈니스리뷰》, 2020.5.21.

#1 홈코노미

11 장유미, 〈[집콕 코리아 ④·끝] 일상의 변화… 홈코노미시대 개막〉,《아이뉴스24》, 2020.4.5.

12 Shipley, Kristen·Loar, Abby, 〈위기관리 마케팅: 코로나19에 대처하는 브랜드의 커뮤니케이션 사례〉, Think with Google, 2020.4.

13 유승목, 〈슬기로운 '집콕' 생활… 부루마블 778%·DIY제품 207% 수요↑〉,《머니투데이》, 2020.4.17.

14 Tara Walpert-Levy, "Google 검색 데이터를 통해 보는 '코로나19 팬데믹 상황에서 브랜드가 소비자를 돕는 방법'", Think with google, 2020.4.

15 김수경, 〈마케터에게 위기 혹은 기회?… 코로나19가 바꾼 5가지 소비 트렌드〉, 브랜드브리프, 2020.4.24.

16 〈코로나19 구매 트렌드: 현재 가장 인기 있는 8가지 상품 카테고리〉, Criteo, 2020.4.14.

17 임소현, 〈코로나19 이후 미국 뷰티산업 전망〉, 코트라, 2020.5.19.

18 〈코로나19 사태 이후 잘 팔리는 6가지〉,《BBC뉴스코리아》, 2020.3.29.

19 남정미, 〈[아무튼, 주말] 17년 전 방학숙제 이후 처음 대파를 심어봤다〉,《조선일보》, 2020.5.2.

20 박지환, 〈코로나19로 많아진 실내 생활, 실내 텃밭으로 힐링〉,《조선일보》, 2020.3.31.

21 장소희, 〈'냉장고의 변신'… 삼성-LG, '식물재배'로 기능 확대〉,《뉴데일리》, 2020.5.15.

22 이연선, 〈코로나19 진정되면 中 소비 시장 드라이브 걸 5개 키워드〉,《서울경제》, 2020.5.3.

23 김도현, 〈소비자의 '집콕', 온라인 쇼핑 기회 늘었으나 화장품은 안 샀다〉, GRAPHY, 2020.5.6.

24 Marie Gulin-Merle, "The at-home consumer: Learnings from the global lockdown", Think with Google, 2020.4.

25 백종현, 〈코로나19 시대, 여행도 VR(가상현실)로 떠난다〉,《중앙일보》, 2020.4.6.

26 전영선, 〈코로나에 갇혀버린 中, 하루 1000만명 '방구석 여행' 떠난다〉,《중앙일보》, 2020.4.17.

27 Nesterenko, Iuliia, "Marketing During the COVID-19 Crisis : Cases, Strategies, Examples", Esputnik, 2020.4.23.

28 임현석, 〈20kg 세탁기-16kg 건조기… 집콕 늘며 가전 대형화 바람〉, 《동아일보》, 2020. 4.27.

29 진명선, 〈포스트 코로나 직주일치의 시대〉, 《한겨레》, 2020.6.5.

#2 언택트 디지털 트랜스포메이션

30 심윤희, 〈[필동정담] 재택근무 명암〉, 《매일경제》, 2020.03.10.

31 〈재택근무의 역사 50년이 주는 교훈〉, BBC뉴스코리아, 2020.4.18.

32 하선영, 〈페이스북 "5~10년내 절반은 원격 근무"… 가상근무 시대 온다〉, 《중앙일보》, 2020.5.22.

33 신현규, 〈[실리콘밸리 리포트] "코로나시대 원격 근무 생산성 올랐다"〉, 《매일경제》, 2020.4.28.

34 유영규, 〈"침대서 책상으로 출근"… 근무 패러다임 대변동〉, SBS뉴스, 2020.4.25.

35 곽도영, 〈"직원이 원하면 영구히"… 재택근무, 넥스트 노멀 되나〉, 《동아일보》, 2020.5.14.

36 박원익, 〈"아직도 카톡 쓰세요?"… 업무용 '협업 툴' 전성시대〉, 《조선비즈》, 2020.4.24.

37 프라남, 파니시, 〈[Biz Focus] 코로나 뉴노멀 '원격 근무'… 팀 매니지먼트부터 바꿔라〉, 《매일경제》, 2020.4.16.

38 심윤지, 〈워라밸 도움 vs 사생활 잠식… 코로나발 '재택근무 실험' 명암〉, 《경향신문》, 2020.3.10.

39 "5 Psychogical Reasons to Reduce the Number of Zoom Meetings", Inverse, 2020.5.10.

40 "The Psychology Behind 'Zoom Fatigue' Explained", Psychreg, 2020.4.21.

41 "Professor Simon Hunter & Dr Jane Guiller, 'Rethinking Teens and Screens in the Age of COVID-19", Psychreg, 2020.5.29.

42 Spataro, Jared, "Remote work trend report : meetings", Microsoft, 2020.4.9.

43 하선영, 〈페이스북 '5~10년내 절반은 원격 근무'… 가상근무 시대 온다〉, 《중앙일보》, 2020.5.22.

44 박원익, 〈[인터뷰] '홀로그램 회의'로 165억 유치한 천재 공학자… "AR이 일터 바꿀 것", 《조선일보》, 2020.1.31.

45 박원익, 〈"AR로 회의 하세요"… 스페이셜, 원격 회의 솔루션 무료 공개〉, 《조선일보》, 2020.5.14.

46 Jang, Judy, 〈코로나19 이후 공유 오피스 시장〉, Colliers International, 2020.6.10.

47 황정일, 〈넷플릭스가 불 지핀 '구독'… 이젠 건강검진·속옷까지 번졌다〉, 《중앙일보》, 2019.12.14.

48 정희선, 〈월 7만원에 구찌, 루이비통 내 것처럼 日 '구독' 경제 팽창〉, 패션포스트, 2020.1.28.

49 한상웅, 《소유와 공유 가고, '구독이'가 온다!》, 유진투자증권, 2019.06.04.

50 조혜정, 《구독 경제의 현황 및 시사점》, 중소기업연구원, 2019.02.18

51 조지윤·윤현종 정리, 〈"AI도 구독하세요" 클라우드 공룡들의 구독 전쟁〉, 인터비즈, 2020.5.19.

52 이재형, 〈구독 경제가 대세… 기업의 생존 방정식을 찾아라〉, 《한국경제》, 2019.9.26.

53 박순택, 〈새로운 경제모델로 떠오른 멤버십경제(Membership Economy)〉, 네이버 블로그 '박순택의 Daily Post', 2018.9.27.

54 빅인사이트, 〈고객의 마음을 훔치는 효과적인 방법, 개인화 마케팅"〉, ㅍㅍㅅㅅ, 2019.10.31.

55 Morris, David Z., "Netflix says Geography, Age, and Gender Are 'Garbage' for Predicting Taste", Fortune, 2016.3.28.

56 빅인사이트, 〈고객의 마음을 훔치는 효과적인 방법, 개인화 마케팅〉, ㅍㅍㅅㅅ, 2019.10.31.

57 Clinehens, Jen, "How Netflix uses psychology to perfect their customer experience", thenextweb, 2020.1

58 손보승, 〈(이슈메이커_Cover Story) 취향 기반 서비스로 스타일테크 시대 주도하다〉, 이슈메이커, 2020.6.12.

59 〈개인 스타일링 서비스 '스티치픽스'의 성공 비결은 '데이터, 그리고 인간…'〉, WK마케팅그룹, 2020.2.10.

60 최영균, 〈광고학계 교수 스페셜 칼럼 #2: '포스트 코로나' 시대의 광고계 변화〉, HS애드, 2020.5.13.

61 김준규 외, 《코로나19가 바꾼 미국 소비 트렌드》, 코트라, 2020.6.9.

62 장형태, 〈사장님이 쇼호스트로 나섰다… '모바일판 홈쇼핑' 시대〉, 《조선일보》, 2020.5.18.

63 동흔, 〈코로나19 영향, 중국 라이브 커머스 열풍〉, 코트라, 2020.5.20.

64 장형태, 〈사장님이 쇼호스트로 나섰다… '모바일판 홈쇼핑' 시대〉, 《조선일보》, 2020.5.18.

65 윤완준, 〈코로나가 불 댕긴 '모바일 생방송 쇼핑'… 中 디지털 경제는 진화한다〉, 《동아일보》, 2020.4.30.

66 정혁준 편집, 〈라이브 커머스는 어떻게 Z세대의 지갑을 열었나?〉, Careet, 2020.5.28.

67 Tavolieri, John, "AR AND VR WILL DRIVE OMNICHANNEL 2.0", Neilson, 2020.1.9.

68 Castel, Alan D., "Why We Like Online Shopping, and Delayed Gratification", Psychology Today, 2016.11.14.

69 《CX(고객 경험)에 대한 경영자와 실무자의 3가지 오해》, 브런치 '뷰저블 Beusable',
2019.1.30.

#3 멘탈데믹

70 강민구, 〈신체만큼 정신 건강 챙겨야… "코로나19 '심리 방역' 필요하다"〉, 《이데일리》,
2020.4.10.
71 차미영, 〈[차미영의 데이터로 본 세상] SNS 속 코로나… 걱정→공포→혐오로〉, 《한국경
제》, 2002.2.26.
72 노지민, 〈코로나19·텔레그램 성착취 사건 뉴스에 우울하십니까〉, 미디어오늘, 2020.3.31.
73 Howard, Jacqueline, "The coronavirus pandemic's impact on global mental health is
'already extremely concerning', UN says", CNN, 2020.05.14.
74 이정재, 〈UN "코로나19, 정신 건강에 미치는 영향 심각"〉, 《이로운넷》, 2020.5.16.
75 〈코로나19(COVID-19) 유행 상황에서의 정신 건강 및 심리사회적 측면에 관하여〉, Inter-
Agency Standing Committee, 2020.3.
76 이관형, 〈코로나19 확진자 10명 중 7명 정신건강 위험 신호〉, 《마인드포스트》,
2020.5.21.
77 대한소아청소년정신의학회, 〈소아청소년을 위한 감염병 재난시 마음지침서〉, 《정신의학신
문》, 2020.3.26.
78 정윤섭, 〈미국서 '사회적 거리두기' 갈등 심화… 폭행·살인으로 번져〉, 《연합뉴스》,
2020.4.9.
79 박진표, 〈코로나19 세대 갈등〉, 《광주일보》, 2020.3.27.
80 정도숙 외, 《포스트 코로나19 중국 유망 상품, 유망 서비스》, 코트라, 2020.5.6.
81 맹하경, 〈익명으로 비대면 심리상담 "24시간 마음껏 이야기하세요"〉, 《한국일보》,
2020.3.23.
82 김준규 외, 《코로나19가 바꾼 미국 소비 트렌드》, 코트라, 2020.6.9.
83 박수호·정다운·나건웅, 〈빅데이터로 본 애프터 코로나… 명품·성형 '보복소비' 꿈틀〉,
《매일경제》, 2020.4.24.
84 〈후기코로나바이러스 시대 디자인 트렌드 예측 ①〉, 한국디자인진흥원, 2020.4.13.
85 〈[리서치] 사회적 거리두기 경제 2020: 새로운 현실에서 소비자가 구매하는 제품과 구매
하는 방식〉, Criteo, 2020.4.7.
86 Laran, Juliano & Salerno, Anthony, "Life-History Strategy, Food Choice, and Caloric
Consumption", Psychological science, 24, 167-173., 2013.
87 박진영, 〈[칼럼]위기 시에는 칼로리도 사재기의 대상?〉, 《청년의사》, 2013.4.22.

88 고은빛, 〈술 · 담배 · 로또 · 립스틱… 코로나 '불황형 소비' 활활〉, 《한국경제》, 2020.4.30.

89 김성진, 〈남아공 다시 술 팔자 살인 급증… 외상환자가 코로나19 병상 잠식〉, SBS뉴스, 2020.6.11.

90 이재호, 〈[특파원스페셜]코로나19 끝나면 뭐 할래〉, 《아주경제》, 2020.3.26.

91 강경희, 〈[만물상] '보복 소비'〉, 《조선일보》, 2020.4.28.

92 Gregory, Sean, "Don't Feel Bad If Your Kids Are Gaming More Than Ever. In Fact, Why Not Join Them?", Time, 2020.4.22.

93 "Playing video games can ease loneliness during the coronavirus pandemic", The Conversation, 2020.4.2.

94 McPhillips, Kells, "How COVID-19 Made Playing Video Games a Mental-Health Practice", Well Good, 2020.6.1.

95 이영욱, 〈[이기자의 유레카!] '모여봐요 동물의 숲'이 뭐길래…코로나 블루, 게임으로 극복한다고?〉, 《매일경제》, 2020.4.25.

96 최보윤, 〈코로나에 다시 떴네…북유럽 '집콕 감성' 인테리어〉, 《조선일보》, 2020.5.11.

97 Kurtz, Jaime L., "Reviving Hygge for COVID-19", Psychology Today, 2020.4.28.

98 김난도 외, 《트렌드 코리아 2018》, 미래의창, 2017.

99 Jordahn, Sebastian, "'The responsibility of sound designers has increased' due to coronavirus lockdown says Yuri Suzuki", dezeen, 2020.5.21.

100 노희준, 〈[줌인] "코로나 심리 방역, '적정 불안' 유지해야… 과소공포도 문제〉, 《이데일리》, 2020.3.17.

101 〈코로나19가 가져올 7대 분야, 30개 트렌드〉, 《한국무역신문》, 2020.4.23.

#4 로컬리즘

102 신건웅, 〈[코로나, 그 후]②"동네 슈퍼의 귀환… 오프라인 유통 안 망한다"〉, 《뉴스1》, 2020.5.3.

103 김연지, 〈[코로나19 밥코노미③]골목의 변화, 다시 뜨는 동네… 경쟁자는 '온라인 식품'〉, 《노컷뉴스》, 2020.5.27.

104 강지남, 〈코로나 생활 패턴 봤더니 "동네 소비 다시 늘 것"〉, 《주간동아》, 2020.5.3.

105 조남형, 〈2022년까지 공공기관 · 군급식 로컬푸드 비중 70%로〉, 《뉴시스》, 2019.6.26

106 최상일, 〈코로나발 '탈세계화' 바람… 농업도 '로컬가치'에 주목해야〉, 《농민신문》, 2020.4.24.

107 정지미, 〈코로나19, 친환경 식재료 선호도 높였다〉, 《대한급식신문》, 2020.4.27.

108 〈中핀둬둬, 농촌 판매망 구축에 8조 6천억 투자… "코로나19가 기회"〉, 《연합뉴스》, 2020.4.23

109 정도숙 외,《포스트 코로나19 중국 유망 상품, 유망 서비스》, 코트라, 2020.5.6.

110 우리동네기획자,〈중국 전자상거래 플랫폼 핀둬둬 새로운 농산물 플랫폼 선보이다〉, 네이버 블로그 '우리동네채널', 2020.2.21.

111 모종린,〈[모종린의 로컬리즘] 전염병이 무서울 때 우리는 동네로 돌아온다〉,《조선일보》 2020.3.13.

112 홍다영,〈중기부, '로컬크리에이터' 140개 선정… 최대 5000만원 지원〉,《조선비즈》, 2020.6.4.

113 조용철,〈폐허와 호텔, 유령건물의 이유 있는 변신〉,《파이낸셜뉴스》, 2019.6.5.

114 모종린,〈[모종린의 로컬리즘] 해외여행 대신 '2박 3일' 머물고 싶은 동네가 뜬다〉,《조선일보》, 2020.4.24.

115 김지한,〈이제는 하이퍼 로컬이다〉, TENANT NEWS, 2019.9.1.

116 김향미,〈[김향미의 '찬찬히 본 세계'] 코로나19 확산 속 공황구매?… 사람들은 왜 씨앗을 살까〉,《경향신문》, 2020.3.31.

117 이현승,〈[줌인] 이동제한에 썩어가는 채소·과일…흔들리는 '글로벌 식량안보'〉,《조선비즈》, 2020.5.14.

118 윤슬기,〈[국산의 재발견 ①] 안전한 식탁엔 역시 '우리농산물'… 식량안보 관심도 커져〉,《농민신문》, 2020.6.8.

119 김은영,〈중국, K-뷰티 지고 로컬 브랜드 뜬다〉,《조선일보》, 2019.7.18.

120 이승호,〈외제 쓰면 매국노?… 중국에 부는 '애국소비' 열풍〉,《중앙일보》, 2020.5.16.

121 김지완,〈포스트 코로나, 큰 정부로 전체주의 강화… 국제정치도 각자도생〉,《뉴스핌》, 2020.4.28.

122 김치연,〈EIU "코로나19로 세계화 후퇴…교역 구조 재편된다"〉,《연합뉴스》, 2020.5.14.

123 김기찬,〈獨 코로나 경제 보면 韓도 보인다… 글로벌 각자도생 시대 왔다〉,《중앙일보》, 2020.04.29.

124 지해범,〈[지해범의 차이나워치] 각자도생의 시대? 코로나19 이후 新국제질서 읽기〉,《주간조선》, 2020.03.30.

125 이준영,〈스페이스 브랜딩, 공간을 통해 브랜드를 경험하다〉,《제일 매거진》, 2020.06.05.

#5 코로나 디바이드

126 발터 샤이델 지음, 조미현 옮김,《불평등의 역사》, 에코리브르, 2017

127 하현옥,〈[분수대] 코로나 카스트〉,《중앙일보》, 2020.4.20.

128 신아형·이윤태,〈코로나 신음 속 천문학적 이익 챙긴 사람도… 新카스트 시대〉,《동아일보》, 2020.5.8.

129 김향미, 〈"코로나 시대의 4계급… 당신은 어디에 있나"〉, 《경향신문》, 2020.4.27.

130 김나래, 〈[극복! 코로나] 코로나가 만든 양극화… 긱 노동자들은 어쩌나〉, 뉴스핌, 2020.3.10.

131 장박원, 〈[필동정담] 긱 워커 안전망〉, 《매일경제》, 2020.4.20.

132 〈[사설] '코로나발 양극화', 일자리 지켜야 완화할 수 있다〉, 《한겨레신문》, 2020.5.21.

133 이진혁, 〈"더는 못 참아 질러야겠어"… 한·중 불붙은 보복 소비, 내수 부활엔 역부족〉, 《조선비즈》, 2020.5.31.

134 신화섭, 〈[4월 수입차 TOP50] 코로나도 막지 못한 수입차… 전년比 19.4% ↑〉, 모터그래프, 2020.5.7.

135 박용선, 〈코로나 양극화 심화… 명품 매장 앞엔 줄서지만 식당은 개점휴업〉, 《조선비즈》, 2020.4.21.

136 김진욱, 〈中 서민은 통장 지키기, 부자는 명품 싹쓸이… '코로나 소비' 양극화 뚜렷〉, 《한국일보》, 2020.5.5.

137 김연지, 〈'여행 대신 명품' 코로나 보복 소비?…'소비 양극화' 계속〉, 《노컷뉴스》, 2020.5.7.

138 이귀원, 〈'부유층' 중심 뉴요커들, 코로나19 피해 도심밖 피난〉, 《연합뉴스》, 2020.5.18.

139 신아형·이윤태, 〈[글로벌 포커스]부유층 "휴양지서 격리중"… 실직 저소득층은 "집세 낼 돈 없다"〉, 《동아일보》, 2020.5.9

140 Kelly, Jack, "The Rich Are Riding Out The Coronavirus Pandemic Very Differently Than The Rest Of Us", Forbes, 2020.4.1.

141 김경수, 〈[글로벌-이슈 24] 코로나19가 만든 미국 '슈퍼 리치' 새로운 지위의 상징으로 등장한 여섯 가지〉, 《글로벌이코노믹》, 2020.6.2.

142 고영호, 〈뉴질랜드 코로나19 종식 선언… 감염자 0명〉, 《노컷뉴스》, 2020.6.8.

143 노승욱, 〈코로나19에 뜨는 '프라이빗 이코노미'…'불특정 다수' 대신 '우리끼리만', 광장 시대 가고 사방 경제로〉, 《매일경제》, 2020.4.1.

144 한상익, 〈[하]코로나, 중국 화장품시장 변화 주도… O2O, 공동구매, 가성비문화 확산〉, 《뷰티경제》, 2020.3.20

145 정재영, 《경제위기 이후 소비자 트렌드의 향방》, 엘지경제연구원, 2009.4.

146 연희진, 〈'명품 vs 중고'… '포스트 코로나' 시대, 소비 양극화 심화〉, 《글로벌이코노믹》, 2020.5.20.

147 김난도 외, 《트렌드 코리아 2018》, 미래의창, 2017.

148 이준영, 〈불황기 소비는 양극화로 간다〉, 《동아일보》, 2020.7.27

149 이동천, 〈코로나19에 집콕 늘며 온라인서 불 붙은 명품과 가성비 '소비 양극화' 눈길!〉, TENANT NEWS, 2020.3.20.

150 오정은, 〈"립스틱도 기왕이면 에르메스" 알바비로 플렉스(FLEX)〉, 머니투데이, 2020.4.9.

151 이준영, 《1코노미》, 21세기북스, 2017
152 한현우, 〈(만물상) 코로나 디바이드〉, 《조선일보》, 2020.4.10.
153 김효정, 〈코로나19로 드러난 '디지털 디바이드'〉, 《주간조선》, 2020.3.9.
154 Travis, Sarah & Desai, Shanker, 〈불확실한 상황 속에서 소매 업체가 고객을 지원하는 방법〉, Think with google, 2020.5.

#6 코로나 패러독스

155 김정훈, 〈코로나19 후 이제는 환경이다② 소비자가 'No'라고 외쳐야 [더 나은 세계, SDGs] (131)〉, 《세계일보》, 2020.4.13.
156 박한선, 〈메르스와 전염병 인류학〉, 《생명윤리포럼》 제4권 제3호, 2015.
157 강상욱·이준영 지음, 《케미컬 라이프》, 미래의창, 2017.11.30.
158 정유진, 〈"육류공장, 코로나가 좋아할 환경"… 싼 고기의 대가는 참혹했다〉, 《중앙일보》, 2020.6.27.
159 곽노필, 〈인간을 격리했더니… 가려졌던 지구 모습이 복원됐다〉, 《한겨레》, 2020.4.13.
160 박기수, 〈[박기수 강연] 보건학적 위기, 인간의 무한 확장을 경고했다〉, 피렌체의 식탁, 2020.5.6.
161 〈'그린뉴딜'로 '포스트 코로나' 시대 대비해야〉, 《국토일보》, 2020.5.6.
162 더농부, 〈코로나19의 빛과 그림자… 사람들이 친환경, 국산 농산물을 더 찾고 있다〉, 네이버 포스트 더농부 '식품유통 트렌드' 시리즈, 2020.4.27.
163 Reid, Leia, 'Sustainable, Local, Ethical: How is Covid-19 Changing Our Shopping Habits?', Brandwatch, 2020.4.21.
164 김정훈, 〈코로나19 후, 이제는 환경이다③ 친환경 소비에 두손든 코카콜라 [더 나은 세계, SDGs] (132)〉, 《세계일보》, 2020.4.21.
165 "COVID-19 Increasing Consumers' Focus on "Ethical Consumption," Accenture Survey Finds", Accenture, 2020.5.4.
166 〈코로나19: 탄소 배출량 급감… 코로나19는 기후위기를 멈출까?〉, 《BBC뉴스코리아》, 2020.5.6.
167 〈코로나19: 탄소 배출량 급감… 코로나19는 기후위기를 멈출까?〉, 《BBC뉴스코리아》, 2020.5.6.
168 김정훈, 〈코로나19 후 이제는 환경이다① 소비 대전환 [더 나은 세계, SDGs] (130)〉, 《세계일보》, 2020.4.7.
169 고은경, 〈코로나19의 역설… 발길 끊긴 유럽 관광지에 생긴 뜻밖의 변화〉, 《한국일보》, 2020.3.19.

170 정대영 · 이수진, 《코로나19, 여행의 미래를 바꾸다》, 경기연구원, 2020.5.26.

171 윤슬빈, 〈(여행의 미래 ④) "지구와 이웃에 폐 끼치는 관광은 싫어요"〉, 《뉴스1》, 2019.6.28.

172 최경운, 《불황기의 소비코드와 마케팅 대응 전략》, LG경제연구원, 2009.1.7.

173 Flatters, Paul & Willmott, Michael, "Understanding the Postrecession Consumer", Harvard Business Review, 2009.7-8

174 유태영, 〈사회적 거리 유지하며 운동까지… 지구촌 '자전거 열풍' (이슈 속으로)〉, 《세계일보》, 2020.5.30.

175 박원익, 〈벼랑 끝 손정의의 베팅… 코로나 악재 전망 뚫고 공유 자전거에 투자〉, 《조선비즈》, 2020.4.22.

176 〈버스 · 지하철 덜 타고…킥보드·자전거 많이 탄다〉, MBC뉴스, 2020.5.28.

177 육성연, 〈코로나로 급성장중인 미국 대체육 시장〉, 리얼푸드, 2020.5.24.

178 조아라, 〈(고기가 없다 ②) 코로나19發 '육류대란'이 기회… 판 키우는 美 대체육 시장〉, 아주경제, 2020.5.15.

179 (네이버 지식백과) 공유지의 비극 (The Tragedy of the Commons), 선사인 논술 사전.

180 황금주, 〈기후변화와 친환경 행동〉, 《경향신문》, 2018.8.14.

#7 코로나 리세션

181 하광옥, 〈After Corona19 소비트렌드는?〉, 팜인사이트, 2020.4.24.

182 김동욱, 〈전염병, 사회를 '한 방'에 쓰러뜨리다〉, 《한국경제신문》, 2015.5.28.

183 변진경, 〈(시사IN:주간코로나19)코로나19 '뉴 노멀' 시대의 적정 불안감〉, 시민건강연구소, 2020.3.24.

184 투키디데스 지음, 박광순, 옮김, 《펠로폰네소스 전쟁사》, 범우사, 1993.

185 허원구, 〈불안 심리 방어기제로서의 소비행동에 주목하라〉, 제일기획, 2009.1.1.

186 Flatters, Paul & Willmott, Michael, "Understanding the Postrecession Consumer", Harvard Business Review, 2009.7-8

187 나건웅, 〈불황 속 폭풍 성장 '중고거래' 앱 당근마켓 · 중고나라 · 번개장터 '3파전'〉, 《매경이코노미》, 2020.5.8.

188 이경은, 〈불황에 크는 중고시장, 20兆까지 몸집 커졌다〉, 《조선비즈》, 2018.8.28.

189 임언석, 〈2009년을 함께했던 소비 트렌드와 향후 전망〉, 《오리콤브랜드저널》, 2010.1.

190 박진우 · 양역달, 〈코로나19 이후 중국 소비 관련 5가지 키워드 '5F'〉, 한국무역협회 해외지부, 2020.4.16.

191 Paul Flatters & Michael Willmott, "Understanding the Postrecession Consumer", Harvard Business Review, 2009.7-8

192 공병호, 〈(공병호의 파워독서) 불황기에 비용 줄이고 고객만족도 높이는 '코스토베이션'이 뭐지?〉, 《한국경제》, 2019.5.9.
193 스티븐 윙커 · 제니퍼 루오 로 지음, 이상원 옮김, 《코스토베이션》, 갈매나무, 2019.4.23.
194 〈경제위기 이후의 新소비 트렌드〉, 삼성경제연구소, 2009.09.23.
195 Tara Walpert-Levy, 〈Google 검색 데이터를 통해 보는 '코로나19 팬데믹 상황에서 브랜드가 소비자를 돕는 방법'〉, Think with google, 2020.4.
196 김준규 외, 《코로나19가 바꾼 미국 소비 트렌드》, 코트라, 2020.6.9.
197 최순화, 〈똑똑한 한국소비자 실속·가치 한꺼번에 잡는다〉, 《동아비즈니스리뷰》, 2008.11.
198 대한무역투자진흥공사(KOTRA) 통상전략팀, 〈Post-SARS 중화권 시장여건 변화와 수출전망〉, 코트라, 2003.

3장 미래를 향한 트러스트 이코노미

1 이명진, 〈(기고/이명진 소장) 전염병을 극복해 가는 3단계(심리학에서 시작해 수학을 거쳐 의학으로)〉, 펜앤드마이크, 2020.2.9.
2 차미영, 〈(코로나19 과학 리포트)_Vol.7 코로나바이러스와 인포데믹〉, 기초과학연구원, 2020.3.24.
3 김봉구, 〈(김봉구의 소수의견) 왜 SNS에는 같은 편만 보일까… 'net'의 역설〉, 《한국경제》, 2017.4.27.
4 (네이버 지식백과) 필터 버블 (Filter Bubble), 트렌드지식사전 2.
5 라효진, 〈톰 행크스가 신종 코로나 격리 중에 절친 '윌슨'을 만났다는 건 가짜 뉴스다〉, 《허프포스트코리아》, 2020.3.16.
6 목정민, 〈(알아두면 쓸모있는 과학)(16) 진짜 같은 가짜 영상 만드는 '딥페이크'〉, 《주간경향》, 2020.4.13.
7 박진영, 〈(박진영의 사회심리학)감염병 사태는 표심을 바꾼다〉, 《동아사이언스》, 2020.3.21.
8 Oaten, Megan & Stevenson, Richard J., & Case, Trevor I., "Disgust as a disease-avoidance mechanism" Psychological Bulletin, 135, 303–321, 2009.
9 Aarøe, Lene & Osmundsen Mathias, & Petersen, Michael Bang, "Distrust As a Disease Avoidance Strategy: Individual Differences in Disgust Sensitivity Regulate Generalized Social Trust", Frontiers in Psychology, 2016.7.28.
10 Todd, Sarah, "How Gen Z will be shaped by the coronavirus pandemic", Quartz, 2020.4.

11 류종기, 〈포스트 코로나 시대의 생존 조건 '상상도 할 수 없는 위험'에 대비하라〉, 《동아비즈 니스리뷰》, 2020.5.
12 김난도 외 지음, 《트렌드 코리아 2016》, 미래의 창, 2015.
13 박남수, 〈(현장)"18%만 기업의 개인정보 처리 방식 신뢰"〉, 《정보통신신문》, 2019.5.14.
14 Swinhoe, Dan, 〈디지털 신뢰도의 의미와 고객 신뢰 구축을 위한 10가지 보안 팁〉, IT월드, 2018.12.11.
15 Candelon, Francois et al., "The Role of Trust in the COVID-19 Economic Recovery: Lessons from Asia", Boston Consulting Group, 2020.5.6.

에필로그_ 연대와 협력의 미래를 향해

1 설선혜, 〈재난 이후 인간은 어떻게 달라지나〉, 내 삶의 심리학 mind, 2019.7.19.
2 김재호, 〈(브릭통신)사회적 거리두기… 심리학이 본 코로나19〉, 헬로디디닷컴, 2020.4.9.
3 Dezecache, Guillaume, "Pandemics and the great evolutionary mismatch", Cell Press, 2020.5.18.
4 박선희, 〈깜찍발랄한 일러스트로… 명품 브랜드, 고객을 응원하다〉, 《조선일보》, 2020.5.7.
5 Kristen Shipley & Loar, Abby, 〈위기관리 마케팅: 코로나19 에 대처하는 브랜드의 커뮤 니케이션 사례〉, Think with google, 2020.4.
6 조희주 편집, 〈패션 & 뷰티 브랜드들이 코로나19를 극복하는 방법〉, 《우먼센스》, 2020.4.10.
7 김재호, 〈(브릭통신)사회적 거리두기… 심리학이 본 코로나19〉, 헬로디디닷컴, 2020.4.9.
8 Dezecache, Guillaume, "Pandemics and the great evolutionary mismatch", Cell Press, 2020.5.18.
9 Shipley, Kristen & Loar, Abby, 〈위기관리 마케팅: 코로나19에 대처하는 브랜드의 커뮤 니케이션 사례〉, Think with google, 2020.4.

KI신서 9276

코로나가 시장을 바꾼다

1판 1쇄 발행 2020년 8월 5일
1판 3쇄 발행 2020년 11월 23일

지은이 이준영
펴낸이 김영곤
펴낸곳 (주)북이십일

정보개발본부장 최연순   **책임편집** 김연수
정보개발2팀 김연수 최유진
마케팅팀 강인경 한경화 박화인
영업본부장 한충희   **출판영업팀** 김한성 이광호 오서영
제작팀 이영민 권경민
디자인 박소희

출판등록 2000년 5월 6일 제406-2003-061호
주소 (우 10881) 경기도 파주시 회동길 201 (문발동)
대표전화 031-955-2100 **팩스** 031-955-2151 **이메일** book21@book21.co.kr

(주)북이십일 경계를 허무는 콘텐츠 리더

21세기북스 채널에서 도서 정보와 다양한 영상자료, 이벤트를 만나세요!
페이스북 facebook.com/21cbooks   **포스트** post.naver.com/21c_editors
인스타그램 instagram.com/book_twentyone **홈페이지** www.book21.com
유튜브 www.youtube.com/book21pub   **카카오 1boon** 1boon.kakao.com/whatisthis

서울대 가지 않아도 들을 수 있는 명강의! 〈서가명강〉
유튜브, 네이버, 팟빵, 팟캐스트에서 '서가명강'을 검색해보세요!

ⓒ 이준영, 2020

ISBN 978-89-509-8961-3 03320